여성, 종교개혁과 통하다

박효근

1973년 서울에서 태어나 서강대학교 사학과에서 학사, 같은 대학 대학원에서 『로렌조 발라의 휴머니즘과 종교관』으로 석사, 한성대학교 대학원에서 『프랑스 종교개혁과 위그노 여성』으로 박사학위를 받았다. 서강대, 평택대, 한성대, 한양대 등지에서 강의했으며, 현재 세종대학교 대양휴머니티칼리지 초빙교수로 재직 중이다. 16세기 유럽 종교개혁과 프랑스 종교전쟁, 그리고 근대 초 여성의 삶에 관심을 두고 연구를 진행하고 있다. 대표 논문으로 「프랑스 종교전쟁과 귀족 여성의 역할」, 「성 바르텔르미 대학살과 폭력의 재구성」, 「위그노 정체성의 역사적 변화: 16세기 종교내전에서 18세기 이민공동체의 형성까지」, 「헬레니즘에서 크리스티아니즘으로: 기욤 뷔데와 그의 시대」 등이 있다.

프롤로그

16세기 여성에게 종교개혁은 어떤 경험이었는가?

1

필자가 한창 이 책을 준비하던 2017년은 마르틴 루터가 비텐베르크 교회 정문에 "95개조 반박문"을 내건 지 500년이 되는 해였다. 마르틴 루터의 이러한 행동은 루터 스스로도 예견치 못했던 거대한 파란으로 이어졌고, 루터의 동시대인들은 물론 이후 500년 동안 전 세계 수없이 많은 사람들은 종교개혁이라는 사건이 일으킨 파장 아래 살게 되었다. 동시대 유럽인들에게 종교개혁이란 어떤 사건이었을까? 종교개혁 이후 성립된 프로테스탄티즘이라는 새로운 교파의 등장은 중세유럽의 정신세계를 지배해 오던 로마가톨릭의 아성을 무너뜨렸고, 통일성을 상실한 교회는 점차 민중들에게 정체성을 제공할 근원으로 남을 수

없게 되었다. 종교개혁 이후 유럽의 헤게모니를 차지한 것은 국왕을 중심에 둔 '국가(state)'였고, 이제 정치적 권력이 종교적 권력을 압도하는 시대가 온 것처럼 보였다.

그러나 동시에, 16-17세기는 유럽에서 진정한 의미의 종교적 대각성의 시대이기도 했다. 가톨릭과 프로테스탄트, 나아가 프로테스탄트 내 수없이 다양한 교파가 등장하면서 분열된 교회는 자신들이 지닌 종교적 정체성을 신도들에게 교육할 절실한 필요를 느꼈다. 중세 시대 그리스도교라는 외형 아래 혼재되었던 이질적 종교관행이나 실천양식은 점차 정화되었고, 가톨릭 신도로, 루터파 교도로, 또는 칼뱅파 교인으로 사는 것은 과연 무엇인가에 대한 진지한 논의가 엘리트층뿐 아니라 일반인들에게까지 광범위하게 확산되었던 것이다. '교파화(confessionalization)'[1]라 명명된 이런 문화적, 사상적 흐름은 당시 대두하고 있던 국가권력과 연계되면서 지역별로 분화되었던 느슨한 중세적 유럽을 현재와 훨씬 더 비슷한 조직적이고 체계적인 근대적 모습으로 변모시키는 데 결정적인 공헌을 했다.

나아가 종교개혁의 영향력은 유럽을 넘어서 전 세계로 확산되었다. 종교개혁 이후 가톨릭에서 프로테스탄트 진영에 이르기까지 자신들의 교파가 가장 정당하다는 신념을 전 세계에 전파하고자 했고, 이는 당시 활발히 진행되고 있던 신항로 탐색 열풍이나 식민지 개척 의

1 교파화에 대한 해외 학계 논의로 John M. Headley, ed., *Confessionalization in Europe, 1555-1700: Essays in Honor and Memory of Bodo Nischan* (Aldershot: Ashgate, 2004). 국내 학계의 논의는 황대현, 「16-17세기 유럽의 '교파화 과정'에 대한 연구사적 고찰: '사회적 규율화'의 첫 단계로서의 교파화 과정 패러다임에 대한 독일 사학계의 논의를 중심으로」, 『역사교육』 100 (2006), 293-321.

지와 결합하게 된다. 16세기 이후 중남미 아메리카에 가톨릭 질서가 확립되고, 18세기 북아메리카 지역에 정착한 청교도 공동체가 미합중국을 건설하며, 19세기 새로운 질서를 구축하기 위해 열망과 좌절을 겪고 있던 동아시아 각국에 그리스도교가 전파되어 근대화의 또 다른 얼굴을 만들어내기까지, 세계사의 변화와 격동을 불러일으킨 저변에는 다양한 방식으로 종교개혁이라는 사건의 긴 그림자가 드리워져 있다.

종교개혁이 지닌 역사적 영향력의 규모와 파급력을 고려해 볼 때, 역사학계(특히 종교개혁을 통해 새로운 국가적 정체성을 확립한 독일이나 영미권의 역사학계) 전반에서 종교개혁에 대한 관심과 열정이 상당했음은 당연한 일이다. 종교개혁을 주창한 마르틴 루터의 경우 '그의 머리털이 몇 개인가까지 논문으로 발표되었다'는 농담이 나올 정도로 수많은 연구가 쏟아졌고, 개혁신앙의 실천방식을 확립한 칼뱅 등 주요 종교개혁가의 교리와 사상에 대한 분석은 여전히 종교개혁사 연구의 중요한 한 축을 형성하고 있다. 그러나 20세기 후반에 이르러 역사학계의 관심 영역이 점차 권력자나 엘리트층이 아니라 그 기저를 형성하고 있는 민중으로 옮겨갔고, 종교개혁에 대한 연구 방식도 점차 다양하게 분화되었다. 이제 종교개혁을 주창한 사상가들의 교리를 분석하기보다, 민중들이 과연 그 교리를 어떤 방식으로 받아들이고 재구성했는가에 대한 논의가 확산되었던 것이다. 루터의 종교개혁, 칼뱅의 종교개혁, 또는 예수회의 가톨릭 종교개혁의 본질에 대해 분석하던 종교개혁 연구자들은 이제 1550년경 작센에 살았던 농민이 종교개혁을 체험한 방식에 대해, 또한 1620년경 남미의 인디오들에게 그리스도교가 전파된 방식에 대해 연구하기 시작했다.[2] 즉 종교개혁 그 자체보다 종교개혁 사상의 전파와 수용, 확산과 재구성에 대한 논의가 본격적으로 시작되었던 것이다.

2

종교개혁 시기 여성들의 경험에 대한 연구 역시 이러한 새로운 경향과 긴밀히 연결되어 있다.[3] 종교개혁가들이 설파한 새로운 교리와 종교적 실천방식을 통해 평범한 여성들의 삶에 어떤 변화가 일어났을까? 나아가 동시대 여성들은 남성들과 똑같은 방식으로 새로운 교리를 받아들였을까? 아니면 그들 나름의 방식으로 새롭게 재해석할 여지가 존재했을까? 1970년대경부터 조금씩 확산되기 시작한 종교개혁 시대 여성들의 삶에 대한 연구는 21세기 초에 접어든 현재에 이르면 종교개혁 시대사 연구의 주요한 분파 중 하나로 확고히 자리 잡기에 이른다.

1970년대부터 80년대까지 종교개혁과 여성과의 관계에 천착했던 초창기 학자들은 종교개혁과 이에 입각한 여러 정책이 여성의 삶에 긍정적 계기가 되었다고 주장했다. 이런 해석을 대표하는 베인튼(Roland

---

2 황대현, 「도시수공업자는 종교개혁을 어떻게 수용했는가? 아우크스부르크의 직조공 우츠 리히스너(Utz Rychssner)의 사례」, 『서양사론』 100 (2009), 155-186; Merry Wiesner-Hanks, *Christianity and Sexuality in the Early Modern World: Regulating Desire, Reforming Practice* (London and New York: Routledge, 1999).

3 종교개혁 시대 여성사 연구방향에 대한 프롤로그 2의 내용은 필자의 박사논문 서론 부분에서 일부 참고하였음을 밝혀 둔다. 박효근, 『프랑스 종교개혁과 위그노 여성: 샤를로트 아르발레스트를 중심으로』, 한성대학교 대학원 사학과 박사학위 논문 (2012), 1-5.

H. Bainton)[4]과 오즈먼트(Steven Ozment)[5]는 주로 다음 세 가지 현상에 주목했다. 첫째, 종교개혁을 통해 여성 교육의 기회가 확대되었다는 점, 둘째, 종교개혁이 중세적 결혼혐오(misogamy)를 극복하고 결혼을 적극적으로 인정했다는 점, 마지막으로 결혼과 가정을 사회의 기본적 단위로 보면서 가정에서의 여성의 역할을 중시했다는 점 등이 그것이다.

첫 번째로, 종교개혁은 여성 교육의 이정표가 되었다는 평가를 받아왔다. 여성 교육에 대한 인식은 르네상스 시대부터 존재했지만, 귀족 여성이 아닌 모든 여성을 교육 대상으로 본 것은 종교개혁가들의 공로였다. 성경을 신앙생활의 핵심으로 여겼던 종교개혁 진영에서는 신분의 고하와 성별을 막론하고 최소한 성경을 읽을 정도의 교육을 필요로 했다. 그 결과 지위가 낮은 여성들에게도 기본적인 교육의 기회가 마련되었고, 이를 위한 학교가 설립되었다.[6]

두 번째로 중세 시대 결혼에 대한 혐오감정을 극복하고 결혼과 가정을 긍정적으로 승인하며 나아가 찬양하는 시각이 등장했다는 점은

---

4 베인튼은 종교개혁 시대 여성의 역할을 소개하는 선구적 저서를 작성한 것으로 유명하다. 대표 저작은 Roland Bainton, *Women of the Reformation : Germany and Italy,* I. (Minneapolis: Academic Renewal Press, 1971); Roland Bainton, *Women of the Reformation : France and England,* II. (Minneapolis: Academic Renewal Press, 1973).

5 오즈먼트는 종교개혁 시대 가정을 가부장의 사랑과 훈육에 기반을 둔 집단이라 해석하였고, 가족사와 여성사 분야에 많은 연구 성과를 남겼다. 대표 저작은 Steven Ozment, *When Fathers Ruled : Family Life in Reformation Europe* (Cambridge: Harvard Univ. Press, 1983).

6 Jonathan W. Zophy, "We Must Have the Dear Ladies : Martin Luther and Women," in *Piestas et Societas: New Trends in Reformation Social History,* eds. Kyle C. Sessions and Phillip N. Bebb (Kirksville: Sixteenth century Journal Press, 1985), 147–148.

종교개혁이 남긴 가장 발전적인 변화라고 평가된다.[7] 오즈먼트[8]와 더글라스[9] 등은 루터와 칼뱅의 저작이나 종교개혁이 파급된 도시에서 제정한 결혼법령 속에 담긴 새로운 신학을 분석하면서, 종교개혁을 통해 결혼은 바람직하고 인간 사회에 유익한 제도로 다시 복원되었다고 지적했다. 종교적 성취를 위해 독신을 지키는 삶을 이상적으로 보았던 가톨릭 전통에서 결혼은 외형적으로는 '성사'라 신성시되었지만, 일반적으로 성적 유혹을 견디기 힘든 이들이 어쩔 수 없이 선택하는 일종의 '차악(lesser evil)'으로 여겨지는 경향이 강했다. 그러나 종교개혁가들은 수도원적 관점을 극복하고 결혼은 신이 만든 제도로서 인간을 이롭게 하는 자연스러운 것이라고 주장하며 결혼의 의미를 격상시켰다.[10]

종교개혁이 여성의 삶에 공헌했다는 세 번째 논점은, 종교개혁을 통해 가정은 사회의 기본이 되는 중요한 공간으로 자리매김했고, 가정 내 여성의 역할을 신이 내린 신성한 임무로 여겼다는 점이다. 사실 가

---

7 종교개혁과 여성 사이의 관계에 대해 연구한 초기 연구자들 중 이런 주장을 펼친 대표적인 학자로 라자렛(William Lazareth), 암(Elizabeth Ahme) 등을 들 수 있다. Merry E. Wiesner, "Luther and Women: The Death of Two Marys," in *Discipline of Faith: Studies in Religion, Politics and Patriarchy*, eds. James Obelkevich, Raphael Samuel and Lyndal Roper (London: Routledge, 1987), 295.

8 Steven Ozment, *When Fathers Ruled*, 1–49.

9 Jane Dempsey Douglass, "Women and the Continental Reformation," in *Religion and Sexism*, ed. Rosemary Radford Ruether (New York: Simon and Schuster, 1974), 293–302.

10 심지어 칼슈타트(Andreas Karlstadt) 등 일부 종교개혁가들은 결혼은 세상을 올바로 이해하는 기회이며 따라서 결혼한 사람만이 성직자가 될 수 있다고 주장하기도 했다. 칼슈타트는 종교개혁가 중 성직자의 독신 개념에 대해 가장 먼저 공격한 인물이며 대표적 저서로 *De Coelibatu* (1521)가 있다. 칼슈타트의 성직자 결혼에 대한 개념은 Steven Ozment, *The Age of Reform, 1250-1550* (New Haven: Yale Univ. Press, 1980), 383–384.

정이라는 공간은 결혼을 부정적으로 본 중세 시대에는 학문적 담론의 대상으로 여겨지지 않았다. 하지만 종교개혁 시대 결혼이 재평가되고 가정교육의 중요성이 인식되면서 가정생활과 부부의 역할이 주목을 받기에 이르렀다.

그렇다면 종교개혁가들이 이상적으로 본 가정이란 어떤 공간이었을까? 종교개혁 시대 가족생활을 연구한 오즈먼트에 따르면, 종교개혁 시대 가정이란 책임감 있는 가부장과 기꺼이 순종하는 부인이 함께 모여 자식들을 사회에 대한 의무를 완수하고 책임을 지는 존재가 되도록 교육시키는 곳이며, 동시에 부모자식 간의 사랑, 배우자 간의 사랑, 형제 간의 사랑이 존재하는 장소였다.[11] 이때 가정의 주인은 가부장이지만, 동시에 가부장을 보조하는 아내의 자리 역시 일종의 '소명'이라 여겼다는 점에 주목할 필요가 있다. 종교개혁가들이 보기에 아내란 가부장을 보조하고 그에 순종하는 2인자였지만, 아내의 소임은 신으로부터 받은 것인 만큼 함부로 취급되거나 무시될 수 없었다. 결과적으로 종교개혁가들은 아내이자 어머니라는 당시 대다수 여성의 필연적 모습을 긍정하면서 여성들에게 현실적인 롤 모델을 제공했을 뿐 아니라, 어머니, 그리고 아내라는 역할에 종교적 의미를 부여하면서 여성과 가정에 일종의 품격을 제공하게 되었다.[12] 이 자체만으로도 종교개혁이 경제나 사회보다 사실 가정에 더 큰 변화를 일으켰다는 베인튼의 말은 설득력을 지닐 수 있다.[13]

11 Steven Ozment, *When Fathers Ruled,* 177.

12 Janine Garrisson, *Les Protestants au XVIe siècle* (Paris: Fayard, 1988), 105–106.

13 Roland Bainton, *Woman of the Reformation: Germany and Italy,* 9.

그러나 신의 소명이 깃든 '성스러운 가족(Holy Household)'이라는 프로테스탄트적 개념은 로퍼(Lyndal Roper)[14]나 비즈너(Merry Wiesner)[15] 등의 학자들로부터 신랄한 공격을 받게 되었다. 이들은 종교개혁가들이 결혼과 가정을 강조한 결과 오히려 가부장제가 확대되고 여성의 삶은 이에 더욱 종속되었다고 주장했다. 특히 로퍼는 프로테스탄티즘이 가정의 가치를 중시한 것은 남성적 질서에 여성을 일방적으로 편입하기 위한 보수적 사고방식의 소산이며, 가정을 신성시한 결과 여성은 모든 선택권을 박탈당하고 신이 정해 준 유일하게 정당한 길인 가부장에 대한 순종만을 받아들여야 했다고 주장했다. 또한 로퍼는 종교개혁 진영이 결혼 법령과 규율화 작업 등 다양한 방식으로 가족의 운영에 개입하고 통제하는 작업을 본격화하며 가부장제 확대에 일조했다는 점도 강조했다.[16]

종교개혁 진영의 가정에 대한 강조를 가부장제와 연결시켜 해석해 보면, 여성 교육 기회의 확대나 결혼에 대한 찬양 역시 다르게 해석될 여지가 많다. 실제로 비즈너는 종교개혁 시대 여성교육이 간단한 읽기 외에는 바느질이나 종교교육 정도만 허락되었다고 지적하면서, 교육을 통해 여성들에게 요청되었던 것은 가부장의 권위에 순응하는 아내와

14 로퍼는 종교개혁 시대 가족을 철저하게 가부장제적 시각 아래 분석한 선구적 학자이다. 대표 저작은 Lydal Roper, *The Holy Household: Women and Morals in Reformation Augsburg* (Oxford: Clarendon Press, 1989).

15 비즈너는 종교개혁 시기 가족에 대해 방대한 저술을 남긴 가장 대표적인 학자 중 하나이다. 대표 저작은 Merry E. Wiesner, *Women and Gender in Early Modern Europe,* 2nd ed. (Cambridge: Cambridge Univ. Press, 1993), 3rd ed. (Cambridge: Cambridge Univ. Press, 2008).

16 Lyndal Roper, *The Holy Household,* 7–55.

온순한 신도가 되는 것에 불과했다고 지적했다.[17] 또한 데이비스(N. Z. Davis)는 종교개혁가들이 중세 시대 여성에게도 용인되었던 종교적 삶의 양식(수녀원과 성녀 등)을 차단해 버린 결과 여성이 가정 외 장소에서 리더십을 가지고 영향력을 발휘할 가능성을 빼앗았다고 분석했다.[18] 결국 종교개혁 진영이 결혼과 가정을 중시하고 강조한 이유는, 여성의 삶과 경험을 존중하기 위한 것이라기보다는 가부장제의 확대를 통해 종교개혁 이후 혼란스러워진 사회에 안정과 통합을 도모하고자 했다는 것이 이들의 결론이다. 종교개혁이 여성에게 미친 영향을 부정적으로 해석하는 이들의 주장을 종합해 보면, 종교개혁가들은 여성과 가정에 대한 과거의 사고방식을 '변화'시켰다기보다 이를 '지속'했을 뿐이라고 평가할 수 있겠다.[19]

하지만 종교개혁을 가부장제를 확대시키고 여성을 소외시킨, 여성의 입장에서는 그다지 발전적이지 못한 현상으로 결론짓는 것은 종교개혁 시대 여성의 일면만을 지나치게 강조한 나머지 오히려 여성과 가정의 주체적 역량을 간과하는 측면이 있다. 이는 20세기 후반 학자들

17 Merry Wiesner, "Nuns, Wives and Mothers: Women and the Reformation in Germany," in *Women in Reformation and Counter-Reformation Europe: Public and Private Worlds,* ed. Sherrin Marshal (Bloomington: Indiana Univ. Press, 1989), 15. 또한 스트라우스(Gerald Strauss)는 독일 종교개혁 진영은 농민전쟁 이후 일반 민중교육의 중요성을 더 이상 설파하지 않았다고 지적했다. Gerald Strauss, "Luteranism and Literacy: A Reassessment," in *Religion and Society in Early Modern Europe,* ed. Kaspar von Greyerz (London: George Allen and Unwin, 1984), 45–55.

18 Natalie Zemon Davis, "City Women and Religious Change," *Society and Culture in Early Modern France* (Stanford: Stanford Univ. Press, 1975), 93–95.

19 박준철, 「변화와 지속: 종교개혁이 가정과 여성에 미친 영향」, 『서양의 가족과 성』, 한국 서양사학회 편 (서울: 당대, 2003), 85–92.

이 천착한 논점, 즉 '종교개혁은 여성의 지위 향상에 어떤 영향을 미쳤는가'라는 질문 자체의 문제점일 수도 있다. 이 질문에 대해 어떤 답변을 선택하든 여성들은 종교개혁의 시혜를 받은 수혜자거나 아니면 종교개혁에 의해 가정에 예속된 피해자가 되어 버리기 때문이다. 양자 중 어떤 모습으로 여성을 이해하든 간에 여성은 종교개혁이라는 장(場)에 능동적으로 참여한 주체라기보다는 종교개혁가들이나 교회, 혹은 정치권의 입장에 휘둘린 수동적 객체로 남게 된다.

따라서 최근 종교개혁시대의 여성사 연구자들은 종교개혁이 여성에게 일방적으로 영향을 주었다는 해석을 배제하고, 그 시대 여성들이 자신의 경험과 실천 속에서 종교개혁 사상의 내용을 그들 나름의 방식으로 재해석하고 변형해 수용했다고 해석하기 시작했다.[20] 최근 종교개혁시대의 여성사 연구가 종교개혁 시기 여성의 경험을 그 자체로 복원하자는 방향으로 발전하고 있는 것도 이런 이유 때문이다.[21]

---

20 Mack Philip Holt, "The Social History of the Reformation: Recent Trends and Future Agendas," *Journal of Social History*, 37(1) (2003), 135–136 ; Barbara B. Diefendorf, "France," *Reformation and Early Modern Europe: A Guide to Research*, ed. David M. Whitford (Kirksville: Truman State Univ. Press, 2008), 207.

21 여성의 경험을 복원하자는 연구경향 중 가장 대표적인 성과로 킹(Margaret L. King)과 라빌(Albert Rabil Jr.)을 대표 편집자로 내세운 《근대 초 유럽의 다른 목소리》(The Other Voice in Early Modern Europe) 시리즈를 들 수 있다. 1996년에 시작되어 2010년까지 60권이 발간된 이 시리즈는 근대 초 여성에 대한 남성들의 시각(Henricus Cornelius Agrippa, Juan Luis Vives 등)이나 근대 초 여성들의 다양한 저작(Katharina Zell, Louise Labé 등)을 원문과 영역본으로 소개하고 있다. 이 시리즈의 목록과 해설에 대해서는 http://www.press.uchicago.edu/ucp/books/series/OVIEME.html (검색일: 2017년 2월 2일).

3

16세기 유럽의 여성들에게 종교개혁은 결코 단일하고 균질적인 사건이 아니었다. 자신의 의도와 관계없이 수녀원에 갇혀 인생의 의미를 잃어버렸다고 생각했던 한 프랑스 여성에게 종교개혁은 해방의 경험이었고, 수녀원이야말로 흔들리는 자아를 붙잡아준 삶의 중심이라 여겼던 한 주네브 여성에게 종교개혁은 폭압의 시간이었다. 종교개혁은 일부 여성에게 원치 않는 결혼생활에서 벗어날 계기가 되기도 했고, 반대로 일상의 세세한 부분까지 감시당하고 그 결과 공동체에서 내쳐지는 쓰라린 경험으로 남기도 했다. 이처럼 종교개혁이라는 사건과 만난 여성들의 경험은 복합적이고 중층적이다.

나아가 종교개혁이라는 사건 자체가 시간이 흐를수록 보수화되었다는 측면에도 주목해야 한다. 종교개혁 초기, 프로테스탄티즘의 핵심인 이신칭의론이나 만인사제주의는 여성들에게 일종의 영적 평등으로 해석되었고, 따라서 여성의 종교적, 공적 행동이 확대되는 계기로 작용하였다.[22] 하지만 여전히 전통적인 여성관을 견지하고 있던 종교개혁가들은 여성의 본분은 가정에 머물면서 가장에게 순종하는 것이라는 입장을 고수하고 있었다. 결과적으로 그들은 여성이 아무리 프로테스탄트 신념에 충실했더라도 적극적으로 사회활동에 참여하는 것을 부정적으로 해석했고, 경계와 비판의 대상으로 삼았다. 종교개혁 초기의 혁

---

22 Sherrin Wyntjes, "Women in the Reformation Era," in *Becoming Visible: Women in European History,* eds. Renate Bridenthal and Claudia Koonz (Boston: Houghton Mifflin Company, 1977), 167–168.

명적 열광이 사라지고 제도화되는 16세기 후반에 이르면 이런 경향은 점점 확고해진다. 한때 그리스도교인의 자유를 꿈꾸며 성상파괴운동에 참여하고 수녀원에서 뛰쳐나왔던 여성들은 이제 '정숙하며 침묵하고 복종'[23]하는 다소곳한 아내의 역할에 만족하면서 '아이, 부엌, 교회'[24]의 영역에만 머무르라고 강요받게 되었다. 따라서 한때 종교개혁을 통해 해방을 꿈꾸었던 적극적이고 주체적인 여성들의 목소리는 제도화된 종교개혁의 틀 안에서 점차 잊혀져 갔다. 또한 종교개혁 이후 유럽 전역에 들불처럼 번진 분열과 갈등의 시기, 몇몇 여성들의 삶은 정파적 이익을 선전하기 위한 도구가 되어 일방적으로 은폐되거나 왜곡되기도 했다.

이렇듯 수면 아래로 가라앉아버린 종교개혁 시대 여성들의 경험은 종교개혁 이후 500년이라는 시간이 흐른 지금에도 여전히 우리에게 어색하고 낯선 대상으로 남아 있다. 하지만 그들이 종교개혁이라는 혁명적 사건을 경험하면서 느꼈을 감동과 성찰, 분노와 비판, 그리고 새로운 삶에 대한 열망을 다시금 만나볼 수는 없을까? 만일 그럴 수 있다면, 종교개혁이란 몇몇 선도적인 개혁가들의 주장이나 선언으로 시작되어 정치권력자들과의 연대를 통해 일방적으로 전파된 사건이 아니

---

23 Suzanne Hull, *Chaste, Silent and Obedient: English Books for Women, 1475-1640* (San Marino: Huntington Library, 1982).

24 독일어로 아이(Kinder), 부엌(Küche), 그리고 교회(Kirche)를 뜻하는 3K는 전통사회에서 여성의 바람직한 역할과 영역을 의미하는 용어로 독일어권에서 널리 활용된 개념이다. Susan C. Karant-Nunn, "Kinder, Küche, Kirche: Social Ideology in the Sermons of Johannes Mathesius," in *Germania Illustrata: Essays on Early Modern Germany presented to Gerald Strauss,* eds. Andrew Cooper Fix and Susan C. Karant-Nunn (Kirksville: Sixteenth Century Journal Publishers, 1992), 17-42.

라, 동시대를 살았던 모든 평범한 남녀노소가 함께 겪고 부대끼며 조금씩 그 형상을 갖추어간 역사적 시간으로 재규정될 것이라 믿는다.

이런 목적 아래, 본서를 통해 필자는 종교개혁 시대를 살아간 여성들의 다양한 경험을 그들의 목소리를 통해 다시금 발견해 보고자 시도했다. 안타깝게도 이런 종류의 작업은 항상 사료적 한계에서 자유롭지 못하다. 16세기 여성으로서 스스로 글을 쓴다는 것 자체가 흔한 일이 아니었고, 심지어 몇몇 종교개혁가들은 일반 신도들의 글쓰기 자체를 자만과 독선의 증거로 여겨 직설적으로 비난하기도 했다. 이런 상황에서 여성들이 자신의 경험과 생각을 글로 남기는 것은 무척 예외적인 현상이라 할 수 있다. 그러나 이런 한계에도 불구하고 몇몇 여성들은 회고록, 편지, 소논문, 역사서 등 다양한 방식으로 자신의 종교개혁 체험을 기록했다. 본서에서 다룰 여성들은 이처럼 흔치 않은 방식으로 자신의 목소리를 후대까지 남기는 데 성공한 사람들이다.

1부에서는 칼뱅이 주도한 주네브 종교개혁을 정반대의 입장에서 겪어냈던 두 명의 여성, 마리 당티에르(Marie Dentière, 1495–1561)와 잔 드 쥐시(Jeanne de Jussie, 1503–1561)를 다룬다. 두 여성은 모두 자신의 인생을 수녀라는 특별한 경험으로 시작했다는 공통점을 지녔다. 그러나 이후 이들의 행보는 완전히 정반대 방향으로 흘러갔다. 마리 당티에르가 수녀원을 떠나 종교개혁에 투신하고 이를 통해 자신의 삶을 재구성한 반면, 잔 드 쥐시는 수녀원이야말로 자신의 삶이 완성될 바람직한 공간이라고 확신했기 때문이다. 따라서 이 두 여성은 종교개혁을 완전히 다른 방식으로 체험하게 된다.

그러나 동시에, 두 여성은 각자 자신의 자리에서 이해하고 내면화한 종교개혁이 무엇이었는지 기록하는 글을 남겼다. 마리 당티에르의 『마르그리트 드 나바르에게 보내는 편지』(*Epistle to Marguerite de Navarre*)와 잔 드 쥐시의 『연대기』(*Le Levain du Calvinism, ou Commencement de l'heresie de Geneve*)가 바로 그것인데, 1장에서 필자는 이 두 편의 글을 활용해 종교개혁이라는 사건이 누군가에게는 해방과 도전을, 또 다른 누군가에게는 억압과 폭력을 의미했음을 밝히고자 한다.

2부에서는 종교개혁을 통해 도입된 가정에 대한 새로운 재해석이 동시대 여성들의 삶에 어떤 영향을 미쳤는지 살펴보고자 한다. 전술한 것처럼 종교개혁가들은 성직자의 결혼과 가정생활을 인정했고, 올바른 가정생활을 영위할 수 없는 경우 이혼 역시 가능하다는 전향적인 사고방식을 지니고 있었다. 이는 서양의 역사에 있어 가정이라는 공간을 일상생활의 중심으로 승격시키는 데 큰 역할을 담당했다고 평가할 수 있다. 그러나 동시에 종교개혁가들이 이상적으로 본 가정은 온화한 가부장이 이끄는 권위적이고 질서정연한 공간으로, 그 속에서 여성은 항상 순종적이고 다소곳하게 가장의 지휘를 따라야 하는 수동적 존재에 불과했다.

그러나 2부의 주인공인 주네브와 파리의 여성들은 종교개혁가들의 의도와 가르침에 고지식하게 순응하지 않았다. 그들에게 종교개혁을 통해 발현된 새로운 가정의 의미와 역할은 단순한 이론이 아니라 직접 자신의 삶 한가운데를 파고들어 바꾸어 놓을 수 있는 강력한 가능성 그 자체였다. 따라서 이들은 종교개혁을 통해 가능해진 새로운 기회를 자신의 필요와 목적, 그리고 스스로의 주체적인 해석에 따라 적극적으로 변형해 자신의 삶 속에 적용하는 융통성과 응용력을 선보였다.

이런 견지 아래 필자는 16세기 종교개혁을 통해 자신의 가정을 완전히 새로운 방식으로 재구성한 여성들의 경험을 찾아 나섰다. 먼저 관심을 가진 대상은 16세기 주네브에 처음 도입된 이혼제도를 통해 과거의 가정을 해체하고 새로운 가정을 구성했던 여성들이었다. 이들은 종교개혁을 통해 비로소 가능해진 이혼제도를 통해 자신의 불행과 맞서거나, 자신의 약점을 감추거나, 또는 자신의 필요에 맞게 제도를 변형하는 능동적 주체로서 기능하는 모습을 보였다. 필자는 주네브 종교개혁의 민중규율화를 담당했던 핵심 기관 컨시스토리가 남긴 회의록 자료를 기반으로 1550년과 1555년 주네브에서 이혼 신청에 휘말렸던 세 명의 여성, 즉 잔느 르카메이(Jeanne Recamey), 위긴 뒤퐁(Huguine Dupont), 그리고 루이즈 리포르(Louise Liffort)의 사례를 발견하였다. 세 여성들은 모두 다른 이유와 상황 속에서 이혼제도를 활용하였는데, 이들의 경우야말로 종교개혁 시기 도입된 새로운 제도가 평범한 일반 여성들 사이에서 어떻게 적용되었으며, 그들은 이를 또 어떻게 변형해서 활용했는지 살펴볼 수 있는 흥미진진한 사례였다. 해당 내용은 3장에서 만나볼 수 있다.

두 번째로 필자는 16세기 여성으로서는 매우 드물게 회고록을 작성한 샤를로트 아르발레스트(Charlotte Arbaleste, 1550–1606)라는 여성의 글에 주목했다. 그녀는 프랑스 종교전쟁 시기 위그노 진영의 대표적 사상가이자 정치가 중 하나인 필립 뒤플레시스 모르네(Philippe Duplessis–Mornay, 1549–1623)의 부인으로, 그녀는 자신의 남편인 모르네의 행적을 세세히 기록한 회고록을 집필했다. 그러나 아르발레스트의 회고록(*Mémoires de Madame de Mornay*)은 모르네에 대한 것임인 동시에, 남편의 동반자로서 자신이 어떻게 프랑스 종교전쟁의 여러 국면에서 다양한 역할을 담당해 왔는지 보여주는 기록이기도 하다. 4장에서는 해당 회고록을 통해, 아르발레스트라는 한 프랑스 여성이 어떻게 자신의 가정을 종교전쟁의 핵심 전위부대로 조직해 냈는지 그 과정을 추적해 보고자 한다.

여러 인물들의 삶과 기록을 비교, 대조하며 종교개혁과 여성 사이의 다양한 관계를 추적했던 1부와 2부와는 달리, 3부는 마르그리트 드 발루아(Marguerite de Valois, 1553–1615)라는 한 명의 여성을 다루고 있다. 마르그리트 드 발루아는 국내에서도 개봉되어 나름의 인지도를 가지고 있는 영화 〈여왕 마고 La Reine Margo〉(1994)의 주인공으로, 16세기 프랑스사에서 가장 참혹한 순간이라 말할 수 있는 생 바르텔르미 대학살은 물론 프랑스 종교전쟁 그 자체의 아이콘과 같은 존재라 할 수 있다. 앙리 2세의 딸로 태어나 '프랑스의 진주'라 불리며 미모와 지성을 겸비했다고 칭송되던 이 아름다운 공주는, 그러나, 매우 방탕하며 잔인하고 기괴한 존재라는 평판을 얻게 되었고, 이는 하나의 낙인이 되어 프랑스의 역사적 기억의 일부로 자리 잡기에 이른다. 그러나 과연 마르그리트 드 발루아는 진실로 동시대 사람들이 폄하하듯 근친상간에 빠진 부도덕한 여성이었으며, 후대인들의 입방아에 오르내리는 것처럼 섹스와 권력에 취해 살았던 간특한 존재였을까?

이러한 의문 아래, 본서 3부에서 필자는 프랑스 종교전쟁의 상징과도 같은 마르그리트 드 발루아의 역사적 기억과 그 속에서 사라져

버린 그녀의 본 모습을 추적하고자 했다. 5장에서는 마르그리트 드 발루아에 대한 역사적 기억이 그녀가 활동하던 16세기부터 수백 년이 지난 오늘에 이르기까지 어떻게 축적되고 변형되며 왜곡되었는지를 통시적으로 고찰하였다. 이를 통해 발루아의 진주로 칭송되던 마르그리트 드 발루아가 정욕의 화신으로, 귀족적 타락의 상징으로, 나아가 낭만적 괴물로 해석되어 세간의 기억 속에 자리 잡게 되는 과정을 살펴볼 수 있을 것이다. 이 과정을 통해 우리는 종교개혁과 전쟁 시대 피어오른 갈등과 증오가 여성의 성을 부정적으로 해석하던 관행과 결합할 때 얼마나 치명적인 편견을 만들어내고 이를 지속시킬 수 있는지 깨닫게 될 것이다.

6장에서는 마르그리트 드 발루아 스스로 남긴 회고록을 통해 겹겹이 쌓인 역사적 편견 속에 가려 어디론가 사라져 버린 마르그리트 드 발루아의 본래 모습은 무엇이었는지 재구성하는 작업을 시도했다. 한 가지 주의해야 할 점은 편견과 증오, 오해의 막을 벗기고 마르그리트 드 발루아의 본래 얼굴을 직면했을 때, 그녀가 순진무구하고 조신하며 정숙한 존재일 것이라 기대해서는 안 된다는 것이다. 또한 마르그리트 드 발루아가 자신의 회고록을 통해 보여주고자 한 자신의 모습 역시 가면에 불과했음을 잊어서도 안 된다. 세상의 모든 여성들처럼, 그리고 또 세상의 모든 남성들처럼 그녀 역시 자신의 욕망과 지성, 감성과 이성, 바람과 절망 사이를 오가며 살았던 존재였다. 따라서 그만큼 마르그리트 드 발루아는 상황과 필요에 따라 자신 속에 숨겨진 다양한 가면을 꺼내 쓸 수 있었던 전략가였다고 하겠다. 그런 그녀의 모습을 통해, 종교개혁과 전쟁이라는 격변의 시대를 맞서 살아간 한 여성의 진솔한 내면에 접근할 수 있기를 기대한다.

4

마리 당티에르, 잔 드 쥐시, 잔느 르카메이, 위긴 뒤퐁, 루이즈 리포르, 샤를로트 아르발레스트, 그리고 마르그리트 드 발루아. 그들의 이름은 우리에게 그다지 친숙하지 않다. 그러나 본서에서 다룰 이러한 여성들은 모두 나름의 방식으로 종교개혁과 통(通)하였다는 공통점을 지니고 있다. 또한 이 여성들은 종교개혁을 규정하고 제도화한 남성 개혁가들의 원칙과 규율에 완강히 저항하거나, 정면으로 반박하거나, 때로는 교묘하게 뒤틀고 변형하여 활용할 정도로 창조적이고 적극적으로 종교개혁 시대를 살아갔다는 특징을 지니고 있다. 이런 여성들의 종교개혁 경험을 가만히 들여다보고 있노라면, 이제 더 이상 종교개혁이 여성에게 긍정적이었는지 부정적이었는지 논할 필요가 없다고 여겨진다. 시대적 한계와 편견, 질시와 오해 속에서도 자신의 길을 자기 나름의 방식으로 만들어간 여성들의 삶 그 자체를 복원할 때, 종교개혁과 여성 사이의 진정한 관계와 의미가 무엇인지 스스로 밝혀질 것이라 믿기 때문이다. 다양한 시대, 다양한 지역에서 종교개혁을 경험했던 여성들의 목소리를 복원하는 과정을 통해 혁신적이자 보수적이며, 해방의 기회이자 통제의 순간이었던 종교개혁의 복합적이고 역설적인 성격 역시 온전히 그 모습을 드러내리라 기대해 본다.

본서를 기획, 출판하기까지 많은 분들의 도움을 받았다. 먼저, 학자이자 교육자로 산다는 것이 무엇인지 스스로의 삶을 통해 모범을 보여주시고 언제나 격려를 아끼지 않으시는 박준철 선생님께 감사드린다. 또한 엉성한 석사논문을 빨간 펜으로 하나하나 고쳐 주시며 학문적 글쓰기가 무엇인지 꼼꼼하게 지도해 주셨던 김영한 선생님께도 감사드린다. 망설이는 제자에게 본서의 기획을 독려해 주셨던 백인호 선생님, 그리고 언제나 따스한 관심과 배려로 외로운 학문의 길을 살펴주시는 박단 선생님과 황혜성 선생님께도 감사드린다. 더불어 출판의 기회를 주셨을 뿐 아니라 거친 원고를 다듬고 교정하느라 고생하셨던 서강대학교출판부 선생님들께도 감사드린다.

무엇보다도 가족들의 관심과 사랑이 아니었다면 글과 씨름하며 보낸 시간을 버텨낼 수 없었을 것이다. 무엇인가를 창조하는 작업이 지닌 험난하지만 아름다운 삶의 방식을 직접 보여주신 아버지, 본서에 등장하는 여성들처럼 주변의 시선보다는 내 영혼의 소리를 듣고 살라며 흔들릴 때마다 붙잡아주신 어머니, 힘들고 괴로울 때마다 의논 상대가 되어주고 내 곁에서 손을 잡아주는 언니에게 감사와 사랑을 보낸다. 마지막으로, 내 작은 장점과 큰 단점에도 아랑곳하지 않고 내가 무엇을 하든지 항상 언제나 끝까지 내 편인 사랑하는 재욱 씨에게 마음 깊은 곳에서 애정을 보낸다.

2018년 3월

박효근

목 차

표 목록

그림 목록

1부
여성, 종교개혁과 직면하다

1부

여성, 종교개혁과 직면하다

1부의 주인공들이 활약하는 무대는 칼뱅 종교개혁의 중심지인 주네브이다. 마리 당티에르와 잔 드 쥐시는 같은 시기 같은 장소에서 완전히 다른 방식으로 종교개혁을 경험한 여성들이다. 프랑스 출신 당티에르는 수녀원 생활에 염증을 느끼고 탈출, 스스로 종교개혁의 성지 주네브에 찾아와 종교개혁에 동참한 여성이며, 반면 잔 드 쥐시는 주네브 유일의 수녀원이었던 클라라 수도회 소속으로 수녀로서의 삶을 천직이라 여기며 종교개혁가들의 숱한 환속 시도를 거부하고 마지막까지 수녀로 남았던 인물이다. 이토록 상반된 두 여성은 모두 자신의 주장과 경험을 오롯이 기록한 글을 남겼다는 색다른 공통점을 지니고 있다. 마리 당티에르의 「마르그리트 드 나바르에게 보내는 편지」와 잔 드 쥐시의 『연대기』가 바로 그것인데, 이 두 저작은 종교개혁을 완전히 상반된 방식으로 경험했던 두 여성의 삶을 추적할 수 있는 귀중한 실마리가 되어 준다.

1부에서는 마리 당티에르와 잔 드 쥐시의 목소리를 따라가며 여성이 종교개혁 시대와 '통한' 서로 다른 길에 대해 탐구해 보겠다. 그들은 모두 종교개혁가들이 제공한 여성에 대한 일반적 인식을 거부했으며, 이를 각기 다른 방식으로 극복하려고 시도했다. 잔 드 쥐시는 전통적인 수녀원 공간이 여성에게 제공한 독립성과 개별성을 고수하고자 자신의 인생을 걸었고, 이를 기록했다. 반면 마리 당티에르는 종교개혁의 원리 속에 담긴 진정한 해방의 정신을 왜 여성에게는 적용할 수 없는지 반문하며 이를 실천하기 위해 최선을 다했고, 또한 이를 기록했다. 이제 본격적으로 두 여성이 어떤 방식으로 종교개혁과 통하고 종교개혁과 불화했는지를 그들의 목소리를 통해 되짚어 보고, 이를 통해 16세기 여성에게 종교개혁이란 어떤 경험이었는지 반추해 보도록 하겠다.

그림 1 주네브 종교개혁 기념비에 이름을 남긴 유일한 여성, 마리 당티에르
출처: https://commons.wikimedia.org/wiki/File:MarieDenti%C3%A8re.jpg

1장
마리 당티에르, 앞장서다

1장

마리 당티에르, 앞장서다

1. “읽고 판단하라”

1539년 스위스 주네브에서는 “읽고 판단하라”는 다소 도발적인 문구로 시작하는 소책자가 은밀히 인쇄되어 유포되었다. 『투르크족과 유대인, 이교도, 거짓 기독교인들, 재세례파, 그리고 루터파에게 맞서기 위해 프랑스 왕의 여동생 나바르의 왕비에게 보내는 편지』(이하 『편지』라 표기)라는 제목이 붙은 이 책의 저자는 자신을 “투르네에서 온 기독교 여성, M. D.”라고 밝혔다. 바로 이 M. D.가 본서 1장의 주인공 마리 당티에르이다.[1] 마리 당티에르라는 ‘여성’이 저술했다는 이 소책자는 당

1 Marie Dentiere, “Epistle to Marguerite de Navarre,” in *Epistle to Marguerite de Navarre and Preface to a Sermon by John Calvin*, ed. and trans. Mary B. McKinley (Chicago: Univ. of Chicago Press, 2004), 49. (이하 해당 저서는 *Epistle*로, 마리 당티에르의 편지는 “Epistle to Marguerite de Navarre”로 표기)

시 주네브에서 벌어지고 있던 종교적, 사회적 갈등에 대한 대담한 정면 도전이었다.

1539년 당시 주네브에서는 종교개혁 진영에 어떤 방식으로 가담하느냐를 놓고 논쟁이 벌어지고 있었고, 도시 부르주아들의 내부 갈등으로 인해 장 칼뱅과 기욤 파렐(Guillaume Farel, 1489–1565)이 주네브에서 추방당한 상황이었다.[2] 이런 엄중한 상황에서 공개적으로 칼뱅의 사상을 지지하고 그를 몰아낸 주네브 시의회를 거침없이 비판한 이 소책자는 곧 압수와 소각의 대상이 되었다.

그런데 주네브 시의회가 『편지』의 저자로 소환하여 조사한 인물은 마리 당티에르가 아닌 그녀의 남편 앙투안 프로망(Antoine Froment, 1508–1581)이었다. 프로망은 『편지』의 저자는 자신이 아니라 아내 마리 당티에르라고 주장하며 책의 출판과 유통을 허락해 줄 것을 항변했지만 주네브 시의회는 이를 허락하지 않았다. 나아가 『편지』의 내용에 어느 정도 공감했을 스위스 지역의 칼뱅파 목사들 역시 이 책의 출판과 유통에 대해 그다지 호의적이지 않았는데, 이는 『편지』의 저자가 여성이라는 점과 깊게 관련되어 있었다.

> 이 책이 성경의 말씀에 반하는 것은 아닙니다. 또한 우리의 종교와 믿음에 어긋나는 책도 아닙니다. 그렇지만 사악하고 나쁜 의도를 지닌 사람들이 이 책에 대해 잘못 해석할 여지는 충분하다고

---

2 칼뱅은 1538년 주네브 시의회와의 갈등 끝에 추방되었고, 종교개혁 진영 내부에서 일어난 이러한 갈등은 큰 파장을 일으켰다. 마리 당티에르의 글은 칼뱅의 추방에 대해 사실관계를 파악하고자 했던 마그리트 드 나바르에게 보내는 편지 형식으로 구성되어 있다. 칼뱅은 1541년 주네브로 복귀했다.

생각하며, 지금 같은 상황에서 적절치 못한 요소가 많습니다. 나아가, 책의 제목에서부터 여성(교회에서 발언할 자격이 없는 존재)이 글을 쓰고 구성했다고 밝히고 있으며, 이것이 사실이 아니기 때문에 – 이런 이유로 나는 그에게 책을 없앨 것과, 더 이상 의미 없는 논란을 만들지 말라고 권고했습니다.[3]

로잔(Lausanne)의 목사 베아투스 콩트(Beatus Comte)가 책 출판 직후인 1539년 8월 24일에 쓴 위 편지에서도 드러나듯이, 대다수의 스위스 종교개혁가들은『편지』의 내용이 자신들의 신념과 일치하긴 하지만, 이 책의 저자가 마리 당티에르라는 여성임을 인정하지 않았으며, "교회에서 발언할 자격이 없는" 여성의 이름을 내세워 논란을 일으키는 상황을 불편해하면서 이런 분란이 자신들의 입지 확대에 도움이 되지 않을 것이라 주장했다. 결국 동시대인들에게『편지』는 책의 내용보다는 오히려 책의 저자에 대한 설왕설래에 그친 반쪽짜리 저작이 되어 버렸다.

이후『편지』는 종교개혁의 역사적 기억에서 거의 잊혀진 채 사라질 운명인 것처럼 보였다. 16세기와 17세기를 거쳐『편지』는 종교개혁가들의 저서 목록을 정리하는 과정에서 단 두 번 정도만 언급되었을 뿐이다.[4] 19세기 말에 들어서야 비로소 스위스 종교개혁 연구가인 에르망야르(Aimé–Louis Herminjard)에 의해『편지』의 저자가 마리 당티에르일 것이라는 주장이 제기되었지만, 에르망야르는『편지』가 당티에르 단독으

3 A. L. Herminjard, ed, *Correspondances des Réformeurs dans les pays de langue française, Recueillié et publiée avec d'autre lettres relatives à la Réforme et des notes historique et biologiques*, vol. 5 (Reprint, Nieuwkoop: B. De Graaf, 1965), 333의 내용을 *Epistle*, 15에서 재인용.

4 *Epistle*, 34.

로 집필된 저서라기보다 프로망과의 공저일 것이라고 해석하였다. 그는 저작의 논리적 구성이나 지적 작업은 프로망에 의해 진행되었을 것이며, 당티에르는 단지 수사적 표현을 통해 이를 좀 더 생생하게 만드는 정도에 그쳤을 것이라 주장했다. 나아가 에르망야르는 당티에르를 '독단적 교리주의자(dogmatizer)'라고 지칭하고 있는데, 이는 '정당한 권위 없이 논쟁에 끼어드는 사람'이라는 다소 경멸적인 표현에 해당한다.[5]

결국 마리 당티에르가 『편지』의 첫 장에서부터 명시한 '읽고 판단하라'는 당부가 실현된 것은 20세기 후반에 들어서이다. 1980년대에 들어서야 마리 당티에르의 생애와 저작은 몇몇 연구자들의 관심을 끌기 시작했고, 1990년 이후에야 『편지』를 소개하고 분석하는 논문들이 출간되었다. 이러한 연구 성과에 힘입어 2002년, 마리 당티에르는 주네브 종교개혁을 기념하는 종교개혁 기념비에 이름을 남기게 되었으며,[6] 2004년 각주와 해설이 첨부된 『편지』의 영역본이 출판되는 등 당티에르의 저작에 대한 본격적인 기반이 확충되었다.[7] 따라서 마리 당티에르의 목소리가 그 자체로 인정받고 다시금 사람들에게 알려지고 회자되기까지 거의 500년이라는 시간이 걸린 셈이다.[8]

---

5 같은 책, 34-37.

6 이는 주네브의 신학자이자 최초로 주네브 목사회 위원장을 역임한 이사벨 그래슬레(Reverend Isabelle Graesslé)의 노력에 힘입은 바 크다. Mary B. McKinley, "Marie Dentière: An Outspoken Reformer Enters the French Literary Canon," *The Sixteenth Century Journal*, 37(2) (2006), 411-412.

7 Marie Dentière, *Epistle to Marguerite de Navarre and Preface to a Sermon by John Calvin*, ed. and trans. by Mary B. McKinley (Chicago: Univ. of Chicago Press, 2004).

8 마리 당티에르에 대한 대표적인 연구실적을 정리하면 다음과 같다 : Irena Backus,

1장에서 필자가 시도할 작업 역시 '읽고 판단하라'는 당티에르의 제안을 받아들여, 그의 기록을 토대로 당티에르가 겪은 종교개혁의 경험을 다시 한 번 재구성해 보는 작업이라 할 수 있다. 우선 마리 당티에르의 생애를 소개하고 대표적 저작들을 언급한 뒤, 『편지』를 심층적으로 분석하여 당티에르의 종교개혁 사상이 지닌 신학적 지평을 시대적 상황과 연결해 해석할 것이며, 여성 역시 종교개혁의 적극적 주체가 될 수 있고 되어야 한다는 당티에르의 주장과 그 근거를 정리하면서 왜 당시 스위스 종교개혁 진영에서 당티에르를 배척했는지 좀 더 구체적으로 살펴보도록 하겠다. 이런 작업을 통해, 당티에르가 경험하고 주도한 종교개혁은 우리가 익히 알고 있는 공식적 종교개혁과 신학적 차원

"Marie Dentière: Un cas de féminisme théologique à l'époque de la Réforme?" *Bulletin de la Société de l'Histoire du Protestantisme Français* 137 (1991), 177–95. ; Catherine M. Bothe, "Ecriture féminine de la Réformation: Le témoignage de Marie Dentière," *Romance Languages Annual* 5 (1993), 15–19. ; Jane Dempsey Douglass, "Marie Dentière's Use of Scripture in Her Theology of History," in *Biblical Hermeneutics in Historical Perspective: Studies in honor of Karlfried Froehlich on his Sixtieth Birthday*, ed. Mark Burrows and Paul Rorem (Grand Rapids: W. B. Eerdmans, 1991), 227–244. ; Thomas Head, "A Propagandist for the Reform: Marie Dentière," in *Women Writers of the Renaissance and Reformation,* ed. Katharina M. Wilson (Athens: University of Georgia Press, 1987), 260–83. ; William Kemp and Diane Desrosiers-Bonin. "Marie d'Ennetières et la petite grammaire hébraïque de sa fille d'après la dédicace de l'Epistre à Marguerite de Navarre," *Bibliothèque d'Humanisme et Renaissance* 50(1) (1998), 117–34. ; Madeleine Lazard, "Deux soeurs ennemies, Marie Dentière et Jeanne de Jussie: nonnes et réformées à Genève," in *Les réformes: Enracinements socio-culturels,* ed. B. Chevalier and C. Sauzat (Paris: La Maisnie, 1985), 233–49. ; Mary B McKinley, "The Absent Ellipsis: The Edition and Suppression of Marie Dentière in the Sixteenth and the Nineteenth Century," in *Women Writers of the Ancien Régime: Strategies of Emancipation,* ed. Colette Winn (New York: Garland, 1997), 85–99. 국내연구로는 이필은, 「마리 당티에르에게 나타난 여성교육사상」, 『기독교교육논총』 36 (2013), 141-167.

에서는 동일하지만 역사적 차원에서는 상당히 다른 것이었음을 깨닫게 될 것이다.

2. 투르네의 수녀원에서 주네브의 선술집까지 : 마리 당티에르의 생애

마리 당티에르의 초기 생애에 대해 남아 있는 자료는 거의 없다. 알려진 바에 따르면, 당티에르는 1495년 투르네의 귀족가문에서 태어나, 아우구스티누스 수녀원에서 활동하다가 1520년대 초반 수녀원을 떠난 것으로 보인다. 당티에르는 종교개혁 사상에 영향을 받아 수녀원을 떠난 것이 분명한데, 실제로 그녀가 소속된 아우구스티누스 수도회는 루터가 몸담고 있던 곳이기도 했기 때문에 루터파 사상을 접할 기회가 많았을 것이라 추정된다.[9]

투르네를 떠난 후 당티에르는 스트라스부르에 정착, 역시 투르네 출신이었던 사제 출신 시몬 로베르(Simon Robert)와 결혼하게 된다. 수녀원에서 나와 목회자와 결혼하는 것은 종교개혁에 동참한 여성들의 가장 일반적인 경로에 해당한다. 당시 스트라스부르에는 독일 출신과 프랑스 출신 종교개혁가들이 모두 모여들어 각종 다양한 개혁적 실험과 사상적 교류가 진행되고 있었다. 이러한 움직임의 중심에는 도미니

9 실제로 투르네 지역에서는 종교개혁에 대해 호의적인 경향이 존재했다. Gérard Moreau, *Histoire du Protestantisme à Tournai jusqu'à la veille de la Révolution des Pay-Bas* (Paris: Les Belles Lettres, 1962), 63-64.

크 수도회 출신으로 수녀 출신 여성과 결혼하여 새로운 개혁에 대해 다양한 의견을 피력하던 마르틴 부처(Martin Bucher)와, 여성으로서 종교개혁에 동참하는 방식에 대해 전향적인 글을 저술하기도 했던 카타리나 젤(Katarina Zell) 등이 있었다. 또한 1525년 프랑스 내부의 갈등으로 인해 몸을 피했던 르페브르 데타플(Lefèvre d'Etaples)과 기욤 파렐 등 프랑스 출신 사상가들이 스트라스부르에 합류하여 이곳에서 신약성서의 불어 번역본 작업에 착수하기도 했다. 이들은 모두 공개적으로 자신의 집을 개방하고 스트라스부르에 모여든 외지 출신 인물들과 폭넓게 교류했는데, 당티에르 역시 이 집단의 일원이 되었으리라 여겨진다. 스트라스부르에서 당티에르의 구체적 활동에 대한 기록은 그다지 남아 있지 않지만, 강렬한 개혁 열기와 다양한 교육 기회, 카타리나 젤 등 여성 종교개혁가의 활약 등을 접할 수 있었던 스트라스부르의 경험은 당티에르의 종교개혁 사상을 형성하고 체계화하는 데 핵심적인 토양으로 작용했음은 분명하다.

1528년 마리 당티에르는 그의 남편 시몬 로베르가 발레(Valais) 지역 목회자로 파견되면서 스트라스부르를 떠나게 된다. 로베르와 당티에르의 발레 지역 파견은 특기할 만한 사건이었는데, 당시 종교개혁 진영에서 결혼한 프랑스인 목회자 부부를 새로운 도시로 파견한 첫 사례였기 때문이다. 스트라스부르의 지도자 부처는 발레에서 이미 목회활동을 하고 있던 파렐에게 '시몬과 그의 부인'이 파견되었다고 알리는 편지를 두 차례나 보내기도 했다.[10] '부인'에 대해 구체적으로 언급한 것을

10 시몬과 그의 부인[*simon uxoris*]에 대한 마르틴 부처의 언급은 다음에서도 찾아볼 수 있다. A. L. Herminjard ed, *Correspondances* vol. 2, "lettre de Martin Bucher à

볼 때, 마리 당티에르가 스트라스부르 종교개혁 현장에서 활발하게 활동하면서 종교개혁가들 사이에서 어느 정도 인지도를 얻었을 가능성이 매우 높다. 또한 종교개혁가 집단에서는 로베르와 당티에르 부부를 파견하면서 목사와 사모라는 새로운 종교적 롤 모델을 정착시키고자 시도했던 것은 아닐까 여겨진다. 이들의 파견은 지역사회에 논란을 일으키기도 했지만,[11] 로베르는 1533년 사망할 때까지 벡스(Bex)와 에글르(Aigle) 지역에서 목사로 활동하며 파렐 등과 계속 교류하였다. 남편의 사망 이후, 당티에르는 파렐의 동료였던 목사 앙투안 프로망과 재혼, 1535년 주네브로 이주하게 된다.

당티에르가 주네브로 이주하기 얼마 전부터, 주네브에서는 정치적, 종교적 변동이 격화되고 있었다. 역사적으로 주네브는 주교좌 도시로 가톨릭 주교가 정치적, 종교적 주도권을 독점하고 있었고, 사보아 공작의 영향력이 큰 도시였다. 1520년대부터 주네브 시의회를 중심으로 사보아 공작과 주교에 대한 반감이 가시화되었고, 시의회는 스위스 연맹, 특히 베른의 도움을 받아 정치적 독립을 추구하기 시작했다. 주교좌 도시에서 벌어진 정치적 갈등은 필연적으로 종교개혁 진영의 관심을 끌었고, 1532년 파렐과 피에르 비레(Pierre Viret, 1511–1571), 프로망 등이 주네브에 모여들어 개혁파 사상에 대한 설교와 선전이 확대되었다. 결국 1534년 파렐과 비레가 도미니크 수도사인 기 푸르비티(Guy

---

Guillaume Farel, 15 avril, 1528(no. 230)," 127–128. ; "lettre de Martin Bucher à Guillaume Farel, 1er mai, 1528(no. 232)," 131–133.

11 벡스의 목사가 시몬 로베르의 파견에 대해 불평했다는 기록이 남아 있다. Herminjard, *Correspondances*, vol. 2, "lettre du conseil de berne à Jean de Bex, 27 mai 1528(no. 238)," 140–142.

Furbity)와 벌인 종교 논쟁이 도화선이 되어 주네브에서는 폭동이 일어났고, 1536년 주네브 시의회는 종교개혁 진영으로의 합류를 공식화하기에 이른다. 이 시기 칼뱅이 처음 주네브에 도착, 종교적 개혁의 방향을 정립하게 된다.

그렇다면 1535년 이후 주네브에서 마리 당티에르는 어떤 활동을 했는가? 일부 학자들은 1536년 출판된 『주네브의 전쟁과 구제』(*La guerre et délivrance de la ville de Genesve*)라는 저작을 당티에르가 저술했다고 주장하기도 한다.[12] 1536년 출판된 이 책은 1532년부터 36년까지 주네브에서 벌어진 정치적 분란과 종교개혁 진영의 승리를 기록한 일종의 역사서로, 철저하게 개혁파의 시각에서 주네브의 상황을 설명하고 해석한 책이다. 책의 저자는 주네브 종교개혁을 이끄는 인물들을 '이스라엘의 아이들'이자 '신이 선택한 사람들'이라 규정하며, 가톨릭 주교와 사보아 공작을 구약성서에 나오는 '파라오'이자 '폭군'이라 묘사했다. 또한 저서 전반적으로 감정적 언사와 공격적 수사가 가득한 편으로, 전형적인 종교개혁 진영의 대민 선전 계열의 책이라 평가된다. 『주네브의 전쟁과 구제』 근대판 편집본을 처음 출판한 스위스의 학자 릴리에(Albert Rilliet)는 이 저작과 『편지』의 문체적 유사성을 언급하며 『주네브의 전쟁과 구제』가 당티에르의 저술이라 주장했지만, 현대 다수의 학자들은 이에 동의하지 않는 편이다.[13]

12 Marie Dentière, *La guerre et deslivrance de la ville de Genesve, composée et publiée en 1536 par Marie Dentière de Tournay, ancienne abbesse et femme d'Antoine Froment*, ed. Albert Rilliet (Genève: Imprimerie Charles Schuchardt, 1881).

13 *Epistle*, 6–8.

『주네브의 전쟁과 구제』의 저술 여부와는 별개로, 주네브 종교개혁 초기 상황에서 당티에르는 일정한 역할을 담당했음에 틀림없다. 우선 당티에르는 1535년 파렐, 비레 등과 함께 주네브 유일의 수녀원인 클라라 수도회를 방문, 수녀들을 설득하는 역할을 맡았다. 클라라 수도회를 방문했던 마리 당티에르의 모습은 해당 수녀원의 기록수녀였던 잔 드 쥐시의 글 속에 생생히 묘사되어 있다.[14] 이는 당티에르가 성직자의 결혼이나 수도회 폐지 등 당시 논란이 되고 있던 주제에 대해 공격적으로 발언하면서 주네브 종교개혁의 현장에 적극적으로 참여했음을 입증하는 기록이다. 이후 1537년 당티에르의 남편인 프로망은 토농(Thonon)의 목회직을 맡았고, 칼뱅과 파렐이 주도하는 주네브 종교개혁에도 꾸준히 연대하는 모습을 보였다.

그러나 1538년 주네브 종교개혁은 또 한 번의 전기를 맞았다. 칼뱅의 강경한 개혁정책과 엄격한 통제에 반발한 주네브의 시의회가 칼뱅과 파렐을 추방해 버린 것이다. 이는 개혁파 진영에게는 큰 사건이었고, 스위스 종교개혁에 대해 꾸준히 큰 관심을 표명해 온 마르그리트 드 나바르(Marguerite de Navarre, 1492–1549)는 이 상황에 대해 마리 당티에르에게 자세한 정보를 요청하게 된다.[15] 그리고 이에 대한 답변으

14 본서 2장 각주 24번 참조.

15 마르그리트 드 나바르와 마리 당티에르가 서로 어떤 관계였는지는 명확하지 않다. 그러나 프로망의 몇몇 서신과 『편지』의 서문에 의하면, 마르그리트 드 나바르는 마리 당티에르의 딸 중 하나(당티에르가 첫 남편 시몬 로베르와의 사이에서 낳은 딸로 추정)의 대모였던 것으로 보인다. 어떤 경위로 마리 당티에르가 마르그리트 드 나바르와 알게 되었는지 추적할 자료는 남아 있지 않지만, 아마도 투르네의 수녀원을 떠난 당티에르가 스트라스부르로 가는 도중 마르그리트 드 나바르의 도움을 받았거나, 혹은 스트라스부르에 도피해 온 프랑스 출

로 작성된 서신이 바로 『편지』라 할 수 있다.

주지하다시피, 마르그리트 드 나바르는 당시 프랑스의 왕이었던 프랑수아 1세의 누이로, 당시의 가톨릭교회의 폐단을 개혁하는 데 큰 관심을 지니고 있던 인물이었다. 마르그리트 드 나바르는 기욤 브리소네(Guillaume Briçonnet, 1445–1514)와 르페브르 데타플 등 프랑스에서 새로운 종교적 개혁을 시도한 사상가들을 지원, 보호했으며, 스스로도 여러 저술을 직접 집필하기도 했다. 그렇지만 마르그리트 드 나바르와 그녀가 후원한 여러 지식인들은 결국 프로테스탄트 종교개혁에 합류하지 않고 계속 가톨릭으로 남았기 때문에 종교개혁 진영에서는 이런 양상을 위선적이라 비판하기도 했다. 『편지』에 대해서는 추후 자세히 다룰 예정이지만, 마르그리트 드 나바르에게 보내는 편지를 공식적으로 출판하고 유통시킨 사실은 마리 당티에르가 주네브 종교개혁에서 배제된 칼뱅과 파렐을 지지할 뿐 아니라, 자신과 같은 여성들 역시 종교개혁에 동참하여 힘을 보태겠다는 강력한 의지를 공개적으로 표방했음을 의미한다.

그러나 칼뱅과 그의 동료들은 당티에르의 이러한 발언을 결코 기꺼워하지 않았다. 『편지』에서 당티에르는 종교개혁 지도자들을 몰아낸

신 지식인 공동체를 통해 서로 연결되었을 것이라 추정된다. 『편지』의 서문에는 마리 당티에르의 딸이 마르그리트 드 나바르의 딸을 위해 히브리어 교본을 만들었다는 언급도 남아 있는데, 이는 당티에르와 마르그리트 드 나바르 사이의 관계가 상당히 오랫동안 긴밀하게 지속되었음을 알려줄 뿐더러, 그녀의 지적 수준이 상당했으리라 추정케 하는 단서이기도 하다. Thomas Head, "The Religion of the Femmelettes: Ideals and Experience among Women in Fifteenth and Sixteenth Century France," in *That Gentle Strength: Historical Perspectives on Women in Christianity,* eds. Lynda Coon et al. (Charlottesville: University Press of Virginia, 1991), 149–75.

주네브 시의회를 적극 비판했지만, 이러한 당티에르의 태도는 여성으로서 마땅히 지켜야 할 침묵과 겸손이라는 준칙을 위반한 것으로 치부될 뿐이었다. 나아가 당티에르는 남편 프로망에게 나쁜 영향을 끼치고 종교개혁 진영의 평판을 해치는 일종의 '문제아' 취급을 받았다.

> 우리의 프로망은 처음에는 가정에서 아내를 따라다니더니, 아주 잡초로 전락해 버렸습니다. 우리는 그들에게서 더 이상 많은 것을 기대할 수 없을 것 같습니다. 그들은 이미 상대 진영에서 너무 나쁜 평판을 얻고 말았습니다. 그들은 충실하게 복음을 수호하는 신의 전사들처럼 행동하면서 이를 통해 상대방을 개종하게 만들기는커녕, 적들이나 음모를 꾸미는 사람들에게 빌미를 줄 만한 행동을 하고 있습니다.[16]

1540년 파렐의 편지에 나타난 프로망과 당티에르 부부에 대한 가혹한 평가는 이후에도 줄곧 이어진다. 프로망은 같은 해 마소니(Massongy)의 목사가 되었지만, "신의 말씀을 전하는 사람이라기보다 그의 부인과 장사에만 몰두한다"는 비판을 받았으며[17] 심지어 1542년 주네브로 돌아온 칼뱅은 프로망을 "바보 같은 소리를 늘어놓는" "순진한 사람"이라고 평가하기도 했다. 나아가 1546년 칼뱅은 파렐에게 편지를 보내면서 마리 당티에르에 대해 다음과 같은 조소를 던지기도 했다.

---

16 Herminjard, *Correspondance,* vol. 6, 173–74 (no. 847)의 내용을 *Epistle,* 16에서 재인용.

17 Herminjard, *Correspondance,* vol. 6, 401–4 (no. 927).

> 내가 재미있는 이야기를 하나 해주겠네. 최근 프로망의 부인을 만날 일이 있었어. 그녀는 모든 여인숙과 거리 구석구석을 돌아다니면서 '긴 겉옷을 입은 사람들'을 힐난하며 불평불만을 터트리고 있더군. 그녀의 행동이 내 귀에까지 들어온 것을 알게 된 후, 그녀는 웃으며 변명하기를 우리들의 옷차림이 잘못되어 교회에 누를 끼치고 있다고 하더군. 당신이 긴 겉옷을 입고 다니는 사람들은 거짓 예언자라고 가르쳐 줬는데 그게 잘못된 거냐고 말이지. 뭔가 마음이 편치 않았는지, 그녀는 우리가 폭군처럼 군다고 불평하면서 이러다가는 어떤 사람도 무슨 문제에 대해서건 아무 말도 못하게 될 거라고 말하더군. 나는 그 여자를 마땅히 그래야 할 방식에 따라 대우해 줬네. (중략) 그녀는 미카엘의 과부를 만났는데, 과부는 그녀를 아주 잘 대해 주더군. 그녀와 동석을 하더니 침대까지 내어주더라고. 하긴 그녀도 목사들을 비방했었지.[18]

당티에르를 대하는 칼뱅의 태도는 다분히 냉소적이다. 당티에르가 여자로서 '마땅히 그래야 할 방식'에 따르지 않는 모습은 칼뱅에게 비난의 대상이라기보다 차라리 농담의 소재처럼 보인다. 남편 프로망이 비판의 대상이 된 것에 비해, 아내 당티에르는 그저 시끄럽고 대책 없는 여자 취급을 받았던 것이다. 그러나 당티에르에 대한 칼뱅의 '조롱'은 역설적으로 당티에르가 수많은 비난에도 불구하고 여전히 고개를 숙이지 않고 끊임없이 자신의 목소리를 내고 있었음을 입증해 준다. 칼뱅의 편지 행간을 잘 읽어 보면, 당티에르는 종교개혁 진영이 다시 장악한 주네브에서 목사들이 '긴 겉옷'을 입고 권위에 빠져 자신의 말만 옳다

---

18 Calvin, *Letters of John Calvin*, vol. 2, ed. and trans. Jules Bonnet (New York: Lenox Hill, 1972), 70–71의 내용을 *Epistle*, 19에서 재인용.

고 외치는 독단적 태도에 빠져 있다고 비판했으며, 이런 자신의 주장을 '여인숙과 거리 구석구석을 돌아다니며' 반복적으로 표출하고 있었던 것이다. 그리고 이런 당티에르의 주장은 '미카엘의 과부'라 불린 어떤 여성에게는 나름 큰 공감을 샀던 것으로 보인다. 결국 주네브의 종교개혁이라는 거대한 흐름 속에서, 당티에르는 주류 종교개혁가들의 비난과 조롱에도 불구하고 어느 한 구석에서 꾸준히 사람들과 의견을 교환하며 소통하고 있었음을 알 수 있다.

그러나 주류 종교개혁가들에 대한 당티에르의 비판적 태도는 결국 당티에르 부부에게 치명적인 결과를 초래했다. 1548년 프로망은 독일과 스위스 종교개혁 지도층의 행태를 직설적으로 비난하는 설교를 했다가 베른의 시의회로부터 고발당해 목사직을 잃게 된다. 이후 프로망은 주네브 시의회에서 비서 등으로 일하며 생계를 꾸려갔고, 주네브 종교개혁에 대한 연대기를 남기기도 했다.[19] 결국 종교개혁의 열기 속에서 프로망과 당티에르 등이 시도했던 내부 비판은 온전히 수용되지 못했는데, 이는 곧 체계적 교리 정비와 치열한 민중규율화가 진행되면서 개혁 초기 발생했던 다양한 전망과 해석의 가능성들이 점차 시들어가는 현상과 연결되어 있다고 하겠다.

당티에르에 대한 기록이 주네브 종교개혁의 현장에 다시 나타난 것은 당티에르가 사망한 후 1년 뒤인 1561년이다. 1561년 칼뱅의 설교 중 여성의 복장과 사치에 대해 다룬 티모시 전서 2장 9–11절에 대한

19 Antone Froment, *Les actes et gestes merveilleux de la cité de Genève nouvellement convertie à l'Evangile faictz du temos de leur Reformation et comment ils i'ont receue redigez par escrit en fourme de Chroniques Annales ou Hystoyes commencant l'an MDXXXII,* ed. Gustave Revilliod (Geneva: Jules–Guillaume Fick, 1854).

내용이 책으로 출판되었는데, 이 책의 서문을 당티에르가 작성했던 것이다. 1540년대 당티에르에 대한 칼뱅의 비난을 생각해 보면, 이러한 행보는 무척 이례적이다. 당티에르의 후기 생애에 대한 정보가 전무하기 때문에 과연 어떤 계기로 인해 당티에르가 칼뱅 설교에 대한 서문을 쓰게 된 것인지 확인할 방법은 없다. 그러나 당티에르가 서문을 썼던 설교가 여성의 검소함과 정숙함을 강조하는 내용임을 고려해 본다면, 당티에르는 종교개혁 진영에서 여성 문제를 논할 때 언급될 만한 존재감을 생애 후반기에도 지니고 있었다고 추론해 볼 수 있다. 비록 당티에르가 작성한 칼뱅 설교의 서문은 『편지』처럼 강경하거나 신랄하지는 않지만, 칼뱅의 설교에 서문을 작성했다는 사실 자체만으로도 당티에르가 여전히 종교개혁의 현장 속에서 계속 활동하고 있었음은 확실히 입증된다.

지금까지 당티에르의 생애와 저작활동 전반을 간단히 정리해 보았다. 투르네의 수녀원을 뛰쳐나와 고향을 등지고 새로운 삶의 방식을 선택하기까지, 종교개혁 사상은 당티에르에게 굳건한 신념과 열정을 제공하는 토대가 되어 주었다. 그러나 바로 그 종교개혁 진영 내부에서 당티에르의 주장은 시간이 지날수록 점차 외면받기 시작했다. 클라라 수도회에서 수녀들과 논쟁하던 당티에르, 그리고 『편지』에서 여성의 발언을 옹호하고 정당화하던 당티에르의 모습은 칼뱅과 같은 주류 종교개혁가들이 보기에 그저 하나의 '재미있는 농담' 수준으로 격하되었고, 당티에르는 남편에게 좋지 않은 영향을 미친 성미 급한 여자라는 취급을 받기 일쑤였다. 남성 종교개혁가들 중 당티에르가 『편지』 서문에서 언급한 가장 기본적인 요청, 즉 여성이라는 자신의 성별이 아니라 자신이 쓴 글을 "읽고 판단하라"는 부탁에 진지하게 응했던 사람은 아무도 없었던 것이다. 그럼에도 불구하고, 마리 당티에르는 주네브의 선술집과 여관을 돌아다니며 여전히 자신의 목소리를 펼쳤고, 이는 종교개혁의 화려한 무대가 아닌 뒷골목 어딘가를 떠돌며 작고 초라하지만 의미 있는 반향을 만들어냈다. 그렇다면 이제 본격적으로 마리 당티에르의 목소리를 들어보도록 하자. 과연 그녀가 생각하고 실천하고자 했던 종교개혁이란 무엇이었는가? 그리고 이는 주류 남성 종교개혁 사상가들의 종교개혁과 과연 얼마나 다르고 얼마나 유사했는가?

3. 『편지』를 통해 본 마리 당티에르의 종교개혁

마리 당티에르가 추구한 종교개혁의 성격이 어떤 것인지 알아볼 수 있는 가장 직접적인 기록은 바로 『편지』라 할 수 있다. 본 글 전반부에서 언급했듯이, 『편지』는 칼뱅과 파렐이 주네브에서 추방당한 이유를 궁금해 하는 프랑스의 마르그리트 드 나바르에게 보낸 서신의 형태를 취하고 있다. 그러나 동시에 『편지』는 마리 당티에르가 해석한 올바른 종교가 무엇인지, 그리고 왜 가톨릭과 기타 다른 종교적 실천들이 의미를 상실했고 개혁의 대상으로 전락했는지 꼼꼼하게 분석한 저술이기도 하다. 이제부터 『편지』의 구성과 형식, 그리고 내용을 구체적으로 분석하면서 마리 당티에르가 해석하고 실천한 종교개혁의 성격에 대해 파악해 보도록 하겠다.

먼저 『편지』는 마르그리트 드 나바르에 대한 헌사, 여성에 대한 옹호, 그리고 본격적인 서신 등 크게 세 부분으로 구성되어 있다. 『편지』 첫 부분은 이 서신의 수신자로 설정된 마르그리트 드 나바르에 대한 헌사로 시작되며, 이는 여성의 발언과 글쓰기를 옹호하는 두 번째 부분으로 이어지는데, 처음 두 부분은 무엇보다도 당티에르같은 여성이 왜 글쓰기라는 행동을 시도했는지 설명하고 정당화하기 위해 작성된 것으로 보인다.

> 가장 존귀한 분이시여, 진심으로 진리를 사랑하는 사람들은 지금과 같은 위험한 시기에 어떻게 살아야할지 파악하고자 애쓰고 있습니다. 마찬가지로 우리 여성들 역시 어떻게 모든 잘못과 이단, 거짓 교리 등에서 제대로 피해 벗어날 수 있을지 알고 싶어 합니다. 가짜 기독교인들, 투르크인들, 불신자들, 그리고 다른 모든 의심스러운 사람들이 신봉하는 교리에서 어떻게 피할 수 있는지 당신 역시 스스로의 글에서 잘 보여주셨습니다. 그럼에도 불구하고 신의 법과 예수 그리스도의 재림, 행적, 죽음, 그리고 부활에 대해 글을 쓰며 설교하고 공언했던 진실한 하나님의 충복들은 세상으로부터 거부당했고 부정당했습니다. 심지어 하나님의 아들이신 예수 그리스도마저도 부정당했는데, 특히 지혜롭고 현명하다는 사람들이 예수와 그의 뜻을 거부하는 일이 많았습니다.[20]

헌사 가장 첫머리에 등장하는 위 인용문에서 보이듯이, 당티에르는 자신의 글쓰기를 정당화하기 위해 우선 혼란의 시대에 어떻게 살아가야 할지 괴로워하는 여성들이 있음을 거론했다. 거짓된 교리가 판치

---

20 "Epistle to Marguerite de Navarre," 51–52.

는 세상에 올바른 삶의 방법을 찾기 위해 고민하고 있는 여성들을 위해 『편지』를 썼다는 것이다. 여성들을 주된 독자로 규정함으로써, 당티에르는 여성으로서 글을 쓰는 자신의 행동 역시 정당화하고자 시도했다. 당시의 관행상 여성이 글을 쓴다는 것은 매우 예외적인 행동이었으므로, 당티에르의 글은 그 논지와 무관하게 무조건 배척받을 가능성이 높았다. 이를 피하기 위해 당티에르는 이미 글을 출판한 전력이 있는 마르그리트 드 나바르의 사례를 언급할 뿐 아니라, 세상의 비난을 받는 행동이 실제로는 더 진리와 가까울 수 있다며 예수조차도 현명한 이들의 비난과 핍박의 대상이 되었다고 지적했다. 이런 논조는 '여성에 대한 옹호'를 다룬 『편지』의 두 번째 부분에서 더 적나라하게 드러난다.

그러나 무엇보다 중요한 것은, 당티에르의 성별과 조건이 아니라 당티에르 본인이 종교개혁의 신학적 기반과 주장을 얼마나 이해하고 자신의 언어로 풀어내 표현했는가 하는 점일 것이다. 따라서 필자는 『편지』의 세 번째 부분을 토대로 당티에르의 종교개혁 이해가 과연 얼마나 정확한지, 그리고 동시대 종교개혁가들의 주장과 얼마나 통하는지를 확인해 보고자 한다.

『편지』 초반에서 자신의 글쓰기를 정당화한 후에, 당티에르는 본격적으로 "잘못과 이단, 거짓 교리 등에서 제대로 피해 벗어날 수 있는" 방법에 대해 논의한다. 당티에르가 보기에 '거짓'과 '진실'을 구별하는 가장 중요한 기준은 해당 종교의 교리가 '말씀'을 따르고 있는가, 아니면 '말씀'과 무관한 외적 형식에 치중하고 있는가 하는 점이다.

신의 왕국은 분열될 수 없다. 이곳에서는 평화와 정의, 그리고 즐

> 거움이 성령 속에서 공존한다. 세상의 기준에 따른 공허한 평화가 아니라, 신의 평화가 지배한다. 이 평화는 신의 말씀에 따를 때 가능한데, 결국 신의 말씀에서 한마디를 더하거나 뺄 것이 없다. [신의 말씀을 기준으로] 모든 논쟁은 멈춰야 한다. 신의 말씀 없이 우리는 진정한 신앙의 합치를 이룰 수 없을 것이다.[21]

그러나 당티에르는 지금까지 수많은 거짓 종교가 등장하여 신도들을 현혹했으며, 이런 현상은 현재 최고조에 이르렀다고 비판했다. 당티에르는 이슬람교와 유대교 등 예수의 뜻을 올바로 전달하지 못한 종교들을 거론한 후, 기독교 내부에서도 신의 말씀을 따르지 않는 이들이 많다고 다음과 같이 지적했다.

> 수많은 종파들이 자신이 올바른 종교라고 자처했지만, 그중 선택받은 사람들은 소수에 불과하다. 자신의 종파가 진리를 구현했다고 말하는 사람들이 많지만 결국 소수만이 구원받을 것이다. 사실 하나님에게만 영광 돌리는 진실한 기독교도는 그다지 많지 않다. 그 대신 스스로를 프란체스코 수도회, 도미니크 수도회, 클라라 수도회, 마리아회, 아우구스티누스 수도회, 걸식수도회, 교황주의자, 재세례파, 그리고 루터파[22] 등으로 칭하는 사람들이 있다. 이들은 마치 예수의 말씀은 아무것도 아니라는 듯이, 그리고 예수의 이름 아래 세례를 받는 것이 얼마나 중요한 일인지 모르는 것처럼 행동한다. 이들은 모두 오류 속을 헤매고 있다. 그리고 우리들 역

21 "Epistle to Marguerite de Navarre," 66.

22 마리 당티에르는 진실한 기독교도가 아닌 사람들의 명단에 루터파를 포함시켰다. 이는 당시 루터파와 칼뱅파 사이 신학적 해석을 둘러싼 갈등을 반영한다고 볼 수 있다.

시 신의 은총과 축복에서 점차 멀어지고 있다.[23]

그러나 무엇보다도 당티에르가 가장 혹독하게 비판한 것은 로마가톨릭교회였다. 당티에르가 보기에, 현재 로마가톨릭교회는 과거 유대교가 예수 그리스도를 부정했던 실수를 답습하며 "마치 그리스도가 오지 않았던 것처럼"[24] 행동하고 있었다. 당티에르는 그 원인으로 로마가톨릭교회가 예수의 말씀이 아니라 교황 등 인간이 만들어낸 법령에 의존해 운영되어, 외형적인 의식이나 헛된 규율에 고착되어 버렸기 때문이라고 지적했다.

> 이러한 관행은 한 번 만들어지면 순수하고 신성한 예수의 가르침을 변질시키고 심지어 파괴시킨다. 허영심에 가득 찬 이들은 무수한 의식을 만들어내고 고안하며 이를 반복한다. 이는 마치 예수 그리스도만으로는 우리를 구원하기에 부족하다는 것처럼 보이며, 또 다른 구속(救贖)을 찾아 헤매는 것으로 신성한 말씀에 반하는 행위이다.[25]

이후 당티에르는 로마가톨릭교회가 '만들어낸' 잘못된 종교적 관행을 하나씩 열거하는데, 특히 가톨릭교회에서 중시하는 성체성사를 가장 먼저 공격했다.

> 미숙한 존재인 우리의 눈높이에 맞추시기 위해, 예수 그리스도께

23 "Epistle to Marguerite de Navarre," 68.

24 같은 책, 70.

25 같은 책, 60.

서는 주로 비유를 통해 말씀하셨다. 비유를 사용한다는 것은 해당 표현에서 언급한 대상이 예수 그 자체(what he is)가 아니라 예수가 대변하고 표방하는(what he represents and signifies) 어떤 것을 의미한다. 따라서 성 요한은 예수를 '포도나무', '문', '길'이라 칭했고 바울은 예수를 '반석'이라 불렀으며 예수는 자기 자신을 '빵'에 비유했던 것이다. (중략) 따라서 '나의 살을 먹고 나의 피를 마시라'는 말은 예수께서 우리를 구원하기 위해 그의 육체, 그의 살, 즉 그의 인생을 바치셨고, 우리의 구원을 위해 그의 피를 흘리셨음을 굳게 믿으라는 의미 외에는 아무 것도 아니다.[26]

성체성사를 위해 사제가 빵과 포도주를 집어든 순간 그것이 바로 예수의 살과 피로 변한다는 화체설(化體說, transubstantiation) 혹은 성변화설(聖變化說)은 가톨릭교회 성체성사의 중심이론으로, 사제가 신의 은총을 전달하는 특별한 존재임을 강조하기 위한 핵심적 토대가 되었다. 그런 만큼 화체설은 만인사제주의를 표방하는 프로테스탄트 진영에서 적극적으로 거부되었고, 성찬식을 재해석하기 위한 다양한 이론이 등장하기도 했다. 위 인용문에서 보듯이 당티에르는 성찬식을 단순한 하나의 비유라 해석했는데, 이는 츠빙글리의 해석과 유사하며, 성찬식에 대한 가장 급진적인 견해라 볼 수 있다. 이처럼 당티에르는 로마 가톨릭교회의 종교적 관행 중 상당수를 성서에 근거하지 않은 '우상숭배'라고 보았다.

그들이 믿고 따르고 가르치는 것들 중에 농담처럼 들리는 것들이

26 같은 책, 63-64.

얼마나 많은지 모른다. 그런데 겨우 농담과 같은 그런 것들이 우리의 눈을 가려왔다. 예를 들어 성수가 연옥의 불을 끄고, 악마를 몰아내며, 폭풍우와 천둥, 바람을 막는다고 한다. 또한 세례식에서 사용하는 소금이 어린아이들을 똑똑하게 만든다고 믿기도 한다. 나아가 그들은 수많은 성인들이 각종 질병을 치유해 줄 것이라고 가르친다. 성 로흐(Saint Roch)는 구토를 멈추게 해주며, 성 루프스(Saint Lupus)는 충치를 치료해 주고, 성 르나르(Saint Renard)는 복통을 멈추게 해주며, 성 코지모(Saint Cosimo)는 거세 당한 사람을, 그리고 성 다미아노(Saint Damiano)은 절름발이를 돌본다고 한다. 도시건 시골마을이건 특정 성인을 모시지 않는 곳이 없다. 누구는 감기를 고치고 누구는 열사병을 고치며 눈도 코도 손톱 구석구석까지 모두 고치는 성인들이 즐비하다.[27]

당티에르가 성인 숭배에 대해 힐난하는 부분은 다소 과격하지만, 그녀가 생각하는 신앙의 성격이 무엇인지 확실하게 보여준다. 당티에르에게 신앙이란 "의식에 매이거나 육체적 고려에 대한 것, 또는 겉으로 보이는 외양에 관한 것"이 아니었다. "신의 존재는 손으로 만지거나 눈으로 보이는 것이 아니라 영혼 속에 있는 것"이므로 신에 대한 숭배 역시 "영혼과 진리"를 통해서만 가능할 뿐이다. 따라서,

[외적 형태에 집착하는 종교적 관행은] 모두 비판의 대상이 되어야 하며, 진정한 복음의 빛을 죽이고 소멸시키는 행위일 뿐이다. 이제 오직 우리의 구세주 예수에게만 집중하자. 예수는 우리의 죄 때문에 죽으셨고 우리를 정결케 하시기 위해 부활하셨으며 하늘

27 같은 책, 74.

에 오르사 아버지 오른 편에 앉아 계시다가 산자와 죽은 자를 심판하러 오시는 바로 그분이시다.[28] (중략) 따라서 우리는 의례나 헌금, 또는 외적으로 보이는 징조 등 인간이 만들고 조절할 수 있는 것에 기대어 구원을 판단하지 말아야 한다. 인간은 선행에 따라 구원받는 것이 아니며, 율법에 따라 구원받는 것도 아니고, 신의 명령을 잘 따른다고 구원받는 것조차 아니다. 인간은 오직 신의 은총을 통해서만 구원받는다. 예수에 대해 믿음을 가지고 있는 자가 어떻게 인간이 만들고 위임한 수단을 통해 구원받기를 원하는가?[29]

지금까지 살펴본 바에 따르면, 당티에르는 올바른 신앙과 잘못된 신앙의 기준을 '말씀', 즉 성서에 두었고, 잘못된 신앙의 대표로 로마가톨릭교회를 지적하여 그들이 행하는 잘못된 관행, 즉 화체설에 기반을 둔 성체성사와 성인숭배를 신랄하게 공격하였으며, 최종적으로 모든 구원은 신의 은총에만 달려 있다고 주장했다. 이는 루터가 내세운 종교개혁의 핵심 논리인 성서중심주의, 만인사제주의, 그리고 이신칭의론의 교리와 정확하게 일치한다.

또한 당티에르는 종교개혁의 핵심 이론들을 규명하기 위해 고도의 신학적 수단을 활용했다. 우선 당티에르의 성서에 대한 지식은 상당한 수준으로, 그녀는 성서를 자유자재로 인용할 뿐 아니라 좀 더 정확한 해석을 위해 히브리어 역시 학습한 것으로 보인다.[30] 또한 화체설에 대

28 같은 책, 59.

29 같은 책, 64.

30 같은 책, 71. n. 36.

한 반박 부분에서 확인되듯, 성서 해석에 있어 비유와 상징의 중요성을 인지하고 있었다. 결국 그녀는 종교개혁의 핵심 가치인 성서중심주의를 실현하기 위해 상당한 수준의 신학적 지식을 쌓았고, 이를 논리적이고 체계적으로 표현할 역량을 확보하고 있었다.

나아가 당티에르는 로마가톨릭교회의 종교적 관행을 비판하기 위해 교회법의 내용을 인용하고, 교회법을 통해 규정된 교황의 명령이 성서와 일치하지 않는다고 비판하기도 했다.

> 교황과 그의 추종자들은 마치 예수 그리스도가 오지 않은 것처럼 [유대교도들과] 마찬가지 처신을 하고 있다. 이는 매우 끔찍하고 무서운 일이다. 예를 들어 교황은 부활절 전 50일간 고기나 달걀, 치즈 또는 유제품을 먹으면 안 된다고 명령했다. [*dist.4.chap. Deniq.*] 이는 교황이 규정한 것으로, 모든 다른 규정들과 마찬가지로 우리들을 신으로부터 멀어지도록 만들 뿐이다. 또한 교황은 사제에게 자신이 번 것의 1/10을 주라고 명령했는데, 이는 밀, 곡식, 건초, 과일, 양털, 물고기, 밀가루, 임금, 그리고 모든 상업적 수입이나 집이나 땅, 포도밭, 오븐, 가축, 벌통의 판매에서 나오는 금액도 포함되며, 사냥이나 용병활동을 통해 얻는 금액마저도 1/10은 사제에게 제공해야 한다고 규정하고 있다. [23.q.8.Iam vero.] 이러다가는 심지어 여자 10명 중에 1명은 사제 몫이라고 주장하는 사람들이 나올 수도 있겠다. 그들은 결혼하는 것이 금지되어 있지만 [*dist. 34 Is qui.cap. Christiano Si quis non habet uxores habeat concubinas.*] 공공연히 첩을 거느리고 있다. 오히려 합법적인 방식으로 결혼하면 이단으로 규정되어 화형당하면서도 말이다. [*23 q.7.cap. Non est. Ex transmissa a nobis pastoralibus, & aux autres cha. De*

decim. primicijs, & oblationibus.][31]

위 인용문에서 당티에르는 사순절 기간의 금식과 십일조, 그리고 성직자들의 결혼 등 교회법에서 정한 사항이 성서적 근거가 없는 작위적 조항이라 비판하면서, 이런 조항들이 오히려 일반 신도들의 믿음을 해친다고 주장했다. 그런데 당티에르는 자신이 비판한 로마가톨릭교회의 관행이 교회법상 어떻게 규정되어 있는지 해당 부분을 찾아 일종의 각주를 다는 작업을 수행했다.[32] 이처럼 당티에르는 종교개혁가들이 제시한 새로운 관점을 올바로 이해하고 있었을 뿐만 아니라, 이를 신학적으로 접근하고 다시 자신의 글로 풀어 설명할 수 있을 만큼 능란한 기술을 갖추고 있었다. 한마디로 말해 마리 당티에르의 글은 종교개혁 진영에서 적극적으로 수용되고 널리 읽힐 만한 충분한 가치를 갖고 있었던 것이다.

그러나 현실은 이와 많이 달랐다. 이처럼 상당한 수준의 신학적 역량을 지니고 있었음에도 불구하고, 당티에르는 자신의 글이 독자들에 의해 제대로 평가받지 못할 것이라는 우려를 지니고 있었다. 이는 모두 당티에르가 여성이라는 사실에 기인한다. 아무리 옳은 소리를 정확하게 하더라도, '여성은 교회에서 침묵하라'는 바울의 명령이 그녀에게 족

---

31 같은 책, 70–71.

32 인용문에서 대괄호 속 이탤릭체로 표기된 부분이 이에 해당한다. 당티에르는 자신이 비판하는 가톨릭관행이 교회법전서에서 몇 장/절/질문에 명기되어 있는지 일일이 찾아 표시했다. 당티에르의 교회법에 대한 해석과 활용에 관해서는 Isabelle Denommé, "La vision théologique de Marie d'Ennetières et le 'Groupe de Neuchâtel,'" in *Le Livre évangélique en français avant Calvin*. ed. Jean-François Gilmont and W. Kemp (Turnhout: Brespol, 2004).

쇄로 작용할 것임을 당티에르는 이미 인지하고 있었기 때문이다. 따라서 당티에르는 『편지』의 도입부에서 여성 역시 종교적 사안에 대해 말할 권리가 있음을 적극적으로 강조했다. 그런데 여성의 말할 권리를 옹호하는 당티에르의 주장은 단순히 여성들에게만 해당되는 것이 아니라, 어리석고 비천하다며 세상에서 소외된 주변인들에 대한 지지와 신뢰로 발전하는 양상을 보여준다.

4. '비천한 사람들을 통해 드러나는 진실'

> 어떤 사람들은 여자가 이런 글을 쓴다고 불편해 할 수도 있을 것입니다. 여성이란 즐거움을 주는 존재여야 하는데, 논쟁에 뛰어드는 것은 여성에게 적절한 처신이 아니라고 말할지도 모릅니다. 그러나 나는 무언가를 공격하기 위해 한 일이 아니라는 점을 여러분들이 알아주시길 기원합니다. 나는 증오심이나 적의에 불타서 글을 쓴 것이 아닙니다. 단지 이집트 시절의 유대인들보다도 더 강력하고 끔찍한 암흑 속에서 헤매고 있는 우리의 이웃들에게 깨달음을 주고자 할 뿐입니다. 만일 이 글을 읽고 여기에 인용된 내용—이 구절들은 모두 [로마가톨릭교회의] 법령집에서 인용했습니다—을 꼼꼼하게 검토해 보시고, 이를 훌륭한 판단력을 가지고 성경과 잘 비교해 보신다면, 내가 말한 것보다 훨씬 더 많은 것을 발견하게 되실 것입니다. 나는 어떻게 글을 써야 하는지도 잘 모르고, 그들이 책과 법령을 통해 쏟아낸 엄청난 어리석음과 사악함, 그리고 신성모독을 어떻게 드러내야 하는지도 잘 알지 못합니다. 어떤 남자도 이를 충분히 밝혀 내기란 쉽지 않을 것입니다. 하물

며 여성이 어찌 그 일을 하겠습니까? 그럼에도 불구하고, 여기 인용된 내용들을 잘 살펴보신다면, 그리고 이를 주의 깊게 검토하신다면, 내가 진실을 말하고 있음을 알게 되실 것입니다.[33]

위 인용문에서 보듯, 당티에르는 『편지』를 통해 꾸준하게 '여성은 교회에서 잠잠하라'는 바울의 명령을 넘어서기 위해 노력해 왔다. 여성은 선천적으로 지적 능력이 미약하고 중요한 공적 사안에 대해 논할 자격이 없는 존재라는 세간의 시선을 극복하기 위해, 당티에르는 다양한 방법을 동원했다. 이런 당티에르의 노력이 적나라하게 드러나는 부분이 바로 『편지』의 두 번째 구성인 〈여성의 옹호〉이다. 그다지 길지 않은 분량임에도 불구하고, 해당 부분은 자신의 글쓰기를 정당화하고 이를 세간에 인정받기 위한 처절한 몸부림의 소산이라 할 수 있다. 해당 부분을 좀 더 구체적으로 파악해 보자.

우선 당티에르는 위대한 여성의 사례를 들어 여성 역시 신으로부터 재능과 은총을 받을 수 있는 존재임을 부각시켰다.

사라와 리브가는 구약성서 가장 처음에 등장합니다. 모세의 어머니는 왕의 명령에도 불구하고 아들의 목숨을 살리기 위해 노력했고, 결국 파라오의 집에서 아들을 돌볼 수 있었습니다. 이는 출애굽기 2장에 등장하는 내용입니다. 또한 데보라는 사사기에서 이스라엘의 판관 중 하나로 등장하지만 감히 그녀를 경멸하는 사람은 없습니다. 또한 룻에 대해서도 언급할 필요가 있습니다. 성경의 룻기는 그녀의 이름을 딴 것입니다. 이렇듯 심지어 룻은 여성

33 "Epistle to Marguerite de Navarre," 76–77.

임에도 불구하고 그녀에 대한 이야기가 성경에도 수록되어 있는데 이 역시 비난의 대상이라 생각하십니까? 나는 그렇게 보지 않습니다. 룻이 예수 그리스도의 계보도에 등장하는 것을 보면 룻을 비난할 여지는 전혀 없다고 생각합니다. 시바의 여왕은 어떠합니까? 그녀는 구약성서에 언급될 뿐 아니라, 예수께서 직접 그녀의 현명함에 대해 언급하기조차 하셨습니다.[34]

이처럼 여성의 열등함에 대한 반론으로 뛰어난 여성들을 거론하는 글쓰기 방식은 중세 말부터 세간에 널리 퍼진 여성혐오적 태도에 항변했던 여러 여성 작가들이 즐겨 사용하던 수사법이었다. 따라서 당티에르 역시 이 전통을 계승했다고 볼 수 있다.[35] 그중에서도 당티에르는 예수의 부활을 가장 먼저 목격한 막달라 마리아의 사례를 특히 강조했는데, 당티에르는 예수가 막달라 마리아에게 자신의 부활을 전하라고 명한 것이야말로 바로 여성에게 종교적 발언이 허용된다는 명백한 증거라고 보았다.

부활의 거대한 신비를 가장 먼저 알게 된 사람은 누구입니까? 바로 예수의 권능 아래 일곱 악령으로부터 벗어난 막달라 마리아입니다. 예수께서는 스스로 남자가 아닌 여자 앞에 나타나셨고, 나중에는 천사를 보내 그들에게 부활에 대해 전하고 설교하고 모두

34 같은 책, 54.

35 이러한 구성의 대표적 예로 '최초의 페미니스트' 중 하나라 불리는 중세 말의 저술가 크리스틴 드 피장 (Christine de Pizan, 1363–1430)의 『여성들의 도시』(1405)를 들 수 있다. 해당 도서의 번역본은 Christine de Pizan, *Le Livre de la Cite des dames,* 최애리 옮김, 『여성들의 도시』 (서울: 아카넷, 2012).

에게 알리라고 하지 않으셨습니까?[36]

이처럼 당티에르는 여성들도 신의 은총을 받아 복음의 의미를 깨달을 수 있으며, 자신이 알게 된 진리의 말씀을 전하도록 예수로부터 직접 허락받았다는 점을 강조했다.

당티에르가 여성의 발언과 글쓰기를 옹호하기 위해 사용한 두 번째 방법은 자신의 글은 여성들을 위해 썼음을 강조하는 것이었다. 당티에르는 지금까지 여성들은 성경에 대해 전혀 알지 못했고 따라서 더 심각한 위협에 처하게 되었다고 주장했다.

> 당신께서도 잘 아시겠지만, 여성들은 남성들보다 더 부끄러운 존재로 여겨져 왔습니다. 그런데 이런 현상에는 다 이유가 있습니다. 지금까지 여성들은 성경에 접근하는 것이 금지되어 있었습니다. 아무도 이에 대해 뭐라 한마디 감히 하지 못했습니다. 여성들은 성경을 읽는 것은 물론 듣는 것까지도 금지 당했습니다. 이것이야말로 내가 당신[마르그리트 드 나바르를 지칭]께 편지를 써야겠다고 마음먹은 이유입니다. 신께서 지금부터는 여성들이 과거에서처럼 비난받는 것을 멈추게 해주시기를 기원합니다. (중략) 또한 당신뿐 아니라, 다른 많은 여성들에게도 용기를 주고 싶었습니다. 신의 말씀을 깨달았다는 이유로, 여성들은 인신을 구속당하거나, 고향에서 추방될 위험에 처해 있고, 따라서 자신의 친척과 친구들을 다시 보지 못할까봐 공포에 떨고 있습니다. 제가 바로 그런 사람입니다. 바로 이런 힘없고 초라한 여성들에게 진리에 대해 알도록 계도하고 이해하도록 돕고자 합니다. 그들은 길이 어디

36 "Epistle to Marguerite de Navarre," 55.

> 에 있는지, 어떤 길을 선택해야 할지 못합니다. 지금부터라도 그들이 내적 방황과 고통을 겪지 않기를 바랍니다. 그들이 즐거워하고 위로받으며 예수 그리스도의 복음 속에서 진리로 기꺼이 나아갈 수 있기를 기원합니다.[37]

위 인용문에서 보이듯이, 당티에르는 자신과 같은 '힘없고 초라한 여성'들의 방황과 고통을 위로하기 위해, 자신의 깨달음을 나눌 필요를 느꼈다고 주장했다. 이를 위해 당티에르는 "비록 여성들이 신도 앞에서나 교회 안에서 공개적으로 설교할 수 있도록 허락받지 못했지만, 글을 쓰고 이를 남들과 나누는 것까지 금지당하지는 않았다"[38]고 피력하며 자신의 글쓰기의 동기와 방식을 정당화했던 것이다. 이처럼 당티에르는 자신의 글쓰기가 남성을 공격하기 위해서, 또는 남성 중심으로 구성되어 있는 사회질서에 대항하기 위한 작업이 아니라는 점을 강조한다.

> 나는 세속적인 것에 대해 말하는 것이 아닙니다. 아버지는 존경받고 아들은 그를 따르며, 아내는 남편을 사랑하고 남편은 아내를 존중하고, 주인은 명령하고 하인은 그에게 복종하며, 왕과 군주, 그리고 영주들은 다스리고 판단하며 신민들은 그에게 복종하고 참고 세금을 내고 공물을 바쳐야 하는 것은 신의 말씀에 따른 일입니다. 이에 반항하는 사람들은 신에게 반항하는 것입니다. (중략) 신께서 우리에게 진리가 무엇인지 가르쳐 주지 않으셨다면 이보다 더 불공평한 일이 어디 있겠습니까? 아아! 신께서는 이미 스스로를 우리에게 드러내셨고 여성들에게도 이를 전파하셨습니다.

---

37 같은 책, 53.

38 같은 책, 53.

> 남성들의 행동에 비해 여성들이 못할 것이 무엇이겠습니까?[39]

결국 당티에르가 말하고자 하는 핵심은 복음의 보편성과 편재성이라 할 수 있다. 신의 말씀을 통해 드러난 진리가 인간을 구원하는 유일한 길이라면, 이를 여성에게 감추고 공유하지 않을 이유가 없다. 그렇다면 여성에게 진리를 전달하지 못하도록 막는 사람은 사악한 의도를 지닌 인간이며, 그들이야말로 개혁을 통해 타도해야 할 거짓 예언자들에 다름 아니다.

따라서 당티에르는 자신의 공격 대상이 종교개혁가들이 공격하고 비판해 온 바로 그 사람들, 즉 기존 로마가톨릭교회의 성직자와 이론가들임을 끊임없이 상기시킨다. 이들은 과거에서부터 진짜 예언자들을 부정했고 심지어 예수 그리스도의 말씀조차 거부했던 사람들이며, 예수의 말씀을 전하고 설교하며 알리려는 사람들을 박해했던 자들이다.

> 그들은 저주받고 파멸해야 할 사악한 존재들입니다. 그들이 우상을 숨기고 가난한 이들을 힐난하기 때문입니다. 그들은 선물과 헌금을 모두 받아 챙겼는데, 사실 이는 가난한 사람들과 불쌍한 하녀들에게 돌아가야 할 몫입니다. 그들은 바빌론에서 바알을 섬기던 사람들과 다를 게 없습니다. 그들은 이렇게 말하며 변명할지도 모릅니다. "율법이라는 것은 이해하고 따르는 것이 아니다. 예언자 다윗은 우리에게 설명하지 않았고, 오히려 말이 많았던 것은 그 시대 우상숭배자들이었다. 성서는 여러 차원으로 해석될 수 있으며, 그 의미도 다양하기 때문에 여자들이 관여할 바가 아니며,

39 같은 책, 79–80.

배움이 일천한 사람들이 개입할 바도 아니다. 박사학위 정도를 가지지 않은 사람은 말할 것이 못된다. 그런 사람들은 의문을 제기하지 말고 그저 단순하게 믿으면 된다." 그들은 기존의 관습대로 여성들이란 즐거움을 제공해 주고, 물레를 돌려 실이나 자으면서 살라고 말합니다. 이렇게 평범하게 살아가는 사람들은 좋은 것도 나쁜 것도 아니게 됩니다. 아아! 지금도 많은 사람들은 이렇게 살아가고 있습니다. 성경에는 수많은 의미가 있다고 말하며 사제들 주머니나 채워 주며 말입니다.[40]

나아가 당티에르는 '박사학위 정도를 가진 사람들', 즉 현명한 사람들과 '가난하고 초라한 사람들'을 비교하여 전자보다 후자가 오히려 더 신의 말씀을 올바로 전하고 해석할 수 있다고 주장했다. "올바름을 추종하는 사람의 수는 적고 사악함에 끌리는 이들은 많은" 현실 속에서, 예수는 세상에서 주류로 활동하는 소위 현자들, 박사들, 성직자들, 권력자들보다 "약하고 경멸당했던 이들을 택하시어 대단한 이들을 부끄럽게 하셨다"[41]는 것이다.

모든 대학의 학자들이나 교황들의 공의회에서 하는 말보다 더 현명해지기를 원하십니까? 그것으로 문제가 해결된다면 지금까지도 수없이 많은 사람들이 이토록 비참하게 잘못된 생각 속을 헤매는 일이 벌어지지 않았을 것입니다. 믿음을 지니신 왕비시여, 이들은 인간을 기준으로 삼았고, 신의 말씀을 이해하지 못하고 이에 반대하면서 다른 사람들을 어리석다고 규정해 왔습니다. 신께서

40 같은 책, 79.

41 같은 책, 67.

> 그들을 불쌍히 여기시기를. 신께서는 소위 학자들의 현명함을 무너뜨리시고 조심스러운 이들의 심약함을 깨트리실 것입니다. 이를 위해 신께서는 약한 사람들을 선택하셨습니다. 초라하고 경멸받아온 이들을 선택하여 세상에서 대단하다고 말하는 이들을 끌어내리실 것입니다.[42]

그렇다면 이때 선택받은 '약하고 초라하며 경멸받아온 이들'이란 누구인가? 당티에르는 여성이야말로 가장 약하고 초라하며 경멸받아온 그런 집단이었으며, 소위 현명하고 힘 있는 사람들에 의해 피해를 당해온 사람들이었다고 지적했다.

> 모든 여성은 완벽하지 않다. 그러나 이는 남성도 마찬가지이다. 왜 그렇게도 열심히 여성에 대해서만 비판하는가? 생각해 보면 여성은 예수를 팔아넘기지도, 배반하지도 않았다. 이런 짓을 한 사람은 유다라는 남성 아닌가? 수없이 많은 의례와 이단, 잘못된 교리를 만들고 조작하여 퍼트리는 사람들은 사실 모두 남성들이 아니었던가? 불쌍한 여성들은 그들의 유혹에 넘어가 고생하고 있다. 세상에 존재하는 거짓 예언자들은 모두 남성이었으며 여성들은 그들 때문에 혼란스러워 하고 있다. 이런 상황을 볼 때, 나는 당연히 침묵을 지키고 가만히 있을 수가 없다. 남성들은 이런 잘못된 생각을 예수의 복음보다 더 많이 언급하고 추천한다. 예수의 복음은 우리가 읽을 수도 없도록 금지되어 있고, 잘못된 생각이 담긴 일화들이나 학교에서 가르치고 있다. 따라서 만일 신께서 몇몇 여성에게 은총을 주시고, 그들에게 성스러운 말씀을 통해 무언가 신성하고 좋은 가르침을 깨닫게 해주셨다면, 여성들이 이에 대해 글

42 같은 책, 80-81.

을 쓰고, 서로서로 자신의 깨달음에 대해 나누는 것은 너무나 당연하다. 진리를 잘못 전달하는 사람들 때문에 명예가 손상될까봐 망설이는 것은 옳지 않다. 아마도 진리를 왜곡하는 이들이 그 행동을 멈추기를 바라는 것은 너무 지나친 기대일 것이며, 우리가 신이 주신 재능을 숨기는 것 역시 너무나 어리석은 일일 것이다. 신께서 우리에게 은총을 내리사 마지막까지 지켜주시기를. 아멘.[43]

이처럼 당티에르는 단순히 여성도 뛰어난 능력을 갖거나 현명해질 수 있기 때문에 발언할 권리가 있다는 세상적인 논리를 따르지 않았다. 오히려 당티에르는 현명한 이들과 세력이 강한 사람들이 만들어낸 온갖 악행과 병폐를 고치고 치유하는 것은 여성과 같이 그동안 소외되고 천대받던 사람들이라고 생각했으며, 그렇기 때문에 스스로 온갖 기존의 관행과 편견을 무릅쓰고 반드시 목소리를 내야 한다고 여겼던 것이다. 당티에르에게 복음이 보여준 진리는 궁극적으로 세상의 구분과 차별을 넘어서는 것이었으며 그렇기 때문에 의미 있는 것이었다. 결국 '비천한 사람들을 통해' 진실이 드러난다는 신념이야말로 당티에르를 종교개혁의 파도와 격랑 속에서 지켜준 신조로 작용했다고 할 수 있다.

43 같은 책, 54-56.

5. 영적 자유를 향하여

당티에르는 어떤 여성이었을까? 『편지』의 내용을 통해 추론해 보자면, 당티에르는 신학적 용어와 개념을 편안하게 이해하고 자유롭게 활용할 정도로 상당한 수준의 교육을 받았던 것 같다. 또한 그녀는 고향의 수녀원을 떠나겠다고 결심할 정도의 결단력을 갖추고 있었고 새로운 환경 속에서 자신의 존재감을 직설적으로 드러낼 정도로 과감한 성격의 소유자였다. 이런 독특한 특성 때문에, 당티에르는 자신이 살던 시대부터 현재에 이르기까지 항상 예외적이고 유별나며 따라서 골치 아픈 여성 취급을 받아왔다.

그렇지만 당티에르는 세상의 평가에 개의치 않았을 것이다. 오히려 당티에르는 자신에 대한 비판을 진리를 추구하는 사람들에 대한 박해라 해석했을 가능성이 높다. 당티에르는 복음을 통해 자신이 진정한 진리를 깨달았다고 믿었고, 비로소 알게 된 이 진리를 자신과 같은 여성들에게 전파해야 한다는 신념 아래 행동했다. 이런 당티에르에게 여성의 발언을 금지하는 기존의 관념이야말로 진리의 전파를 막기 위한 적들의 준동에 불과했을 것이다.

또한 당티에르는 자신을 평범할 뿐 아니라 약하고 비천한 사람들 중 하나라 여겼고, 그렇기 때문에 오히려 신의 선택을 받았다고 여겼다. 세상의 힘 있는 사람들은 예로부터 거짓을 전파하고 민중을 미혹해 왔으며, 이를 통해 자신의 배를 불리는 행보를 거듭해 왔다. 당티에르는 이들을 물리치기 위해 연약하고 힘없는 세상의 약자들의 목소리가 필요하다고 여겼다. 이들이야말로 세상의 논리에 빠지지 않고 신의 진정한 복음을 올바로 전할 자격이 있는 사람들이기 때문이다.

> 예수께서 고귀한 귀족들과 현명한 이들, 또는 중요한 학자들에게만 복음을 설교하고 전파하셨습니까? 복음은 우리 모두를 위한 것이 아닙니까? 복음이 남자를 위한 복음과 여자를 위한 복음으로 구분되어 있습니까? 또는 현명한 이들을 위한 복음과 무지한 이들을 위한 복음이 서로 따로 존재합니까? 우리 모두는 우리 주 예수 그리스도 안에서 하나가 아니었습니까? 우리는 누구의 이름으로 세례를 받습니까? 바울이나 아폴로, 아니면 교황, 또는 루터의 이름으로 세례를 받습니까? 예수 그리스도의 이름으로 세례를 받는 것이 아니었습니까? 예수는 분리될 수 없는 존재입니다. "유대인과 그리스인이 구분될 필요가 없습니다. 신 앞에서는 예외란 존재하지 않습니다. 우리는 신 안에서 하나이고, 예수 안에서는 남자도 여자도, 노예도 자유인의 구분도 존재하지 않는 것"입니다.[44]

위 인용문에서 강조하고 있듯이, 당티에르에게 복음은 누구에게나 공평하고, 누구에게나 동일하며, 다른 어떤 조건이나 배경 없이 인간을 진리로 이끄는 유일한 길이었다. 믿음을 통해 인간에게 무조건 주어진 구원은 인간의 선행도, 미사나 성체성사 등의 의례도, 성인의 개입도, 엄청난 액수의 헌금이나 봉헌도 필요하지 않으며, 뛰어난 지성이나 높은 지위, 대단한 권력이나 고귀한 혈통이나 남녀의 구분 역시 가리지 않는다는 영적 평등의 신념은 마리 당티에르를 수녀원에서 뛰쳐나오게 만들었고 주네브의 선술집에서 설교하게 만들었으며 『편지』를 작성하게 만들었던 그녀 삶의 진정한 동력이었다. 이처럼 종교개혁은 당티에

44 같은 책, 79.

르에게 복음의 빛과 영적 평등을 확신하게 만들어 주는 강렬하고 충격적인 사건으로 체험되었던 것이다.

그럼에도 불구하고 동시대 종교개혁가들은 이러한 당티에르의 신념을 온전하게 이해하지 못했다. 시간이 지날수록 종교개혁 진영은 조직화되었고, 초기 영적 평등을 외치던 목소리는 민중들에게 자신의 교리를 전파하고 이들을 규율화해야 한다는 현실적 논리 속에 묻혀 버렸다. 당티에르가 주네브의 종교개혁가들이 여전히 '긴 옷을 입은 거짓 예언자들'처럼 행동한다고 비판하며 당티에르의 남편 프로망 역시 이에 동조했을 때, 그들에게 돌아온 것은 차가운 비판과 날선 힐난뿐이었다. 아마도 이는 시대적 한계를 뛰어넘어 새로움을 추구했던 모든 사람들이 필연적으로 겪어야 할 운명이었을지도 모른다.

동료들에게마저 냉정하게 외면당했음에도 불구하고, 아니 오히려 외면당했기 때문에 더더욱 당티에르가 해석하고 실천한 종교개혁은 오랜 시간이 지난 지금 이 순간 깊은 울림을 전달해 준다. 루터가 종교개혁을 처음 시작하고 결단할 때 느꼈던 자유로운 해방감, 영적 깨달음을 통해 느꼈던 진정한 확신을 당티에르에게서도 만날 수 있기 때문이다. 시간이 지나 현실과 섞이며 점차 옅어져 갔을지라도, 종교개혁이라는 혁명적 사건이 끝내 이루고자 했으며 끝내 달성하지 못했던 핵심적인 가치와 의미는 바로 영적 자유와 평등의 메시지가 아니었을까. 그리고 당티에르야말로 자신의 삶과 글을 통해 이런 메시지를 그 누구보다도 더 강렬하게 우리에게 전달해 준 인물이라 하겠다.

2장
잔 드 쥐시, 저항하다

2장

잔 드 쥐시, 저항하다

1. 수녀원, 그 이중적 공간

속세와 수녀원의 장단점에 관한 원장님의 다음 이야기는 옮기지 않아도 짐작할 수 있으시겠지요. 책마다 똑같은 이야기가 똑같은 식으로 쓰여 있으니까요. 저도 사람들의 권유로 수도사들이 써 놓은 너절한 책들을 많이 읽었는데 그 책들에서 수도사들은 자신들이 익히 알고 있는 종교 생활을 찬양합니다. 하지만 실제로는 그 생활을 매우 싫어하지요. 반대로 그들은 알지도 못하는 세속 세계를 맹렬히 공격합니다. 하지만 속으로는 매우 동경하고 있지요. (중략) 바깥세상에서 불미스러운 일이 생길 때마다 그 소식은 즉시 적당히 윤색되어 우리 귀에 들어왔습니다. 그다음에는 으레 그런 창피스러운 일을 당하지 않게 우리를 세상에서 격리시켜 주신 신의 가호에 대한 끝없는 찬양이 뒤따랐습니다. (중략) 수녀생활에 대한 혐오감이 날이 갈수록 커져 갔습니다. 그럴 때마다 저는 원장님이나 수련수녀장님을 찾아가 제 마음을 털어놓았습니다. 그 여자들은 제 투정을 잘 받아주었지만 나중에 그것에 대해 앙갚음을 하였습니다. (중략) 5000프랑 정도가 수녀원에 들어오느냐 마느냐의 문제였으니까요. 결국 이 돈 때문에 그녀들은 평생 거짓말을 하고 순진한 젊은 처녀들에게 40–50년간의 절망과 그리고 어쩌면 사후의 영원한 불행을 안기는지도 모릅니다.[1]

1796년 발간된 『수녀』는 대표적인 계몽주의자 드니 디드로(Denis Didrot, 1713–1783)가 바라본 수녀원 제도의 위선을 사정없이 공격한 작품이다. 주인공 쉬잔은 전혀 수녀가 되고 싶은 생각이 없었음에도 불구하고 부모의 일방적 의사에 의해 수녀원에 보내진 뒤, 기부금을 노린 수녀원장 등의 감언이설에 말려 어쩔 수 없이 수녀가 되었다. 그녀에게 수녀로서의 생활은 개인적 자유의 박탈일 뿐 아니라, 차라리 죽는 것보다 못할 정도로 비인간적인 일상의 연속에 불과했다.

자유를 억압하는 대표적인 제도로 수녀원을 선택한 18세기 계몽주의자 디드로의 시각은 16세기 종교개혁가들의 입장과 상당히 유사해 보인다. 구원은 전적으로 신의 은총에 의한 것이며 인간의 선행과 무관하다고 주장한 종교개혁가들은 수도사들의 삶이 구원에 가장 적합한 것이라는 중세 가톨릭교회의 사고방식을 정면으로 비판하였다. 종교개혁가들이 보기에 수도원은 인간의 능력으로 구원을 획득할 수 있다는 미망과 오만으로 점철된 공간이었으며, 겉으로 경건한 척 하면서 실제로는 온갖 악행이 은밀하게 자행되고 있는 위선의 집합체에 불과했다.

---

1 Denis Diderot, *La Religieuse*, 이봉지 역, 『수녀』 (서울: 지만지, 2013), 13–15.

스스로 아우구스티누스회 수도사였던 루터는 이러한 관점에서 수도원 제도를 격렬히 비판했고, 수사와 수녀들에게 수도원을 떠날 것을 강력하게 권고하기도 했다.

그런데 수도원 중에서도 여성들의 공간인 수녀원 폐지는 종교개혁 시대부터 더욱 각별한 논쟁의 중심이 되었다. 종교개혁 정신에 찬동한 수녀들이 수녀원을 탈출하여 종교개혁 지도자들과 결혼하고 가정을 꾸리는 일이 늘어나자 가톨릭 진영은 이를 종교개혁가들이 사적인 욕심을 채우기 위한 행동이라 비난하면서 종교개혁이 결국 성적 문란을 부추기고 있다고 공격했기 때문이다. 따라서 수녀원 폐지에 대한 찬반양론은 종교개혁 시대 격렬한 선전전의 소재가 되었으며, 이에 관련된 다양한 소책자가 배포되기도 했다.[2]

또한 종교개혁 시대 여성의 경험에 대해 분석한 다수의 연구자들은 수녀원 폐지를 긍정적으로만 해석하지 않았다. 왜냐하면 종교개혁 시대 수녀원 제도의 폐지는 결국 여성들의 자아실현 기회를 제한하는 결과를 가져왔기 때문이다. 실제로 중세 유럽에서 수녀원은 가정 외에 여성이 선택할 수 있는 유일한 대안적 공간이었다. 여성의 사제서품이 금지된 상황에서, 수녀원의 운영과 관리를 담당하는 수녀원장의 지위는 그나마 여성이 권위에 접근할 수 있는 흔치 않은 가능성 중 하나였고, 수녀가 된 여성들 중 일부는 신학적 또는 영적 차원에서 특별한 존재로 성장하기도 했으며, 자신의 종교적 경험에 대해 저술을 남길 기회도 획득했다. 대표적인 사례라 할 수 있는 시에나의 카트린(Catherine of

---

2 Steven Ozment, *When Fathers Ruled: Family Life in Reformation Europe* (Cambridge: Harvard Univ. Press, 1983), 15–25.

Sienna, 1347–1380) 같은 경우 대분열 시기 교회의 타락을 비판했으며, 실제로 아비뇽 교황청이 로마로 이전하는 데 결정적인 영향력을 행사하기도 했다.

그러나 중세의 수녀원이 몇몇 특출한 수녀들의 활약에서 보이는 것처럼 여성의 독립성과 개별성을 인정해 주었던 발전적인 공간이라 볼 수는 없다. 중세 가톨릭교회의 구조가 공고해지면서 수녀원의 독립성은 꾸준히 축소되었기 때문이다. 6세기부터 시작된 수녀원은 수도원제도의 실질적 창시자 성 베네딕트의 쌍둥이 누이 스콜라스티카(Scholastica, c. 480–543)에 의해 체계가 정립된 뒤 한동안 독립적 지위를 누렸지만, 8세기부터 점차 남성 중심 수도원에 종속되기 시작했고, 클뤼니 수도원 개혁과 교황 그레고리우스 7세의 자정운동이 시작되면서 여성 수도원의 입지는 한층 축소되었다. 이러한 경향은 중세 후반이 되면 점차 심해져서, 14세기 초 보니파키우스 8세는 수녀들의 활동을 수녀원 내부로만 제한하는 법령을 반포했으며, 종교개혁의 광풍 아래 가톨릭 종교개혁을 정초한 트렌트 공의회에서는 모든 수녀원을 남성 수도원이나 지역 주교의 통제 아래 두도록 지정하기에 이르렀다.[3] 이런 경향을 종합해 보았을 때, “여성 수도원장이 과연 일개 가정의 주부보다 얼마나 더 독자적 결정권을 지니고 있었는지 알 수 없다”는 오즈먼트의 주장에도 나름의 설득력이 있다.[4] 이처럼 수녀원은 때로는 가정 밖의 삶을 선택하고자 했던 여성에게 특별한 기회를 제공하기도 했지

---

3 정용석, 「휘어진 갈빗대: 중세 기독교사회와 여성에 관한 역사적 고찰」, 『대학과 선교』 25 (2013), 16–17.

4 Steven Ozment, *When Fathers Ruled*, 15.

만, 남성 중심적 사회구조 속에서 어쩔 수 없는 한계를 지닌 공간이었다.

나아가 수녀원에 들어온 모든 수녀들이 자발적으로 그 길을 선택한 것이 아니었음에 유의할 필요가 있다. 수녀원을 후원했던 귀족들은 가문의 영광을 위해 자신의 딸들에게 수녀가 되기를 강요하기도 했으며, 지참금이 없어 제대로 된 혼처를 찾기 힘들었던 귀족여성들에게 수녀원이 일종의 도피처가 되는 일도 흔했다. 따라서 수녀가 된 여성들이 수녀원 생활에 대해 판단하고 반응하는 방식은 개인별로 매우 상이할 수밖에 없었다. 따라서 종교개혁가들이 수녀원 제도를 공격했을 때, 수녀로서의 삶에 불만이 많았던 수녀들은 이를 자신의 삶을 새롭게 재구성할 기회로 삼았다. 앞에서 살펴본 마리 당티에르 같은 경우가 이런 유형의 대표적 사례라 할 것이다. 그러나 반대로, 수녀로서 자신의 정체성을 유지하겠다고 다짐했던 여성들에게 종교개혁은 자신의 일상을 직접 위협하는 결정적 위기로 다가왔을 것이다.

본 글의 주인공 잔 드 쥐시야말로 바로 이런 경향을 대표하는 여성이라 할 수 있다. 종교개혁의 중심지이자 마리 당티에르가 활약했던 도시 주네브에 존재하던 유일한 수녀원에 소속되어 있던 잔 드 쥐시는 철두철미하게 수녀로서의 삶을 지키고자 노력하며 종교개혁에 맞섰으며, 수녀원에서 서신과 재무 관련 기록을 담당하던 서기 수녀의 직분을 살려 자신과 동료들의 투쟁을 낱낱이 기록한 글을 남겼다. 결과적으로 잔 드 쥐시의 『연대기』[5]는 우리에게 마리 당티에르와는 완전히 정반대의

5 본 논문 작성을 위한 사료로 『연대기』의 불어판 Jeanne de Jussie, *Le levain du Calvinism: ou commencement de l'heresie de Genève* (Chambery: Du Four, 1611)과 영어판 Jeanne de Jussie, *The Short Chronicle: A Poor Clare's Account of the Reformation of Geneva*, ed. and trans. Carrie F. Klaus (Chicago: Univ. of Chicago Press, 2006) (이

각도에서 종교개혁을 성찰할 수 있는 귀중한 기회를 제공해 준다.

본 글에서는 잔 드 쥐시의 『연대기』를 통해 종교개혁에 대한 전면적인 반대가 오히려 한 여성과 한 집단의 정체성을 확인하고 보존하는 기회로 작용한 방식을 추적해 보고자 한다. 이를 위해 먼저 잔 드 쥐시와 그녀가 소속되어 있던 클라라 수도회(Order of Saint Clare, Poor Clare)의 역사와 구성, 존재 방식에 대해 살펴보고, 『연대기』의 내용과 성격을 간략히 일별한 뒤, 마지막으로 클라라 수도회 수녀들에게 종교개혁이란 어떤 경험이었는지 구체적으로 분석해 보겠다. 이런 과정을 통해 결국 종교개혁이란 어떤 이들에게는 해방과 각성의 순간이었고, 또 다른 이들에게는 고통과 투쟁의 시간으로 기억될 수밖에 없는 매우 중층적이고 복합적인 역사적 경험이었음이 규명될 것으로 기대한다.

2. 잔 드 쥐시와 성 클라라 수녀원

잔 드 쥐시는 1508년 주네브에서 15킬로미터 떨어진 쥐시-레벡(Jussy-l'Eveque)의 영주인 아버지 루이와 어머니 잔 사이 4남 2녀의 막내로 태어났다. 그러나 번듯한 영지를 가진 귀족이었던 잔의 집안은 1519년 아버지가 사망한 뒤 법정 송사에 휘말려 몰락하게 되었다. 잔 드 쥐시는 1521년 클라라 수도회에 입교했는데, 이는 아마도 재정적 위기 때문에 지참금을 마련할 수 없었던 그녀의 가정 형편이 원인이었

하 *Short Chronicle*로 표기)을 활용했다. 본문의 인용은 영어판을 기준으로 작성되었음을 밝혀 둔다.

던 듯하다. 당시 잔의 나이는 고작 13세에 불과했다.[6]

그러나 잔 드 쥐시는 수녀가 됨으로써 평범한 결혼을 했다면 결코 얻지 못했을 새로운 기회를 잡게 되었다. 1530년 잔 드 쥐시는 수녀원의 기록 담당 서기수녀로 임명되었고, 특별한 교육대상으로 선발되어 주네브의 여학교에서 교육을 받게 되었던 것이다. 서기수녀란 수녀원의 재정관련 서류와 기록대장을 관리하는 중요한 지위였기에, 잔 드 쥐시는 수녀원 생활에 나름 만족하면서 새로운 인생에 열심히 적응했던 것으로 보인다.

잔 드 쥐시가 소속된 클라라 수도회는 1212년 아시시의 성 클라라(Saint Clare of Assisi, 1194–1253)에 의해 창건된 유서 깊은 수도조직이다. 성 클라라는 성 프란치스코의 여성 제자로, 청빈을 가장 중요한 기치로 내세우는 프란치스코 수도회의 정신을 계승하여 여성들을 위한 수녀회를 설립했다. 클라라 수도회 계율에 따르면, 수녀원은 주거를 위한 건물과 자급자족을 위한 최소한의 토지만을 소유할 수 있었으며, 수녀 입교 시 입회비나 기부금을 받는 것도 금지되어 있었다. 이처럼 엄격한 청빈의 정신은 수녀들의 일상생활규정에도 반영되었다. 클라라 수도회 수녀들은 머리를 짧게 자르고 맨발로 생활해야 했으며, 얼굴 전체를 가리는 베일을 쓰고 헐렁한 가운을 입도록 규정되어 있었다. 수녀들은 짚으로 된 침대에서 자며 매일 한 끼만 먹는 등 엄격한 수준의 금욕생활을 해야 했으며, 1년에 최소 12번은 고해성사를 해야 할 만큼 자신을 엄격하게 돌아보고 수행하도록 요청받았다. 수녀들의 생활은 하루 8회

---

6 Carrie F. Klaus, "Volume Editor's Introduction," *Short Chronicle*, 5–6.

의 기도와 예배로 구성되어 있었고, 아침 9시부터 저녁 9시까지 완전한 침묵으로 금언생활을 해야 했다.[7]

그러나 무엇보다도 특별한 클라라 수녀원의 규칙은 철저한 격리생활을 영위한다는 데 있었다. 클라라 수도회의 소속 수녀들은 4개의 매듭이 달린 밧줄을 허리띠 대신으로 사용했는데, 이 네 개의 매듭은 각각 수도서원의 기본원칙인 순결, 복종, 청빈, 그리고 '봉쇄'를 상징했다. 이처럼 클라라 수녀원에 입교한 수녀들은 일체 외출이 허용되지 않았으며, 수녀원에 외부인이 들어오는 것 역시 금지되어 있었다. 심지어 수녀원을 찾아온 방문객들은 문지기 수녀와 원장 수녀의 허락을 받은 후에야 쇠창살이 쳐진 창문을 사이에 두고 베일을 쓴 수녀들과 만날 수 있었다. 이러한 봉쇄수녀원의 경우, 수녀원 내부는 전적으로 수녀들에게만 허용된 보금자리로서, 특별한 영적 의미를 지닌 공간으로 여겨졌다.[8] 이처럼 엄격한 봉쇄수녀원의 전통은 클라라 수도회의 영적 명성을 높이는 데 크게 일조했지만, 그만큼 소속 수녀들은 폐쇄적이고 전통적인 방식으로 엄격하게 살도록 요청받았음을 뜻하기도 했다.

잔 드 쥐시가 속한 주네브 수녀원의 역사와 구성을 간단히 정리해 보면 다음과 같다. 주네브에 수녀원이 처음 생긴 것은 1473년으로, 프랑스 샤를 7세의 딸이자 사부아 공작부인이었던 욜란드 드 사부아(Yolande de Savoie)에 의해 설립되었다. 1477년 15명의 수녀가 거주하

7 같은 책, 7-9.

8 Dom Jean Prou(OSB.), *Walled about with God: The History and Spirituality of Enclosure for Cloistered Nuns,* ed. and trans. David Hayes (OSB.) (Leominster: Gracewing Publishing, 2005).

기 시작하면서 시작된 이 수녀원은 주네브 시 중심에 위치한 푸르 광장(Bourg de Four)에 자리 잡고 있었다. 클라라 수도회의 봉쇄 전통에 따라, 수녀원과 그 안뜰은 철저하게 격리되어 있었지만, 안뜰의 외벽은 도시 성벽과 바로 연결되어 있어서 고의로 침입할 경우 막기 힘들다는 구조적 약점을 지니고 있었다. 이런 약점은 이후 종교개혁가들에 의해 수녀원이 '박해'받던 시절 큰 문제를 일으키는 요인으로 작용했다.

그림 2 봉쇄수녀회의 전통
출처: https://es.wikipedia.org/wiki/Clausura_mon%C3%A1stica#/media/File:Klaryska.JPG

잔 드 쥐시의 시대에 주네브 클라라 수도회에는 수녀원장 루이즈 랭보(Louis Rambo)와 부수녀원장 페르네트 드 몽뤼엘(Pernette Montluel)을 비롯하여 모두 24명의 수녀가 거주하고 있었다. 수녀원에는 허드렛

일을 도와주는 일종의 하녀인 재속 수녀들과 잡역부 역할을 하는 재속 수사들이 있었고, 수녀들의 고해성사를 위해 프란치스코 수도회 출신 고해신부 2명이 소속되어 있었다. 물론 정식 수녀가 아닌 모든 사람들은 수녀원에 딸린 부속 건물에 기거했으며, 수녀들의 생활공간은 이와 엄격하게 분리되어 있었다.[9]

그렇다면 주네브의 클라라 수도회는 엄격한 전통을 잘 보존하고 있었을까? 『연대기』의 묘사에 따르면, 주네브의 클라라 수도회는 동시대 다른 수녀원보다 훨씬 더 엄격하게 격리의 원칙을 준수했던 것으로 보인다.

> 금요일 밤 수녀들은 설교를 듣기 위해 식당에 모여 있었다. 그때 도시의 지도자들과 이단의 대표들이 접견 창문(turning window)에 나타나 문지기 수녀님에게 자신들의 정체를 밝히며 수녀들에게 일요일에 열릴 토론회에 참가하라고 전하기 위해 왔다고 말했다. 문지기 수녀님은 이 소식을 수녀들에게 전했고, 수녀원장님과 부수녀원장님은 같이 나가 그들을 응대했다. 남아 있는 수녀들은 불안감에 떨며 와인을 마시기도 했으며, 저녁 기도를 올리며 눈물을 터트리기도 했다. (중략) 수녀원장님과 부수녀원장님은 "신사분들, 우리가 명령에 응할 수 없다는 점을 이해해 주시기 바랍니다. 평생 동안 우리는 도시의 규칙에 순종하고 살았으며, 지도자님들의 명령에 복종해 왔습니다. 하지만 우리는 이 명령을 들을 수는 없습니다. 왜냐하면 우리는 영원히 성스럽게 격리된 채로 살겠다는 맹세를 했고, 이를 준수하기를 원하기 때문입니다." (방

9 Carrie F. Klaus, "Volume Editor's Introduction," *Short Chronicle*, 11-13.

점 필자)[10]

위 인용문은 1535년 수녀원의 폐쇄가 결정된 뒤 종교개혁가들이 수녀들을 설득하러 갑자기 등장한 장면을 묘사하고 있다. 위 인용문에 등장하는 '문지기 수녀'나 '접견 창문' 같은 단어들은 봉쇄수녀원의 전통을 보여주는 것으로, 『연대기』 전반에 걸쳐 반복적으로 등장하고 있다. 또한 인용문의 마지막 문장을 보면 클라라 수도회 수녀들은 '영원히 성스럽게 격리된 채 살겠다'는 맹세를 했다는 구절이 나오는데, 이를 통해 주네브의 수녀들은 자신들의 엄격한 격리생활에 특별한 영적 가치를 부여했음을 의미했다. 아마도 격리생활이란 클라라 수도회 소속 수녀들에게 남들과 구분되는 각별한 정체성을 제공했으며, 대부분의 수녀들은 이를 매우 자랑스럽게 여겼던 것으로 보인다.

이처럼 주네브의 클라라 수도회는 폐쇄적 공간 속에서 금욕적 삶을 추구하며 남들과 구분되는 특별한 정체성을 생성, 발전시킬 수 있는 공간이었다.[11] 따라서 주네브 종교개혁 시기 수녀원 폐쇄를 결정한 후 종교개혁가들이 봉쇄수녀원의 밀폐된 사적 공간 안으로 침입해 들어왔을 때, 수녀들은 이를 자신들의 삶 전체를 송두리째 짓밟는 폭력적 행위로 인식할 수밖에 없었다.

---

10 *Short Chronocle*, 122–123.

11 중세 수녀원 건물이 지닌 상징성, 특히 젠더와의 관련성에 대해서는 Roberta Gilchrist, *Gender and Material Culture: The Archaeology of Religious Women* (New York: Routledge, 1994).; 동일 저자, *Gender and Archaeology: Contesting the Past* (New York: Routledge, 1999).

3. 잔 드 쥐시의 『연대기』와 여성의 역사 서술

지금까지 잔 드 쥐시가 소속되어 있던 클라라 수도회의 역사와 특징, 그리고 주네브 클라라 수녀원의 운영방식에 대해 간단히 살펴보았다. 이제부터는 본 논문의 핵심 사료인 잔 드 쥐시의 기록, 즉 『연대기』의 내용과 구성, 그리고 성격에 대해 살펴보도록 하겠다.

잔 드 쥐시의 『연대기』는 수도원 연대기 장르(convent chronicle genre) 계열의 저작인데, 수도원 연대기의 기원은 중세로 거슬러 올라간다. 중세 이래 수도원에서는 교파를 막론하고 연대기를 작성하는 전통이 존재했는데, 이런 연대기는 일반적으로 수도원에 관련된 각종 서류와 기록을 집대성하여 공동체의 운영 노하우를 후대에 전달하기 위한 교육적 목적 아래 집필되었다. 그런데 15세기 이래 수도원 개혁운동이 확산되

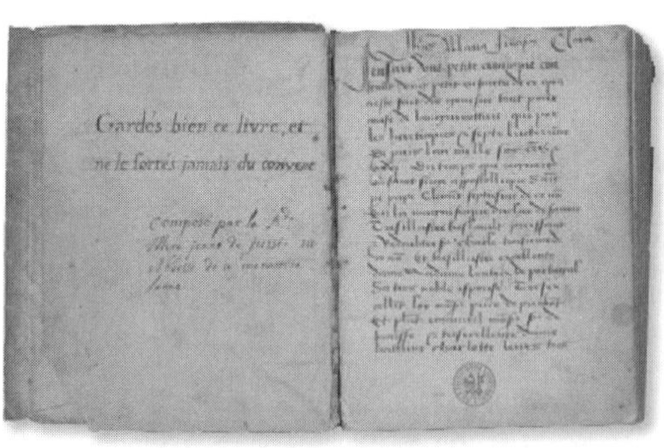

그림 3 잔 드 쥐시의 회고록 필사본 원문. 중세 가톨릭 수녀원에서는 자신들의 역사를 되짚고 정체성을 형성하기 위해 수녀들이 주체가 되어 회고록을 집필하는 전통을 지니고 있었다. 잔 드 쥐시의 회고록은 이 전통을 대표하는 가장 전형적 사례 중 하나이다.

출처: https://fr.wikipedia.org/wiki/Jeanne_de_Jussie#/media/File:JeanneDeJussie-Mss-BE.jpg

고 16세기 종교개혁의 열풍이 시작되면서, 수도원 연대기의 역할은 조금씩 변모, 확장되었다. 수도원 제도와 성직자 독신 규정을 반대했던 종교개혁 진영의 공격에 맞서, 수도 공동체 내부에서는 자신들의 삶을 정당화할 필요에 직면했던 것이다. 이를 위해 수도원 연대기는 공동체의 집단 정체성을 규명하고 이를 통해 공동체를 내부로부터 결속시키는 중요한 매개로 등장했으며, 이런 목적 아래 15세기 이후부터는 수도원뿐 아니라 수녀원에서도 활발하게 연대기를 작성하기 시작했다.[12]

잔 드 쥐시의『연대기』는 15세기 이후 수녀원 연대기의 특성을 대표하는 전형적인 작품이라 할 수 있다. 잔 드 쥐시는『연대기』의 서문에서 자신의 글을 "1526년부터 1535년까지 주네브에서 스위스 동맹파와 이단, 그리고 루터파 때문에 일어난 일"[13]에 대한 기록이라 규정했는데, 실제로 연대기의 전반부는 주네브가 스위스 동맹에 가담한 1526년에서부터 종교개혁적 사상이 점차 맹위를 떨치기 시작한 1534년까지 주네브의 정치적 상황과 사회적 변동에 대해, 그리고 후반부는 1535년 클라라 수도회 수녀들이 주네브에서 겪은 고난과 수녀원 폐쇄 후 안시(Anncy)로 이주하는 과정에 대해 서술하고 있다. 결국 잔 드 쥐시의『연대기』는 주네브 종교개혁의 정치적 배경과 이로 인해 촉발된 사회적, 종교적 갈등을 수녀의 눈을 통해 재구성해 낸 일종의 역사서술이라 규

12 수녀원의 연대기 서술 전통에 대해서는 Charlotte Woodford, *Nuns as Historians in Early Modern Germany* (Oxford: Oxford University Press, 2002); K. J. P. Lowe, *Nuns' Chronicles and Convent Culture in Renaissance and Counter-Reformation Italy* (Cambridge: Cambridge Univ. Press, 2003); Anne Winston-Allen, *Convent Chronicles: Women Writing about Women and Reform in the Late Middle Ages* (University Park: Pennsylvania State University Press, 2004).

13 *Short Chronicle*, 37.

정할 수 있겠다.[14]

그러나 잔 드 쥐시의『연대기』는 20세기에 이르기까지 '고지식한 수녀에 의해 작성된 다소 순진한 기록'이라 평가절하 되어 왔다.[15] 동시대 휴머니스트 역사서술이 인간을 주된 행위자로 설정하고 사건의 인과관계에 치중하며, 전통적으로 통용되던 각종 신화적 언술을 단호히 거부한 것에 비해,[16] 잔 드 쥐시의『연대기』는 중세 역사서술의 전형적 특징인 종교적 세계관을 여전히 견지했다는 점에서 일견 고루해 보이기도 한다. 대표적인 예로『연대기』에는 기적에 대한 서술이 자주 등장하는데, 이는 현재의 고난을 신의 개입으로 극복하고 싶다는 잔 드 쥐시의 강한 열망을 반영하고 있다.

(1530년) 독일계 스위스인들이 우리 도시를 공격했을 때, 그들은

---

14 잔 드 쥐시와『연대기』에 대한 대표적인 연구 성과는 다음과 같다. Jules Vuy, *Jeanne de Jussie et les soeurs de Saintes-Claire* (Geneva: Trembly, 1881).; Edmond Ganter, "Les Clarisses de Genève et d'Anncy," *La Revue Savoisienne* 90 (1949), 58−87. ; Maurice Bossard and Louis Junod, *Chroniqueurs du XVIe siècle: Bonivard, Pierrefleur, Jeanne de Jussie, Froment* (Lausanne: Bibliotheque romande, 1974). ; Henri Roth, "Jeanne de Jussie et le Levain du Calvinism: Attitudes mentales d'une clarisse du XVIe face à la Réformation," (M.A.thesis, Université de Genève, 1983). ; Henri Roth, "Une femme auteur du 16e siècle: Jeanne de Jussie," *Revue de Vieux Genève* 19 (1989), 5−13. ; Irena Backus, "Les clarisses de la rue Verdain, The Poor claires of the rue Verdainm," in *Le guide des femmes disparues/Forgotten Women of Geneva*, ed. Anne−Marie Käppeli (Geneva: Metropolis, 1993), 20−39. ; Carrie F. Klaus, "Architecture and Sexual Identity: Jeanne de Jussie's Narrative of the Reformation Geneva," *Feminist Studies* 29(2) (2003), 279−297.

15 『연대기』의 사회적 수용과 평가에 대해서는 Carrie F. Claus, "Volume Editor's Introduction," *Short Chronicle*, 23−28.

16 Zachary S. Schiffman, "French History," in *Encyclopedia of the Renaissance*, vol. 3, ed. Paul F. Grendler (N.Y.: Charles Scribner's Sons, 1999), 168−169.

> 우리 땅에 뭐라 말할 수 없는 큰 해를 입혔다. 불충하고 이단적인 개떼처럼 그들은 교회와 수도원, 수녀원 등을 닥치는 대로 공격하고 약탈했다. 그들은 성체가 든 성물함을 부수기도 했다. (중략) 어떤 신실한 그리스도교인이 교회가 약탈당하는 현장을 보게 되었다. 그는 과연 이단들이 성체를 가지고 무엇을 할까 걱정되었다. 그들은 성물함을 박살내고 그 안의 내용물을 꺼내 바닥에 던지려는 악의를 보였다. 모두가 떠나고 나자 가톨릭교도는 바닥에 던져진 성체를 수습하려 다가갔지만, 성체의 모습은 어디에서도 볼 수 없었다. 그는 천사가 성체를 들어 올려 안전한 곳으로 수습했다고 믿는다고 말했다. (중략) 우리의 군주 되신 하나님께서는 수녀원 식구들을 보호하시고 먹이시며 기적을 행하셨는데 사실 우리에게 남은 빵은 이틀 치밖에 없었지만, 이것이 늘어나 12일 동안 먹을 수 있었고, 신부님이나 수녀원의 하인들에게도 먹을 것이 돌아갔으며, 수녀원을 방문한 이에게 나눠 줘도 여전히 충분한 식량이 남았다.[17]

1530년 주네브에 침입한 스위스 병사들의 '만행'을 기록하면서, 잔 드 쥐시는 이런 고통의 순간 수녀원에서 바닥에 던져진 성체가 사라지거나 이틀치 식량으로 12일을 버티는 등의 기적이 일어났다고 서술했다. 실제로 성체를 건드린 신교도가 급사했다거나 성체가 하늘로 들려 올라갔다는 등의 일화는 종교개혁에 대항하는 가톨릭 문헌에 자주 등장하는 내용이기도 하다. 이렇듯 잔 드 쥐시는 『연대기』를 서술하면서 동시대 사건에 대한 사실적 묘사와 로마가톨릭교회의 전형적 해석을 뒤섞어 나열하는 다소 순진한 방식을 사용했다.

---

17 *Short Chronicle*, 53–55.

잔 드 쥐시의 『연대기』의 역사적 가치에 의문을 제기하게 만든 또 다른 요인은 『연대기』가 지닌 극단적 편향성이다. 예상하다시피, 종교개혁가들에 대한 잔 드 쥐시의 묘사는 과격하며 신랄하기 그지없다. 잔 드 쥐시는 루터파를 '사악한 개'라고 부르며, 루터를 '가장 지독한 독을 내뿜는 꼬리 달린 용'이라고 지칭하는 등 거침없이 종교개혁가들을 매도했다.

> 루터는 사악함과 거대한 자만에 사로잡혀 악의와 거짓으로 가득 찼다. 그는 사도(apostles) 이래 존재했던 이단적 사상과 잘못된 견해들을 되살렸고, 이런 내용으로 가득 찬 자신의 글을 바젤에서 출판, 모든 그리스도교 세계에 전파했다. 따라서 그의 전염력이 강한 독소는 모든 왕국과 가톨릭교회를 오염시켰다. (중략) 이 지독한 독을 내뿜는 꼬리 달린 용은 모든 계층의 사람들을 그와 같은 상태로 끌어내리려 하고 있다. 바로 이런 이유 때문에 루터는 신 앞에서 정절을 선언한 사람들을 결혼시키려고 시도하고 있다.[18]

그러나 고루한 세계관과 편향적 시선 때문에 『연대기』를 일방적으로 매도하는 것은 정당하지 못하다. 오히려 『연대기』 속에는 다른 글에서 찾기 힘든 주네브의 생생한 일상이 적나라하게 펼쳐지기도 한다.

> 성체 축일에 가톨릭교도들은 용감하게 모여 기존에 늘 했던 방식으로 도시를 행진하는 축일 행사를 하고자 했다. 그런데 벨벳 두건을 쓴 몇몇 루터파 여성들은 모두에게 뻔히 보이는 창문가에 앉아 실패와 바늘을 사용해 시끄러운 소리를 내면서 방해했다. 그들

18 같은 책, 60-63.

은 다른 축일에도 이런 일을 해 왔었고, 가톨릭교도들과 늘 시비가 붙었다. 부활절과 성령강림일 축일에는 루터파 여성들이 빨래를 하며 시끄러운 소리를 내기도 했다. 몇몇 신실한 사람들이 그들에게 가 빨랫감을 빼앗아 론 강에 던지기도 했다. (중략) 축제 행렬이 지나갈 때, 어떤 사람이 뚱뚱한 루터파 여성의 실패를 빼앗아 그것으로 그녀의 머리를 내려치고, 여자가 만지던 바느질감을 진흙탕 속에 던져 짓밟았다. 루터파 여성이 어리둥절해 있는 동안 이 사람은 재빨리 행렬로 돌아갔다.[19]

위 인용문에서는 주네브 종교개혁 당시 가톨릭 여성들과 개혁파 여성들 사이에서 벌어진 갈등의 교착 지점을 흥미롭게 보여준다. 특히 여성들이 일상적으로 사용하는 도구인 빨래방망이와 빨랫감, 실패와 바늘 등을 활용하여 자신의 주장을 외연화하는 방식은 주목할 만하다. 이처럼 잔 드 쥐시의 기록은 남성 종교개혁가들의 경험이나 이론 속에서 누락되어 있는 주네브 여성들의 종교적 실천방식을 발견할 수 있는 희귀한 보물 상자라 할 수 있다.

그렇다면 여기서 한 가지 의문이 생긴다. 폐쇄된 공간 안에 격리되어 살았던 잔 드 쥐시가 어떻게 외부 세계 변동에 대한 정보를 얻을 수 있었을까? 잔 드 쥐시의 『연대기』에는 전술한 것 같은 주네브의 가톨릭 여성들의 저항과 투쟁뿐 아니라 주네브 근교 다른 클라라 수도회에 닥친 곤란에 대해 소개하기도 하고,[20] 주네브 내 정치 파벌 사이의 갈등을

---

19 같은 책, 102–103.

20 잔 드 쥐시는 주네브 근교 다른 클라라 수도회에 닥친 비극에 대해서 다음과 같이 기록했다: "클라라 수녀원은 이단의 공세에 큰 고통을 받았다. 특히 베베이(Vevey)와 오르브(Orbe), 주네브에 있는 수녀원들은 적들에게 포위된 상태였다.

언급하거나[21] 심지어 투르크가 헝가리를 침공했다는 내용까지 기록하고 있다.[22] 잔 드 쥐시가 수집한 정보의 양과 질이 상당한 것으로 여겨지는데, 이를 통해 주네브 클라라 수도회 수녀들은 나름대로 세상과 소

오르브의 클라라 수녀원은 1521년부터 탄압을 받았고, 수녀와 평수사들의 일에도 큰 지장을 미쳤다. 사순절 중 성 수태고지 축일에 그들의 고해신부인 미셸 줄리앙 수사님은 이단에 반하며 동정을 찬양하는 설교를 하다가 설교대에서 끌려 내려갔다. 수사님의 자리는 사악한 루터파인 크리스토프 올랑드라는 사람이 대신했는데, 그 사람의 형은 결혼한 신부였다. 그곳에 있던 여성 하나가 신성모독을 감당하지 못하고 항의했지만, 그녀는 사악한 남성들의 손에 머리채를 쥐어 잡혀 교회 밖으로 내쳐졌다." 같은 책, 63.

21 16세기 스위스에서는 도시공동체들이 상호 연대하여 자신들을 다스리던 주교나 군주의 세력에서 독립하자는 움직임이 벌어지고 있었다. 이들을 동맹파라고 하는데, 이후 동맹파의 상당수는 프로테스탄트로 개종하게 된다. 잔 드 쥐시는 동맹파와 대립하던 사부아(Savoie) 공작과 주교 세력을 지지하는 시각을 지니고 있었다. "1531년 1월[실제로는 1530년 12월에 개최]에 사부아 공작님의 대사들이 페이에른(Payerne)에 모였다. 사부아의 군 원수이자 칼랑의 백작께서도 그곳에 참석하셨고, 사부아의 많은 고위 인사들이 모였다. 가장 존경스러우신 카를 5세의 대리인과 가장 독실한 그리스도교인인 프랑스 왕 프랑수아 1세의 대리인, 그리고 모든 스위스 칸톤의 대표들과 독일 군주들이 한자리에 모여 협상을 진행했다." 같은 책, 57–58.

22 해당 내용은 다음과 같다. "그 무렵(1532년) 투르크가 그리스도교 세계를 대단한 공세로 침범해왔다. 투르크는 헝가리의 추기경의 손에 의해 에즈테르곤(Esztergon)에서 큰 패배를 맛보았다. 이 승리의 내용은 그가 프랑스에 보낸 편지를 통해 자세히 알려졌다. (중략) 투르크군의 수는 9만 명에 달했고, 추기경에겐 제대로 된 군대조차 없었다. 그러나 추기경께서는 모든 일을 올바로 바로잡기 위해, 신과 성모마리아가 그들에게 구원이 되실 것이라 믿었다. 그는 직접 성모마리아께 봉헌된 교회로 가서 그곳에서 고드프루아 부이옹이 예루살렘을 정복할 때 사용했던 깃발을 발견했다. 이 깃발에는 우리의 성모님이 그려져 있었고, 세 개의 금 왕관이 그려진 은색 방패도 있었다. 고드프루아의 무덤이 이 교회에 있었는데, 매년 성 마태 축일이 되면 이 깃발과 문장이 승리의 증거로서 숭앙되곤 했다." 같은 책, 65–66. 그런데 잔 드 쥐시가 인용한 이 편지는 가상의 것으로 보인다. 에스테르곤에 고드프루아의 무덤이 있다는 것은 진실이 아니며, 이런 깃발의 존재조차 알려진 바 없기 때문이다. 따라서 이 편지를 인용한 것은 잔 드 쥐시의 소식통이 상당히 편향적이었고, 가톨릭 지인들로만 구성되어 있으며, 그곳에서 들리던 소문과 환상까지 별다른 의심 없이 수용했음을 의미하기도 한다.

통하는 다양한 통로를 확보하고 있었던 것으로 추정된다.

수녀들의 정보원 중 하나는 주네브 시내나 근교에 살고 있는 친척들이었을 것이다. 수녀들은 주네브에 살고 있는 가족이나 친지 등 가톨릭 신앙을 지닌 여성들과 나름의 인적 네트워크를 형성하고 있었으리라 추정된다. 또한 수녀원에서 미사를 집전하고 고해성사를 주관하는 사제(confessor)나 잡무를 처리하던 평수사(lay brother)들 역시 중요한 정보원으로 활약했을 것이다. 따라서 클라라 수도회의 수녀들은 철저한 격리생활을 하면서도 외부에 대한 관심을 완전히 끊어버리지는 않았으며, 주네브에서 일어나는 변화에 대해 스스로 의견을 형성할 수 있을 정도로 충분한 정보를 제공받고 있었음을 알 수 있다.

물론 주네브의 클라라 수도회 수녀들이 많은 정보를 제공받았다고 해서, 『연대기』가 지닌 편향성이 사라지는 것은 아니다. 수녀들에게 정보를 제공한 사람들 역시 종교개혁에 대해 강력한 반감을 가지고 있었기 때문에, 오히려 『연대기』의 편향성은 더욱 공고해졌을 것이다. 그러나 『연대기』의 가치를 이해하려면 오히려 이 글이 지닌 편향성 자체의 역사적 의미에 주목할 필요가 있다. 결국 『연대기』는 종교개혁의 거센 파도 앞에서 수녀들을 정신적으로 지켜내기 위한 의도 아래 작성된 글이며, 그렇기 때문에 여성, 그중에서도 수녀 공동체가 종교개혁을 어떤 방식으로 규정했으며 어떻게 경험했는지 확인할 수 있는 귀중한 자료가 된다. 『연대기』를 꼼꼼히 읽다 보면, 이 기록은 단순히 당시 벌어진 사건을 기계적으로 나열한 '순진한 기록'이 아니라, 수녀들을 내적으로 단결시켜 수녀원에 닥친 위기를 극복하기 위한 치밀한 전략 아래 작성된 글임을 알 수 있다.

지금까지 잔 드 쥐시의 『연대기』의 내용과 성격, 그리고 한계와 의의를 정리해 보았다. 그렇다면 이제부터 『연대기』 속에서 종교개혁은 수녀들에게 어떤 경험으로 해석되었는지 구체적으로 분석해 보겠다. 왜 클라라 수도회의 수녀들은 종교개혁을 폭력적 순간으로 기억했는가? 그리고 이에 맞서 자신들의 삶의 방식과 정체성을 지켜내기 위해 어떤 전략을 사용했는가?

4. 수녀의 눈으로 본 종교개혁

오 불쌍한 분들, 당신들이 잘생긴 남편과 함께 사는 즐거움을 알게 된다면 얼마나 좋겠어요. 그리고 신께서 이런 모습을 좋게 보신다는 사실도 꼭 기억하셨으면 합니다. 나는 오랫동안 여러분들과 마찬가지로 어둡고 위선적인 장소에 갇혀 있었어요. 그러나 순수하게 신의 도움으로 내 인생이 뒤틀려 있다는 것을 깨닫게 되었고, 진리의 빛을 따라갈 수 있게 되었어요. 과거의 나를 생각해 보면 후회뿐입니다. 그 생활 속에는 정신적 타락과 게으름으로 가득 차 있었어요. 따라서 나는 일말의 망설임도 없이 500두캇에 달하는 수도원의 보물을 가지고 그 불행한 곳을 나왔어요. 오 신에게 영광 있으시기를! 나에게는 다섯 명의 어여쁜 아이들이 있고, 나는 아주 충만한 삶을 살고 있어요." 수녀들은 그 여자의 외람되고 거짓에 가득 찬 말에 경악했고, 혐오에 가득 차 그 여자와 옥신각신 입씨름을 벌였다. "오! 이 위선에 가득 찬 생활! 당신들은 신의 뜻을 따르지 않고 있어요. 왜냐하면 그의 말씀을 경멸하기 때문이죠. 우리는 당신들이 여기서 어떻게 사는지 잘 알고 있어요. 당신들 중 진실을 깨달은 수녀님 중 하나가 당신들의 방종하고 사악한 생활에 대해 다 이야기해 줬어요. 그 불쌍한 어린 소녀가 감당하기에는 너무 끔찍한 생활이었기 때문이죠."[23]

1535년 7월, 조용하고 성스러워야 할 봉쇄수녀원에 원치 않는 방문객들이 도착했다. 방문객들은 파렐과 비레를 대표로 세운 일군의 개혁사상가들이었는데, 그중에는 잔 드 쥐시의 표현에 의하면, '배배꼬인 여자' 하나가 끼어 있었다. 이 여성은 속세의 달콤함과 가정의 따뜻함을 강조하고 수녀 생활의 위선과 거짓에 대해 힐난하면서 수녀들에게 수녀생활을 그만두고 환속하라고 설득하였다. 바로 이 여성이 1장의 주인공인 마리 당티에르이다.[24] 2장의 주인공 잔 드 쥐시는 마리 당티에르의 설득을 "차마 입에 담을 수 없는 이야기"라고 치부하며 단번에 거부했음은 물론이다. 마리 당티에르와 잔 드 쥐시 사이의 충돌은 곧 1535년 주네브에서 종교개혁에 대한 강렬한 지지와 증오가 엇갈리고 있었음을 생생하게 보여준다.

주네브 클라라 수도회에 본격적으로 종교개혁의 파도가 밀려든 것은 1535년이다. 잔 드 쥐시는 『연대기』의 내용 거의 절반을 할애해 1535년 클라라 수도회에서 벌어진 '비극과 공포'에 대해 자세히 기술했다. 이를 간단히 정리하면 다음과 같다. 주네브 시 당국이 가톨릭 신앙을 버리고 종교개혁 진영에 합류하기로 결정한 후, 가장 먼저 내린 조치 중 하나는 수도원 조직을 폐쇄하는 것이었다. 이를 위해 1535년 7

23 Short Chronicle, 151–152.

24 본서 1장 각주 14번 참조.

월 파렐과 비레 등 주네브 종교개혁 초기의 중심인물들은 클라라 수녀원의 수녀들을 상대로 환속을 하라고 설득하는 작업에 착수했다. 동료 수녀 중 하나가 수녀원을 떠나기도 했지만, 24명의 수녀 중 23명은 온갖 회유와 협박, 비아냥거림과 위협에도 불구하고 수녀로서의 삶을 포기하지 않았다. 결국 1535년 8월 수녀원의 창립자였던 사부아 공작 가문과 주네브 시의회의 협상에 의해, 주네브의 클라라 수도회를 안시로 이전한다는 결정이 내려졌다. 『연대기』의 내용은 끝까지 수녀로 남기로 결정한 23명의 여성들이 주네브에서 안시까지 도보로 여행하며 겪은 고난을 기술하는 것으로 마무리된다.

잔 드 쥐시의 『연대기』에서 특기할 만한 점은 무엇보다도 주네브 종교개혁을 수녀의 시각에서 비판적으로 재해석했다는 점일 것이다.[25] 16세기 주네브라는 시간과 공간이 늘 종교개혁 진영 내부의 시선을 통해 기억되고 있음을 상기해 본다면, 잔 드 쥐시의 기록은 해당 시공간에서 완전히 다른 방식으로 생각하고 행동했던 또 다른 세계가 있었음을 적나라하게 보여준다. 그렇다면 잔 드 쥐시가 본 종교개혁이란 과연 무엇이었을까? 수녀의 시각에서 종교개혁은 이단일 수밖에 없는데, 그렇다면 잔 드 쥐시는 종교개혁에 대한 어떤 이해나 관심도 없이 맹목적이고 일방적으로 종교개혁을 폄하하고 거부했던 것일까?

---

25 종교개혁 시대 수녀원에 대한 대표적 연구로는 Robert Kingdon, "Was the Protestant Reformation a Revolution: The Case of Geneva," in *Transition and Revolution: Problems and Issues of European Reformation History*, ed. Robert Kingdon (Minneapolis: Burgess, 1974).; Merry Wiesner-Hanks, *Covents Confront the Reformation: Catholic and Protestant Nuns in Germany* (Milwaukee: Marquette Univ. Press, 1996).

이를 확인하기 위해 먼저 잔 드 쥐시를 비롯한 당시 클라라 수도회 수녀들이 개혁신앙의 교리에 대해 어느 정도 알고 있었는지 확인해 볼 필요가 있다. 잔 드 쥐시는 루터의 교리에 대해 관심을 보이지는 않았지만, 최소한 종교개혁가들이 어떤 방식으로 수녀원 생활을 비판하고 있었는지 정확히 알고 있었으며, 이를 다음과 같이 그대로 『연대기』 속에 기록했다.

> 기욤 파렐과 피에르 비레는 프란치스코 수도원에 자리를 잡고 앉아 설교를 했다. (중략) 그들은 우리들이 길 잃은 불쌍한 여성들이라며 우리들의 구원을 위해서는 이 감옥에서 빠져나와야 한다고 주장했다. 그들은 사람들에게 수녀원이라는 곳은 모두 타락과 위선의 장소이기 때문에 우리 수녀원에 돌을 던져야 한다고 말했다. 수녀들은 동정을 지키는 것이 중요하다고 믿지만, 이는 신의 명령이 아니며, 그것이 가능하지도 않다고 그들은 주장하였다.[26]

이러한 적극적 공세가 전혀 효과가 없었던 것은 아니어서, 클라라 수도회 소속 수녀 중 하나였던 블래신(Blasine Varembert)이라는 여성은 수녀원을 떠나기로 결정하기도 했다.

그러나 대부분의 수녀들은 이런 비난을 오히려 자신들의 정체성에 대한 공격이라 해석했다. 종교개혁가들이 말하는 수녀원의 '위선'은 잔 드 쥐시 같은 수녀들에게는 평생 동안 내면화해 온 삶의 지침이었고, 이를 통해 특별한 공동체를 형성했던 기반이었기 때문이다. 특히 엄격한 봉쇄 전통을 지켜온 클라라 수도회 수녀들은 힘든 격리생활을 일종

26 *Short Chronicle*, 118.

의 영적 특권이자 각별한 징표라 해석하는 경향이 강했고, 이에 대해 공격했을 때 더 심각하게 분노하는 양상을 보이기도 했다.

> 파렐은 성모마리아는 은둔하여 사시지 않았으며 나이 든 사촌을 적극적으로 도와주고 돌봐줬다고 말했다. 이렇게 그는 성스러운 격리 생활을 모독했으며 수녀원과 정절을 지키는 삶을 모욕했다. 이는 많은 수녀들의 마음에 분노를 불러일으켰다.[27]

그러나 무엇보다도 클라라 수도회의 수녀들이 종교개혁가들의 설득을 거부하고 이를 혐오한 가장 큰 이유는 그들의 회유에 동반된 엄청난 폭력성 때문이었다. 실제로 수녀들은 주네브에서 종교개혁이 진행될수록 직접적인 신체적 위협에 노출되었다. 실제로『연대기』에는 격리된 수녀원 담을 기어올라 돌을 던지거나, 수녀들의 얼굴을 보기 위해 베일을 벗기려고 달려들거나, 심지어 수녀들과 키스했다고 소문을 퍼트리는 남성들에 대한 다음과 같은 묘사가 끊임없이 등장한다.

> (종교개혁가들은) 도시가 하나의 종교 아래 단결하려면 수녀원이 없어져야 한다고 주장했고, 이와 비슷한 비도덕적이고 범법적인 발언을 수없이 했기 때문에 나는 차마 이 글에 그 말들을 써 넣을 수도 없다. 그들이 한 말 때문에 이단들은 수녀들을 상대로 문젯거리를 일으켰다. 이 불충한 자들은 수녀원을 둘러싼 도시 벽에서서 수녀원 정원을 향해 온갖 나쁜 행실을 일삼았다. 그들은 하루 종일 화승총을 쏴대거나 더러운 노래를 불렀고, 욕설을 퍼붓기도 했다. 수녀들은 여러 명이 모여 베일로 얼굴을 가리고서야 정

27 같은 책, 130.

> 원에 나갈 수 있었다. 그 남자들은 수녀들이 어떤 대답도 하지 않고 어떤 반응도 보이지 않자, 결국 그 남자들은 수녀들에게 돌을 던지기 시작했고 수녀들을 맞추거나 상처를 내려고 시도했으며 몇몇 수녀들은 돌에 실제로 맞았다. 신께서 보호하시어 개입하지 않으셨다면 머리에 돌을 맞아 죽었을 것이다. 정원에 나가서 일하거나 먹을거리를 수확할 수 없었기 때문에 수녀원은 무척 곤궁해졌다.[28]
>
> 주네브 시민인 클로드 테스투스라는 사람은 성수로 손을 닦고 침을 뱉기도 했다. 그들이 성당 밖으로 나왔을 때, 사람들이 몰려들어 수녀들이 어땠는지, 그리고 수녀들에게 무슨 짓을 했는지 물어보았다. 이 남자는 사람들에게 자기가 수녀 한 명의 베일을 벗겨 얼굴을 보고, 그녀에게 키스했다고 허세를 부렸다. 그러나 그는 완전히 거짓말을 한 것에 불과했는데, 그는 사실 어떤 수녀의 손끝도 건드리지 못했으며 그날은 어떤 수녀도 해를 입지 않았기 때문이다.[29]

그렇다면 종교개혁 진영에서는 왜 이렇게까지 적대적인 방법으로 수녀들을 모독했던 것일까? 주교 세력을 몰아내고 독립한 뒤, 주네브에서 로마가톨릭교회는 일종의 '적폐'라 규정되었고, 가톨릭교회를 대변하던 각종 공간이 지녔던 신성함과 우월함을 제거하기 위한 작업이 진행되었다. 이런 와중에서 클라라 수녀원은 각별한 관심의 대상이 되었을 가능성이 높다.

---

28 같은 책, 119.

29 같은 책, 112.

그렇지만 위 인용문에서 보이듯이 수녀들에 대한 '관심'은 강력한 신체적, 그리고 성적 공격과 연계되었다. 아마도 종교개혁 이전에 격리 생활을 하는 클라라 수도회 수녀들은 존경과 숭배의 대상인 동시에, 차마 접근할 수 없을 정도로 경외심과 호기심을 모두 불러일으키는 존재였을 것이다. 따라서 일단 수녀들에게 부여된 신성성이 제거되자, 주네브 시민들이 수녀들에게 지녔던 호기심은 젊은 처녀에 대한 성적 관심으로 변질되었고, 이는 곧 파렴치하고 천박한 공격으로 전환되었던 것이다. 따라서 주네브 클라라 수도회 수녀들에게 종교개혁가들의 주장은 곧 자신의 삶의 방식에 대한 공격일 뿐 아니라 그들의 신체에 대한 직접적인 위협으로 다가왔다.

수녀들이 육체적 차원에서 위협을 받은 것처럼, 수녀들의 삶의 터전이자 정체성의 근원인 수녀원이라는 공간 역시 폭력적인 방식으로 훼손되었다.

> 성 바르텔르미 축일에 일군의 사람들은 칼 등 온갖 도구로 무장하고 수녀원의 정문을 두드렸다. 그들은 평수사들에게 점잖고 평화적으로 말을 걸며 "겁내지 말고 문을 열어 주시오. 우리는 수녀님들에게 도움을 줄 만한 물건을 가지고 왔소"라며 기만하였다. 평수사들은 좋은 의도로 문을 열었지만, 한 떼의 사람들이 밀어닥쳐 수녀원으로 들어왔다. 평수사들이 공포에 빠져 얼어붙어 있는 동안 그들은 수녀원으로 들어가 평수사들의 방을 부수고 그들이 발견한 모든 성상과 책, 묵주 등을 박살냈다. (중략) 성난 늑대처럼 그들은 도끼와 망치로 교회의 성상들을 파괴했고, 특히 성스러운 십자가상과 성모마리아상 등 모든 아름다운 성물들을 부쉈다. (중

략) 이 사악한 악마들의 수장은 피에르 방델이라 했는데, 그는 수녀원의 접견 창문 쪽으로 가서 도끼로 창살과 자물쇠를 깨트리고 튼튼한 호두나무로 만든 접견 창문을 부수기 시작했다. 문지기 수녀님은 접견창문이 달린 문이 조각나는 것을 보자, 몸으로 문을 막고 등으로 밀면서 사람들이 들어오는 것을 막고자 했다. 그러나 폭도 중 하나가 도끼로 문을 너무 세게 내려쳐서 문지기 수녀님은 바로 등에 도끼를 맞을 뻔했다.[30]

이렇듯 종교개혁을 지지한다는 명분 아래 진행된 수녀와 수녀원에 대한 공격은 실제로 어떤 신학적 의미를 동반한 행위라기보다 그들에게 부여된 신성성을 파괴하기 위한 일방적 폭력으로 발현되었다. 특히 여성들로만 이루어진 수녀원에 대한 공격이 성적 호기심과 직결되었음에 주목할 필요가 있다. 위 인용문에 등장하는 것처럼, 봉쇄수녀원의 대표적 상징인 접견창문을 도끼로 부수는 행동은 곧 수녀원이 지닌 각별한 여성성에 대한 상징적 강간이라 여겨질 만하다. 결국 수녀라는 종교적 신분에 부여된 영적 지위가 사라지자, 수녀들은 단순히 무기력한 처녀들로 전락하였고, 심지어 농락해도 상관없는 대상으로 타자화되었던 것이다.[31]

그렇다면 이러한 '폭력'에 대해 수녀들은 어떻게 대응했는가? 주네브의 시민들이 수녀들의 신성성을 박탈하려 신체적 폭력을 행할수록, 수녀들은 자신들을 방어해 주고 지탱해 주었던 바로 그 정신적 가치에

30 같은 책, 139–140.

31 Carrie F. Klaus, "Architecture and Sexual Identity: Jeanne de Jussie's Narrative of the Reformation Geneva," *Feminist Studies* 29(2) (2003), 279–297.

더 집착할 수밖에 없었다. 더구나 신체적 폭력을 막아낼 뚜렷한 현실적 대안이 없는 상황이었으므로, 수녀들은 더욱 자신들의 삶이 정당하다는 정신적 명분을 확보하는 데 주력했다.

따라서 잔 드 쥐시는『연대기』속에서 격리생활을 하며 순결을 지키는 수녀들의 생활과 세속적 가치에 흔들리고 육욕에 몰두하는 외부세계를 첨예하게 비교했고, 이런 대비를 통해 전자가 후자보다 얼마나 더 성스럽고 우월한 것인지 드러내고자 노력했다. 수녀원을 버리고 떠난 블래신 수녀와 수녀원을 지키고 있는 나이 많은 수녀 간의 다음 대화는 이런 대조를 극명히 드러내는 사례라 할 수 있다.

> "아주머니, 저를 보세요. 제가 얼마나 아름다워졌는지 한번 보시라구요! 제가 여기 있을 때보다 훨씬 더 빛나고 있는 걸 모르시겠어요? 내가 무엇이 진리인지 드디어 발견했다고 생각하지 않으시나요? 만일 당신이 나이가 좀 더 젊었더라면 나는 당신에게도 나와 같이 가자고 충고했을 거에요. 그러나 누구도 당신을 어떻게 해야 할지 모를 것 같네요. 그냥 잿더미를 뒤집어쓰고 사시는 수밖에. 가서 실컷 즐기시고 그렇게 살다가 돌아가시면 되겠네요." 그런 말을 듣고 이 불쌍한 수녀님은 점잖게 그녀의 마음을 돌리려 시도했다. "그래, 내 딸아. 너 진짜 예쁘구나. 그러나 네가 수녀 옷을 입고 있을 때 너는 훨씬 더 예뻤단다. 이걸 알아둬라. 너 진짜 지금 위험한 상태에 빠져 있는 거야…"[32]

나아가 잔 드 쥐시는 수녀들에 대한 신체적 위해는 곧 종교개혁 진영의 폭력성과 부당성을 증명하는 행동이며, 종교개혁의 확산은 곧 부

32 *Short Chronicle*, 158.

도덕한 사회풍조를 낳게 될 것이라 암시하기도 했다. 실제로『연대기』에는 개혁 신앙으로 개종한 남성들이 가톨릭 신앙을 고수하는 부인에게 폭력을 행사거나, 신실한 가톨릭 여성들이 미사에 참석했다는 이유로 공격을 당하는 다음과 같은 사례들이 무수히 등장한다.

> 도미니크 수도사인 기 푸르비티는 주네브 시당국에 의해 구금되었는데, 그의 감옥을 지키던 군인의 부인은 신실한 그리스도교도였다. 그녀는 수사님을 걱정하는 아름다운 마음에 그녀가 무엇을 해줄 수 있을까 고민했고, 이 여성은 수사님께 잼과 다른 물건들을 은밀히 보냈다. 그러나 불행히도 그녀의 행동은 이단들에게 발각되었고, 그녀의 남편은 심한 질책을 들었다. 남편은 그녀를 때리며 함부로 취급하길 서슴지 않았다. 그러나 그럼에도 불구하고, 그녀는 신앙심과 착한 마음을 잃지 않았다.[33]

> 부유한 상인의 젊은 아내가 있었다. 그녀는 [프로테스탄트 교회의] 설교를 들으러 가지 않고 그들 방식대로 성찬식을 하는 것도 거부했다. 다른 이단들은 그녀의 남편을 비웃으며 말하기를, "야, 이 불쌍한 친구 보게. 아주 마누라에게 놀아나고 있군. 마누라가 하라는 대로 다하는 거냐? 네 부인이 창녀 같은 여자가 아니라 신실한 여성이라면, 당연히 남편 뜻에 따라야 하는 것 아닌가?"라고 놀려댔다. 남편은 심하게 화가 나서, 아내의 머리채를 움켜쥐고 아내를 억지로 [예배에] 끌고 가려고 했다. 그러나 신앙심이 깊은 아내는 최선을 다해 저항했고, 신께 모든 것을 맡겼다. 그때 갑자기 침실에서 불이 나서 남편은 그녀를 내버려두고 불을 끄려고 덤

33 같은 책, 93.

빌 수밖에 없었다.[34]

이렇듯 잔 드 쥐시는 수녀원에 닥친 위험과 폭력을 오히려 자신들의 삶과 가톨릭 전통을 정당화하고 미화하는 수단으로 활용했다. 잔 드 쥐시의 눈에 종교개혁은 종교적인 이단일 뿐만 아니라, 부도덕하고 폭력적인 타락과 불화의 온상이었던 것이다.

로마가톨릭교회와 수녀원 전통이 종교적, 도덕적으로 더 우월하다는 명분을 확보한 후, 잔 드 쥐시는 종교개혁이 몰고 온 폭력에 맞서기 위해 하나로 뭉쳐 단결할 것을 주장했다. 수녀들이 삶의 방식을 포기하도록 강요당하고 수녀원이라는 공간 자체가 폐쇄될 수도 있는 위기 속에서, 그녀들은 서로서로 연대하여 단일한 공동체적 정체성을 만들어 낼 필요가 있었다. 그러나 이는 쉬운 작업이 아니었다. 실제로 클라라 수도회를 떠난 과거의 동료 블래신은 자신이 입교할 때 수녀원에 기증한 헌금을 반환하라고 주장하여 수녀들에게 큰 파문을 던지기도 했다.

> 부수녀원장과 다른 수녀들은 “블래신 자매님, 포기하지 마세요! 우리 주님의 충실한 종복이 되어 그들과 이야기를 나누지 마세요”라고 설득했다. 하지만 사악한 자들은 “우리가 블래신 수녀와 이야기할 수 있게 자리를 비켜 주시오. 우리는 그녀의 동의 아래 일을 진행할 것이고, 그녀에게 어떤 해도 끼칠 생각이 없소. 버티다가는 큰 해를 입을 것이오”라고 협박했다. (중략) 결국 그들은 블래신과 사적으로 대화를 나눴고, 나는 그들이 어떤 말을 나눴는지 알 수 없었다. 하지만 결국 그녀는 어떤 저항도 하지 않고 수녀

34 같은 책, 116-117.

원을 떠나기로 결심했다. (중략) 수녀원을 떠나 잘못된 길로 접어든 블래신은 그녀와 함께 하던 수녀들을 상대로 시의회에 청원을 냈다. 그녀가 입교할 때 수녀원에 낸 지참금을 돌려달라는 것이었다. 그녀는 200에퀴의 돈, 드레스와 코트 한 벌, 보석, 목걸이, 수놓은 천 등을 자신의 아버지가 수녀원에 주었다고 주장했다. 그녀의 주장은 사실이 아니었다. 모든 수녀들은 그녀가 입교할 때 한 푼도 내지 않았다는 것을 잘 알고 있었다.[35]

이러한 대내외적 위기상황에서, 수녀원의 정신적 단결과 통합을 이끈 존재는 다름 아닌 부수녀원장 페르네트 드 몽뤼엘이었다. 그런데 이 부수녀원장 몽뤼엘은 고지식하고 물정 모르는 일개 수녀가 아니라, 상황과 여건에 따라 적절한 대응방식을 자유자재로 활용할 줄 알았던 상당한 전략가였다. 예를 들어, 종교개혁가들이 수녀들에게 신학 논쟁에 참여하라고 강권했을 때, 부수녀원장은 "학문은 여성들에게 주어진 직분이 아니다"라면서 전통적인 여성의 모습을 내세워 상황을 모면하는 기지를 보이기도 했다.

"우리는 당신들의 의식에는 관심이 없소. 그리고 당신들은 반드시 우리 명령에 복종해야 하오. 모든 영예로운 사람들이 그곳에 참석할 것이고, 복음의 진리는 자연스럽게 증명될 것이오. 왜냐하면 우리는 종교적 통일에 도달해야 하기 때문이오." 이를 듣고 수녀원장과 부수녀원장은 이렇게 대응했다. "논쟁하고 토론하는 것은 여성들이 할 일이 아닙니다. 왜냐하면 학문은 여성들에게 주어진 직분이 아니기 때문이죠. 교회법에 따르면, 문맹인 사람들은 성서

35 같은 책, 143-147.

> 에 대해 왈가왈부를 할 수 없도록 금지되어 있습니다. 그리고 여성들이 토론에 참여해야 한다고 불려나가는 일은 여태껏 한 번도 없었습니다. 우리는 그곳에 갈 생각이 없고, 우리가 토론에 참석하는 것은 당신들에게도 영예로운 일이 아닐 것입니다."[36]

그렇지만 실제로 수녀원의 젊은 수녀들이 종교개혁가들에게 위협을 당해 마음이 흔들리거나 압박을 받을 것 같은 상황이 되자, 부수녀원장 몽퀴엘은 적극적이고 진취적인 전사의 모습으로 돌변해 다음과 같이 카리스마를 발휘하기도 했다.

> 설교자는 다시금 결혼의 장점과 자유를 강조하면서 우리를 설득했다. 그가 이런 더러운 타락에 대해 이야기하는 동안, 수녀들은 "이건 모두 거짓말이야!"라며 설교자 앞에서 고함을 질렀다. 모든 수녀들이 설교자를 향해 침을 뱉고 목소리를 높였으며, 젊은 수녀들은 설교자 앞으로 당당하게 나가 "우리는 당신들의 이런 잘못된 주장을 듣고 싶지 않습니다"라고 말하기도 했다. 엄청나게 화가 난 설교자는 다음과 같이 쏘아붙였다. "(중략) 나이든 수녀들이 젊은 여성들을 가만히 내버려두고 강요하지 않는다면, 여기 수녀원의 많은 불쌍한 젊은 여성들은 복음의 진리를 갈구하며 결혼의 장점에 대해 궁금해 할 것이오." (중략) 그때 부수녀원장은 이미 밖으로 끌려 나가 있었는데, 그녀는 침묵을 지키지 않고 설교자가 연설하는 방 바로 옆 벽을 두 주먹으로 내려치면서 이렇게 소리쳤다. "오!! 이 사악하고 더러운 사람들아, 당신들은 순 거짓말만 해대고 있지만 아무런 효과도 없을 것이오. 여기서 당신들이 얻을 수 있는 건 아무것도 없소. 자매님들, 내가 애원합니다. 그들이 하

36 같은 책, 122–123.

> 는 말을 듣지 마세요!" 부수녀원장의 이런 행동은 그들을 크게 동요하게 만들었고, 부수녀원장은 손뼉을 치고 소리를 지르면서 항의했기 때문에 설교자는 할 말조차 잊었다. 시 당국에서 나온 사람들은 그녀를 감옥으로 끌고 갔지만, 여전히 그녀는 꿋꿋했고 하나님의 뜻 안에서 죽음조차 두려워하지 않았다. 몇몇 자매들은 아무 말도 듣지 않으려고 밀랍을 사용해 귀를 틀어막기도 했다.[37]

이처럼 부수녀원장은 혼란에 빠진 수녀들의 불안과 동요를 잠재우고 의견을 규합하는 역할을 담당했다. 그리고 이러한 부수녀원장의 노력은 효과가 있었다. 수녀원을 안시로 이주하기로 결정한 뒤, 주네브 시의회 대표들은 수녀들을 한 명씩 불러 수녀 생활을 포기하라고 권유하며 좀 더 은근한 방식으로 설득작업을 벌였다. 그렇지만 수녀원에 남은 모든 수녀들은 '우리는 모두 하나'이며 '죽더라도 헤어질 수 없다'고 주장하며 한 목소리로 이를 거부하였다.

> 그들은 미리 세워둔 계획대로, 모든 수녀들을 한 명씩 따로 불러 질문을 던졌다. 그들은 나이든 수녀들에겐 세례에 대한 믿음과 신앙에 대해 물었고, 그들의 순결에 대한 신념에 대해 질문했으며, 어린 수녀들을 억지로 수녀원에 붙잡아두는 것이 아니냐고 질문하면서 블래신 수녀의 이야기를 꺼내기도 했다. (중략) 반면 어린 수녀들에게 그들은 남편을 소개시켜 주며 결혼을 할 것을 권했고, 그들이 결혼을 선택한다면 어떤 것도 기꺼이 후원해줄 것이며 진심을 솔직하게 이야기해 준다면 어떤 후환도 없을 것이라 설득했다. (중략) 그러나 우리와 함께 하시는 주님과 성령의 도움 아래

37 같은 책, 131.

> 그곳에서 기적이 일어났다. 수녀들은 모두 자발적으로 자신의 의견을 밝혔고 모두 한 마음 한 뜻으로 수녀로 남겠다고 말했다.[38]

이렇듯 부수녀원장의 카리스마적 리더십 아래, 클라라 수도회 수녀들은 점차 부수녀원장의 의견에 동화되면서 하나의 동질적인 집단 정체성을 형성, 그 아래 뭉칠 수 있었다. 이런 강고한 동질감과 연대감이야말로 수녀들에게 직면한 폭력과 협박, 회유와 고통을 방어할 수 있는 유일하며 든든한 버팀벽이 되어 주었던 것이다.

5. 마리 당티에르와 잔 드 쥐시: 차이점과 공통점

지금까지 잔 드 쥐시의 『연대기』를 통해, 주네브 클라라 수도회 수녀들이 종교개혁을 어떻게 경험하고 대응하였는지 그 과정을 고찰해 보았다. 유구한 역사를 지닌 클라라 수도회는 봉쇄라는 독특한 삶의 방식을 고수하고 있었고, 소속 수녀들은 자신들을 특별한 영적 존재라 여기며 독자적인 자아 정체성을 구성할 수 있었다. 1535년 주네브 종교개혁 이후 클라라 수도회를 폐쇄하기로 결정하면서, 여성들에게만 허락되었던 이 독특한 세계는 와해될 위기를 맞게 된다. 일단 신성함이 제거된 수녀들은 단지 '임자 없는 젊은 여성'으로 전락하여 공공연한 성적 모독과 추행의 대상이 되었고, 때로는 심각한 폭력 앞에 노출되기도

38 같은 책, 163.

했다. 이런 상황에서 주네브 클라라 수도회 수녀들은 부수녀원장의 카리스마적인 리더십 아래 하나로 뭉쳐 자신들의 삶이 정당하고 올바르다는 것을 입증하는 작업에 돌입하게 된다.

잔 드 쥐시의 『연대기』는 바로 이런 도전에 대한 결과물이다. 위기에 처한 공동체를 하나로 응집시키고 새로운 집단 정체성을 구성하기 위해 수녀들은 누구보다도 주체적으로 움직였다. 실제로 『연대기』를 읽다 보면 이 기록에 등장하는 수녀들은 중세적 편견이나 종교개혁가들의 주장과는 달리 세상과 격리되어 침묵과 순종, 정절에 매여 있는 수동적인 존재가 아니라, 세상과 소통하는 나름의 방법을 개발하고, 침묵을 일종의 전략으로 사용할 줄 알며, 정절을 지키는 것을 세속적 가치에 대한 거부로 해석할 수 있는 세계관의 소유자들로서, 분명한 자아를 지닌 채 스스로의 삶을 선택한 능동적 존재였음을 알 수 있다.

또한 『연대기』는 우리에게 16세기 여성이 체험한 종교개혁의 층위가 얼마나 다양했는지 보여주는 새로운 창(窓)이 되어 준다. 잔 드 쥐시의 종교개혁 경험은 종교개혁에 찬동한 마리 당티에르의 경험과는 완전히 상반되는 것이었다. 잔 드 쥐시에게 종교개혁은 자신에게 가장 소중한 삶의 방식을 부정당하고 폭력적으로 이를 강탈하려 했던 잔인한 순간에 불과했다. 결국 마리 당티에르가 경험한 종교개혁이 해방과 도전의 기회였다면, 잔 드 쥐시가 경험한 종교개혁은 폭력과 위협으로 점철된 위기 그 자체였다. 이처럼 모든 여성들에게 종교개혁은 서로 다른 방식으로 체험되었으며, 서로 다른 의미로 남았다.

그럼에도 마리 당티에르와 잔 드 쥐시는 은근히 많은 공통점을 지니고 있다. 격랑의 시절 속에서도 두 사람 모두 끝까지 자신의 입장을 고수했다는 점, 세간의 시선을 넘어 자신이 진실로 옳다고 여긴 신념이 무엇인지 계속 성찰했다는 점, 그리고 이를 진지한 기록으로 남겨 후세 사람들의 기억 속에 남을 가능성을 획득했다는 점 등 언뜻 보기에 너무나 달라 보이는 두 사람 사이의 공통분모는 생각보다 많다. 결국 종교개혁은 마리 당티에르와 잔 드 쥐시 두 여성에게 강렬한 자아 정체성을 형성하고 이를 굳건하게 다지며 이를 주체적으로 발현할 수 있는 터전으로 기능했다고 볼 수 있겠다.

2부
종교개혁과 새로운 가정

2부
종교개혁과 새로운 가정

2부는 종교개혁가들이 새롭게 정립한 가정과 결혼에 대한 제도적 변화가 동시대 여성들에게 어떤 방식으로 해석되고 실천되었는지를 다룬다. 종교개혁가들은 만인사제주의의 원칙 아래 성직자의 배타적 위상을 거부했고, 따라서 성직자 역시 일반 신도들처럼 결혼을 통해 가정을 꾸려야 한다고 주장했다. 이는 동시대인들에게 엄청난 충격으로 다가왔고, 가톨릭 진영의 비판 역시 거셌다. 따라서 종교개혁가들은 올바른 결혼과 가정의 본령이 무엇인지 정립하기 위해 상당한 노력을 경주했으며, 그 결과 과거에는 용인되지 않았던 이혼이 가능해지는 등 종교개혁 진영의 결혼풍습은 혁신적 변화를 겪었다.

3장에서는 종교개혁가들이 제도화한 새로운 결혼과 가정의 원칙에 따라 살게 된 주네브 여성들이 어떤 방식으로 새로운 질서에 적응했으며 때로는 교묘하게 이를 이용했는지 살펴보겠다. 주네브에 새로 도입된 칼뱅식 결혼제도는 이혼을 인정하는 등 일면 혁신적이고 파격적으로 보이나, 실제로는 기존의 가부장적 원칙을 새롭게 재정립하려는 측면이 더 컸다. 하지만 동시대 주네브의 여성들은 칼뱅의 지침을 그대로 내면화하기보다, 자신의 상황과 여건에 맞춰 적절히 재해석하거나, 은밀히 뒤틀어 적용하기도 했다. 3장에서는 칼뱅 시대 주네브에서 벌어진 여러 이혼 사례를 분석하여, 우울할 정도로 엄숙하다고 여겨진 주네브 역시 다양한 인간 군상들의 욕망과 감정이 충돌하는 공간이었음을 밝혀 보고자 한다.

4장에서는 샤를로트 아르발레스트라는 한 위그노 여성이 어떻게 자신의 신앙을 기반으로 새로운 가정을 건설하는 데 성공했는지 살펴보겠다. 그녀는 독실한 위그노였지만, 순순히 교회와 목사에 순종하기보다는 자신의 경험과 주장을 토대로 완전히 새로운 방식의 가정생활을 영위해 나간 인물이다. 파리 출신으로 생 바르텔르미 학살과 프랑스 종교전쟁의 피바람을 겪었던 그녀는 가정을 자신이 선택한 위그노라는 정체성을 구현하는 터전으로 삼았고, 내전에서 위그노 진영이 승리하여 '진실된 종교'가 프랑스에 정립될 수 있도록 노력하는 일종의 전위부대로 가정을 재조직했다. 종교개혁가들이 사회를 안정시키는 도구로 다시금 가부장제를 소환해 냈지만, 한 위그노 여성이 일군 가정의 모습은 종교개혁가들이 이상화한 가부장 중심의 순종적 공간과는 무척 다른 색채를 지니고 있었음을 4장을 통해 드러내고자 한다.

3장
주네브 여성들, 이혼하다

3장

주네브 여성들, 이혼하다*

1. 종교개혁, 이혼제도를 도입하다

이혼[1]은 현대사회에서 가정의 갈등을 근본적으로 해소할 수 있는 방편 중 하나로 여겨지며 전 세계 대부분의 문화권에서 폭넓게 인정되

---

* 본서 3장은 필자의 논문 「칼뱅 종교개혁 시대 쥬네브 사람들의 결혼과 이혼: 1550년 컨시스토리 회의록을 중심으로」, 『서양중세사연구』 39 (2017)을 토대로 일부 내용을 첨가해 재구성하였다.

1 진정한 의미의 근대적 이혼이란 결혼한 두 당사자가 모두 살아있지만 특정한 이유로 결혼생활을 더 이상 유지하지 못한다고 결정한 뒤 현재의 결혼상태를 해소하는 것이며, 이혼한 양측이 다시 결혼할 수 있는 권리를 획득하는 것을 뜻한다. 중세 가톨릭 사회에서도 간통 등 심각한 가정불화 사유가 있는 경우, '식탁과 침대에서 별거(divortium a mensa et thoro)'라는 판결을 통해 별거를 인정해 주기도 했다. 그러나 이는 결혼을 성사로 보는 중세 가톨릭교리 아래 육체적 별거만을 인정한 것으로, 결혼을 통해 맺어진 영적 결합은 결코 깨어질 수 없다고 여겼으며, 따라서 재혼은 용납되지 않았다. 이런 의미에서 종교개혁 시대 이혼은 '재혼을 인정하는 이혼'이라는 점에서 분명한 차별성을 지니고 있다. 이혼의 역사적 정의에 대해서는 Roderick Phillips, *Untying the knot: a short history of divorce*, 박범수 옮김, 『이혼의 역사』 (서울: 동문선, 2001), 16−17.

는 제도이다.[2] 그러나 아직도 이혼이란 숱한 개인적 번민과 사회적 논란을 촉발시키기 쉬운 행위이며, 그렇기 때문인지 역사적 연구의 대상으로 거론되는 일은 극히 적은 편이다. 그렇지만 종교개혁 시기 가정과 결혼에 대해 연구할 때, 이혼은 반드시 짚고 넘어가야 하는 중요한 주제이다. 종교개혁이야말로 이혼을 결혼제도의 일부로 공식화한 중요한 계기였기 때문이다.

종교개혁이 근대적 이혼제도 형성과 정착에 큰 역할을 담당했다는 사실은 생각보다 널리 알려져 있지 않다. 종교개혁가들은 로마가톨릭교회에서 결혼을 성사로 보는 관점이 비성경적이라 비판했고, 교회가 아닌 세속권력이 결혼과 가정을 주관해야 한다고 여겼다. 특히 칼뱅은 결혼을 성스러운 것으로만 포장한다면 오히려 결혼제도에 담긴 현실적이고 실용적인 측면을 간과하게 된다는 입장을 지니고 있었다.[3] 따라서 종교개혁가들은 부부가 올바른 의미의 결혼생활을 지속하지 못할 경우 이혼을 선택하는 것이 낫다고 여겼고, 이런 관점을 새로운 결혼법령에 적극 반영하였다. 이로부터 가톨릭 질서 아래 금지되었던 이혼이 유럽 일부 지역에서 다시금 선택 가능한 제도로 되살아나게 되었다. 따라서 다

2 2016년 현재 이혼이 법적으로 승인되지 않고 있는 국가는 필리핀과 바티칸 시티 등 극소수에 불과하다. 그러나 이탈리아, 포르투갈, 브라질 등은 1970년대에, 스페인, 아르헨티나 등은 1980년대에, 파라과이, 콜롬비아, 아일랜드 등은 1990년대에, 칠레와 말타 등은 2000년대에 이혼이 법적으로 승인되었을 정도로 생각보다 이혼이 늦게 허용된 국가들이 많다. 이혼이 승인되지 않았던 대부분의 국가들이 가톨릭 영향권 아래에 있었음은 주목할 만하다. 19세기 말에서 20세기 이혼제도의 변화에 대해서는 필립스, 같은 책, 377–420.

3 칼뱅의 결혼관이 지닌 성격에 대해서는 John Witte Jr. & Robert M. Kingdon, *Sex, Marriage, and Family in John Calvin's Geneva*, vol. I, *Courtship, Engagement, and Marriage* (Grand Rapids: W. B. Eerdmans Publishing Co., 2005), xxi–xxiii.

수의 종교개혁 시대 사회사 연구자들은 종교개혁가들이 재혼이 가능한 이혼을 이론적으로 인정하고 결혼법령에 반영한 것이야말로 종교개혁 시대 여성의 지위 향상에 중요한 기점이었다는 주장을 펼친 바 있다.[4]

그렇지만 종교개혁가들이 이혼을 더 나은 가정생활을 위한 건설적인 대안으로 여겨 이를 받아들였던 것은 결코 아니다. 가부장적 원칙 아래 가장의 권위를 중시하고 부인과 자식들의 순종을 강조했던 칼뱅에게 있어 이혼을 통해 기존 가정을 해소하는 행위가 그다지 바람직하거나 기꺼운 것으로 파악되었을 리 만무하다. 실제로 종교개혁 시기 이혼이 승인되려면 반드시 양쪽 배우자 중 하나가 간통의 죄를 범했음을 입증해야 했다. 따라서 종교개혁 시대 이혼은 배우자 간의 상호 동의와 선택에 의해 이루어지는 것이 아니라, 성적인 문란함을 규제하여 가부장 중심의 질서정연한 가정이라는 종교개혁가들의 이상을 구축하기 위해 도입되었다고 평가할 수 있다.

하지만 종교개혁이라는 거대한 혁명은 결코 이를 시작한 사람들의 의도대로 진행되지 않았다. 이상과 현실 사이에는 깊은 틈이 있었고, 이를 메우는 방식은 상황에 따라 수없이 다양했기 때문이다. 이는 칼뱅이 지휘하던 16세기 주네브에서도 마찬가지였다. 칼뱅과 그 추종자들은 이혼이라는 제도를 통해 좀 더 신의 뜻에 맞는 방식으로 결혼을 하고 가정을 이룩하기를 원했지만, 당시 주네브에서 이혼을 요청했던 사람들의 속내는 훨씬 더 복잡하고 미묘했다. 왜냐하면 16세기 주네브에는 엄격하고 도덕적인 칼뱅파 교도들만 살고 있었던 게 아니라, 폭력

4 William Monter, "Women in Calvinist Geneva (1550–1800)," *Signs* 6(2) (1980), 194–195.

적인 남편부터 바람둥이 아내에 이르기까지 온갖 다양한 인간 군상들이 서로 사랑하며 속이고 미워하며 살고 있었기 때문이다. 그렇다면 주네브의 평범한 사람들은 이혼이라는 제도를 어떻게 이해했으며 무엇을 위해 활용했던 것일까?

16세기 주네브에서 살았던 보통 사람들의 목소리에 접근하기 위해, 필자는 주네브 컨시스토리 회의록(Registres du Consistoire de Genève)이라는 사료에 주목하였다.[5] 컨시스토리[6]는 주네브 종교개혁을 일반인들에게 전파하고 계도하기 위해 칼뱅이 직접 설립하고 운영한 기관으로 유명한데, 컨시스토리에서 진행된 각종 사안의 심의 내용을 기록한 회의록이 남아 있다. 이 사료는 칼뱅이 어떻게 자신의 신념을 현실 속에서 풀어냈는지 보여주는 기록이기도 하지만, 동시에 주네브의 평범한 사람들이 어떤 방식으로 종교개혁의 교리와 관점을 수용하고 내면화했는지 또는 거부하고 반항했는지 보여주는 자료이기도 하다. 결과적으로 칼뱅 시대 컨시스토리 회의록은 높은 사료적 가치를 인정받아 1996년 이래 치밀한 각주와 설명이 첨부된 현대판 편집본이 계속 출간

5 Isabella M. Watt et al. eds., *Registres du Consistoire de Genève au temps de Calvin* I–X (1542–1556) (Genève: Droz, 1996–2016). (이후 *R. Consist.* 로 표기)

6 현재 국내 신학자들은 컨시스토리(consistory, consistoire, Konsistorium)를 '당회' 혹은 '교회회의' 또는 '치리회의' 등으로 번역하고 있다. 그러나 당회(session)란 한 개체교회의 목사와 장로들로 구성된 최고의결기구를 뜻하며, 주네브 컨시스토리의 경우 일개교회의 목사와 장로들로 구성된 것이 아니라 주네브 칼뱅파에 속한 여러 교회의 목사들과 장로들이 참여했기 때문에 적절한 번역이라 할 수 없다. 또한 가끔 사용되는 '교회회의'라는 번역 역시 뜻이 애매하다. 주네브 컨시스토리는 오늘날 한국 장로교의 조직과 비교해 보았을 때 '노회'(presbytery), 즉 한 지역에 속한 여러 개체교회의 목사와 장로대표들이 모인 의결기구에 가깝다. 그러나 현재 '노회'라는 번역은 학계에서 전혀 사용되지 않고 있다. 따라서 필자는 컨시스토리라는 용어를 번역 없이 그대로 명시하겠다.

되고 있으며,[7] 이를 활용한 다양한 연구가 진행되고 있다.[8]

필자는 칼뱅 시대 주네브 컨시스토리 회의록을 분석하여, 주네브 사람들이 '이혼'이라는 새롭고 급진적인 제도를 활용한 방식을 고찰해 보고자 한다. 과연 이혼제도는 이를 도입한 종교개혁가들의 의도대로 신의 뜻에 맞는 건실한 가정을 만들기 위한 도구였는가? 아니면 당시의 주네브인들은 이혼이라는 참신하고 급진적인 제도를 통해 결혼생활 속에서 벌어진 사적 이해관계를 조정할 수 있는 새로운 가능성을 발견하였을까? 컨시스토리 회의록의 내용이 워낙 방대하기 때문에, 본 논문에서는 일단 1550년과 1555년을 선택하여 해당 연도 이혼 신청 사례를 통해 주네브의 이혼제도가 운영된 방식을 검토해 보기로 하겠다. 이를 위해 먼저 16세기 주네브에서 이혼의 성립조건과 승인과정에 대해

7 칼뱅 시대 주네브 컨시스토리 회의록의 현대판 편집본 출간작업은 1996년부터 진행되어, 2016년 현재 10권이 출간되어 있다. 현재까지 1542년부터 1556년까지 회의록이 출판되었고, 편집진은 칼뱅이 사망한 1564년의 회의록까지 계속 출간을 진행할 예정이다. 이 중 1권에 해당하는 1542-1544년의 회의록은 영어로도 번역되었다. Isabella M. Watt et al. eds., *Registres du Consistoire de Genève au temps de Calvin,* trans. M. Wallace McDonald, *Registers of the Consistory of Geneva in the Time of Calvin* I (Grand Rapids: W. B. Eerdmans Publishing Co., 2000). 컨시스토리 회의록 현대판 편집본의 탁월성은 치밀한 각주에 있다. 회의록의 특성상 기존에 상정되었던 안건이 다시 올라오거나, 몇 년 전의 논의가 다시 재등장하는 일이 많은데, 편집자들은 각각의 사안마다 상호 연결되는 사건들에 대해 꼼꼼히 각주를 모두 붙여놓아 하나의 사건이 어떻게 진행되고 있는지 일목요연하게 확인할 수 있도록 노력했다. 컨시스토리 회의록의 현대 편집본은 치밀한 사료분석이 얼마나 많은 연구의 토대를 제공할 수 있는지 보여주는 훌륭한 사례라 할 수 있다.

8 컨시스토리 회의록을 활용한 연구는 너무나 방대해 이를 모두 언급하기 힘들 지경이다. 컨시스토리 회의록을 활용해 작업하는 대표적인 학자로 킹던(Robert Kingdon), J. 와트(Jeffrey Watt), I. 와트(Isabella Watt), 위트(John Witte), 램버트(Thomas Lambert) 등을 들 수 있지만, 사실상 주네브 종교개혁을 연구하는 학자 대부분이 어느 정도 컨시스토리 회의록을 참고한다고 볼 수 있다.

설명하고, 이를 토대로 1550년 컨시스토리 회의록의 이혼 신청 사례와 1555년의 이혼 신청 사례에 대해 통계적으로, 그리고 미시적으로 접근해 보겠다. 이를 통해 칼뱅 종교개혁 시대 주네브라는 공간이 우리의 고정관념만큼 엄숙하고 절제된 장소가 아니라 다양한 욕망과 갈등이 교차하는 지점이었음을 알게 될 것이다. 나아가 이는 칼뱅의 민중규율화 과정이란 하루 아침에 완결되지 못했으며 상상 이상으로 험난하고 점진적인 것이었음이 드러날 것이다.

2. 16세기 주네브의 이혼 사유와 절차

1545년 공표된 주네브 결혼조례에 따르면, 주네브에서 이혼은 배우자의 간통이 증명되거나(39–40조), 부부 중 한 쪽이 상대 배우자를 방기(放棄)한 경우(41–45조) 성립된다.[9] 그러나 배우자가 가정을 방기했다고 인정받으려면 여러 가지 전제 조건을 충족해야 하며, 이를 입증하는 과정이 까다롭고 복잡해 실제 이혼으로 연결되는 일은 드물었다.[10]

9 주네브 결혼법령(Marriage Ordinance of Geneva)의 내용은 Witte Jr. and Kingdon, *Sex, Marriage, and Family*, 51–61.

10 방기에 대해서는 남녀 간 약간 입장차이가 있다. 남편이 아내를 방치한 경우 만일 특별히 사악한 의도가 있는 것이 아니라면 아내는 남편이 돌아올 때까지 10년을 기다려야 하고, 범죄나 잦은 가출 등 정당하지 못한 의도가 개입된 경우 1년을 기다린 뒤 남편이 돌아오도록 모든 방법을 동원해 설득하고 그럼에도 불구하고 돌아오지 않는다는 사실을 다양한 증거를 들어 입증해야 했다. 반면 여성이 가정을 방치한 경우 남편은 부인의 의도에 관계 없이 1년 뒤 이혼 신청이 가능했다. 그러나 실제 사례를 보면, 남성이든 여성이든 배우자가 살아있다고 여겨지는 경우 방기로 인한 이혼은 매우 쉽지 않았다. 배우자가 확실히 가정을 버

따라서 주네브에서 실제 승인된 거의 모든 이혼 사례는 배우자의 간통을 근거로 삼았다. 주네브 결혼조례가 지닌 가장 큰 차별성은 간통에 있어 남녀 배우자를 동등하게 취급했다는 점인데, 이는 조례 40조에 다음과 같이 분명히 명시되어 있다.

> 과거에는 이혼문제에 있어 아내의 권리는 남편의 권리와 동등하지 않았지만, 사도들의 말씀에 따라 침대를 공유하며 함께 사는 부부간의 의무는 상호공통이라 여겨진다. 이 의무에 대해서는 아내가 남편에게 매여 있는 것만큼 남편도 아내에게 매여 있다. 따라서 남자의 간통 사실이 증명되고 아내가 이혼을 요구한다면 이를 승인해 주어야 한다. 그러나 서로 상호 합의 하에 화해할 수 있도록 강력히 훈계해야 한다.[11]

그러나 위 인용문에서도 드러나듯이, 컨시스토리는 남편의 부정을 근거로 이혼을 요구한 아내에게 그 반대의 경우보다 더 강력한 방식으로 화해를 권고했다. 아내가 제기한 이혼이 승인된 경우 남편의 간통 사실이 심각하거나 가정폭력이 동반되는 등 화해의 여지가 전혀 없는 상황일 때가 많았다.

간통과 방기라는 구체적인 원인이 없다면, 주네브에서 부부간 합의에 따른 이혼은 불가능할 뿐 아니라 엄격한 제제 사유가 되었다.

렸다는 점, 그리고 다시 합류할 의도가 전혀 없다는 점을 명백하게 증명하기란 쉽지 않은 일이므로, 방기를 이유로 이혼을 신청한 경우 대부분 증거불충분으로 거부되는 일이 많았다. Witte Jr. and Kingdon, 같은 책, 47–48.

11 Marriage Ordinance of Geneva(1546): Witte Jr. and Kingdon, 같은 책, 57.

아내가 남편을 떠난 뒤에 남성이 이에 대해 불평하지 않거나, 아내 역시 남편의 가출을 그대로 용인하고 있을 때 컨시스토리는 이에 대해 개입해야 한다. 이는 추문을 막고 있을 수도 있는 상호 공모를 방지하기 위해서이다. 이는 용납되어서는 안 되며 가장 나쁜 일일 수도 있다. 따라서 (이혼 신청과 관련된) 정확한 사실을 밝힌 뒤, 이에 필요한 절차를 동원해야 법의 권위 없이 결혼 당사자가 쾌락을 쫒기 위해 자발적으로 이혼하는 것을 방지할 수 있다.[12]

이처럼 16세기 주네브에서 이혼이란 '법의 권위' 아래 '간통'이라는 명백한 원인에 의해 '침대와 집을 공유하는' 결혼의 의무가 깨어졌을 때만 적용 가능한 매우 소극적이며 제한적인 제도였다. 변화막측한 일상의 결혼 관행을 "신의 말씀에 어울리는" 것으로 재정비하려면, 부부 사이의 최소한의 의무, 즉 남편과 아내 상호간에 "신의 있고 정절을 지키는" 의무조차 지키지 않는 부부관계는 차라리 해소되는 것이 나을 것이며, 이를 통해 "남편은 아내를 신실하게 보호하고 사랑하며 부양하고, 아내는 남편에게 순종하고, 남편의 시중을 들며 그에게 복종"하는 바람직한 부부관계가 비로소 정착될 수 있을 것이다.[13] 단적으로 말하면, 칼뱅을 비롯한 종교개혁가들에게 이혼은 자신들이 소망하던 가부장적이고 전통적인 결혼관을 올바로 정립하기 위한 일종의 안전장치였다고 볼 수 있다.

그렇다면 주네브에서 이혼은 어떤 절차를 거쳐 진행되는가? 먼

12 Marriage Ordinance of Geneva(1546): Witte Jr. and Kingdon, 같은 책, 60.

13 인용부호로 처리한 부분은 모두 칼뱅의 성혼전례문에서 나온 표현을 차용한 것이다. The Manner of Celebrating Holy Matrimony(1545): Witte Jr. and Kingdon, 같은 책, 466.

저 이혼을 신청하려는 사람은 컨시스토리에 청원서를 제출해야 한다. 1541년 칼뱅에 의해 조직된 컨시스토리는 주네브 사람들이 종교개혁적 교리를 올바로 이해하고 이에 맞게 생활하고 있는지 감찰하고 계도하는 기관으로, 목사 12명[14]과 장로(elder)라 불리는 속인 12명[15]을 합쳐 총 24명의 위원으로 구성되었는데, 영적 권위와 공적 권위가 혼합되어 서로를 보조하는 주네브 특유의 교회-국가 공조체제의 대표적 사례로 꼽힌다. 컨시스토리 위원들은 청원 내용의 사실 여부를 정확하게 파악하기 위해 여러 명의 증인을 소환하고 서면으로 작성된 증거를 요청하기도 했다. 컨시스토리는 사실관계 증명을 매우 중시했고, 배우자 양측의 의견을 꼼꼼하게 검토했기 때문에, 이혼 심의는 몇 달 이상 지속되는 것이 일반적이었다. 하지만 이혼 사유가 입증된 후에도 컨시스토리에서는 부부 사이를 화해시켜 이혼을 막고자 노력하는 편이었다. 이 모든 과정 속에서 도무지 재결합의 가능성이 보이지 않는 경우, 컨시스토리는 부부가 이혼하는 편이 낫다는 의견서를 작성, 이를 소의회(Le Petit Conseil)[16]에 제출했다.

14 결혼을 온전히 사회적 계약으로 보면서 교회의 역할을 완전히 배제한 루터에 비해, 칼뱅은 결혼이란 단순한 계약(contract)이 아니라 신과 인간 사이의 약속(covenant)이라고 주장하면서 결혼의 성립과 운영에 성직자들이 개입할 수 있다고 파악하였다. 칼뱅의 결혼신학의 내용에 대해서는 John Witte Jr., *From Sacrament to Contract : Marriage, Religion, and Law in the Western Tradition* (Louisville: Westminster John Knox Press, 1997), 74-129.

15 12명의 장로 중 2명은 소의회 소속, 그리고 나머지 10명은 200인회 소속 위원으로 구성되었다. 장로의 직분을 가진 사람들의 사회경제적 층위는 법률가에서 구두수선공에 이르기까지 매우 다양했지만, 주네브에서 어느 정도 인정을 받고 있던 건실한 시민들이었음은 분명하다.

16 주네브 행정조직을 규정한 관직과 관료에 대한 법령(Ordinance on Offices and Officers, 1543)에 의하면, 주네브에는 크게 4개의 의회(council; conseil)가 존재

이혼의 최종 승인 여부는 소의회가 결정했다.[17] 주네브에서 가장 보편적 이혼 사유였던 간통은 형사처벌의 대상이었기 때문에, 소의회는 컨시스토리에서 보낸 의견서를 참고하여 간통사건을 다시 조사했고, 이를 근거로 처벌의 수위와 이혼 승인 여부를 결정하였다. 주네브에서 간통은 시간이 흐를수록 강경하게 처벌되는 추세를 보였다. 1540년대 간통은 성찬식 참석을 금지하는 정도의 처벌을 받았지만, 1550년대부터 추방형이 선고되기 시작했고, 1560년대 반복적으로 간통을 거듭한 경우 사형판결을 받기도 했다.[18]

정리하자면, 이혼을 결심한 사람은 자신의 배우자가 간통을 했음

했다. 일단 모든 주네브 남성들이 참가자격을 지닌 일반의회(General Council; Conseil général)가 있었는데, 이는 1년에 2번 모여 실무행정담당자를 선출하는 역할을 담당했다. 일반의회 투표로 실무운영기구인 200인회(Council of Two Hundreds; Deux Cent), 외교를 담당하는 60인회(Council of Sixty; Soixante)의 임원을 선출했다. 그러나 무엇보다도 주네브 행정의 핵심을 담당한 기구는 소의회(Petit Conseil)이었다. 소의회는 전체 25명의 위원으로 구성되었는데 이들은 주네브에서 상당한 영향력을 지닌 핵심 인사들이었고, 선거를 실시하기는 했지만 매년 연임되는 것이 관례였다. 또한 소의회 위원 25명 중 이사(syndic)를 4명 선출, 이들이 의회 운영을 주재하는 역할을 맡았다. 소의회는 주네브의 각종 안건을 심의하고 분쟁을 조정했으며, 사법권도 가지고 있을 정도로 주네브 정치의 실권을 장악한 기관이었다. Witte Jr. and Kingdon, *Sex, Marriage, and Family*, 62–79.

17 컨시스토리는 근본적으로 감찰과 심의를 담당하는 기관으로, 성찬식 금지와 파문 등 자체처벌기능도 가지고 있긴 했지만 투옥이나 고문, 추방 등 형사적 처벌 권한은 없었다. 따라서 컨시스토리는 자신들이 조사한 사안 중 형사처벌 대상이라 보이는 문제는 모두 소의회로 이관했다. 컨시스토리와 소의회의 연대 역시 종교권력과 세속권력의 공조를 통해 운영되는 주네브의 정치적 특성을 잘 보여준다. 컨시스토리의 구성과 기능에 대해서는 Robert Kingdon, "Calvin and the Establishment of Consistory Discipline in Geneva," *Dutch Review of Church History* 70(2) (1990), 162–166.

18 Robert Kingdon, *Adultery and Divorce in Calvin's Geneva* (Cambridge: Harvard Univ. Press, 1995), 116–142.

을 컨시스토리에 알려 이혼을 신청하고, 이를 구체적으로 입증할 수 있는 증거 및 증인을 확보해야 했으며, 자신이 이혼을 하고 싶다는 강경한 의지를 관철시켜야 했고, 이를 다시 소의회에서 법적으로 공인받아야 했다. 결과적으로 16세기 주네브에서 이혼은 길고 지루한 법정 공방과 증거 수집 과정에서 필연적으로 야기되는 사회적 논란을 감당해야 했던 상당히 부담스러운 일이었다. 그러므로 이혼에 연루된 당사자의 의지와 결단이 판결을 이끌어내는 데 있어 매우 결정적인 부분으로 작용했다. 따라서 16세기 주네브의 이혼 관행을 올바로 이해하려면, 구체적 이혼 사례를 미시적으로 분석할 필요가 있으며, 이를 위해 가장 요긴한 사료가 바로 컨시스토리 회의록이다.

컨시스토리 회의록을 통해 주네브인들의 행동과 심성을 분석하는 작업은 주네브 종교개혁 연구에서 고전적인 방식에 속한다. 그중에서도 간통과 이혼에 집중하여 분석한 선구적이자 거의 유일한 연구로 킹던(Robert Kingdon)의 『칼뱅 시대 주네브의 간통과 이혼』을 들 수 있다. 킹던은 주네브 컨시스토리 회의록에 등장하는 다양한 이혼 사례를 미시적으로 분석하면서, 주네브에서 이혼은 종교적 차원뿐만 아니라 경제적 배경과 사회적 신분이 큰 변수로 작용한다고 지적했으며, 이는 이혼을 추동하게 만들 수도, 제어하게 만들 수도 있다고 결론지었다.[19]

필자는 킹던의 결론에 전적으로 동의하지만, 여기서 한 걸음 더 나아갈 여지가 있다고 생각한다. 필자는 16세기 주네브에서 이혼이란 개인이 처한 상황에 따라 매우 다른 방식으로 해석되었음에 주목했다. 16

19 같은 책, 175-184.

세기 주네브에서 이혼은 매우 새롭고 급진적인 선택이었다. 특히 결혼과 가정이 삶의 중심을 이루던 대부분의 여성들에게 이혼이란 필연적으로 중차대한 변화를 불러오는 사건이었다. 따라서 16세기 주네브 여성들은 각각의 상황에 따라 때로는 이혼을 새로운 기회로 받아들였고, 때로는 자신의 일상을 침범하는 두려운 위협으로 인식했다. 바로 이런 인식 차이에 따라 이혼에 대처하는 방식과 전략은 크게 변화했고, 이는 이혼 판결에도 큰 영향을 미치게 되었다.

나아가 이혼을 담당하던 두 기관, 즉 컨시스토리와 소의회가 이혼에 대해 조금은 상이한 태도를 지니고 있었음에 주목할 필요가 있다. 주네브 종교개혁을 계기로 결성된 두 기관은 대부분 비슷한 의견을 가지고 상호 공조해 나갔지만, 칼뱅을 주축으로 한 컨시스토리가 이혼을 교리적 관점에서 접근한 데 비해, 주네브 사회지도층으로 구성된 소의회는 공동체 내부의 이해관계를 좀 더 고려하는 편이었다. 따라서 주네브의 유력자들이 이혼에 개입된 경우, 소의회는 좀 더 신중한 태도를 취했고, 컨시스토리가 이혼에 동의한 경우에도 이를 순순히 승인하지 않았다. 이혼문제를 둘러싸고 컨시스토리와 소의회 사이의 미묘한 갈등이 벌어질 경우, 이는 상당한 수준의 행정적 공백을 만들어 냈고, 이혼 당사자들은 이런 공백을 이용해 이혼을 훨씬 더 개별적이고 주관적으로 해석할 가능성을 창출해 내기도 했다.

결국 16세기 주네브에서 이혼이 무엇인지 분석하려면, 개별적 사안마다 개인의 인식과 전략, 그리고 컨시스토리와 소의회가 이혼에 대해 지닌 입장 차이 등이 어떻게 결합했는가를 미시적으로 추적하는 작업이 필요하다. 이러한 관점 아래 필자는 1550년과 1555년의 컨시스토리 회의록을 선택, 해당 연도에 등장한 이혼 사례들을 통계적 접근과 미시적 분석을 병행해 구체적으로 추적해 보고자 한다.

3. 1550년 컨시스토리 회의록 분석

1) 통계 분석

필자가 1550년(1550년 2월 20일에서 1551년 2월 5일까지의 12개월[20])의 회의록을 첫 번째 분석 대상으로 결정한 이유는 주네브인들이 이혼이라는 새로운 제도를 인지하고 적용하기까지 어느 정도 시간이 필요할 것이라는 판단 때문이었다. 또한 주네브의 정치적 변동 양상도 고려의 대상이 되었는데, 주네브에서는 1552년부터 칼뱅 지지파와 반대파 사이의 갈등이 증폭되어 1555년 정치적으로 대규모의 지각변동이 일어나게 된다. 따라서 주네브 결혼조례(1545)가 발표된 지 5년이 지났고, 정치, 사회적 변동이 본격화되기 이전인 1550년이야말로 주네브에서 칼뱅이 도입한 각종 제도들이 어떻게 정착되고 수용되었는지 중간점검하기에 적절한 시기라 여겨졌다.

20 주네브 컨시스토리의 한 축인 장로들은 소의회와 200인회의 임원들로 구성되었는데, 주네브의 의회는 매년 2월 선거를 통해 새로 구성되었으므로, 컨시스토리의 장로 역시 2월을 주기로 교체되었다. 따라서 컨시스토리 회의록은 2월에서 그 다음해 2월까지 12개월 단위로 작성되어 있다.

표 1 1550–1551년 이혼 신청 사례와 성사 여부

번호	이름	날짜	신청자	사유	결과
①	B. Du Molard & Michée Durand	1550/3/6	아내	발기부전	승인
②	Antoine Du Villard & Jeanne Recamey	1550/4/24	남편	간통	승인
3	Matthieu Cheysie & Marie Begnnin	1550/9/2	아내	방기	거부
4	Perrin Falquet & Jeanne	1550/11/20	남편	방기	거부
5	Pierre Rosset & Huguine Dupont	1550/12/23	남편	간통	거부
⑥	François Du Freney & Claudine Pitard	1551/2/5	남편	간통	승인

먼저 1550년 이혼 신청 사례와 그 성사 여부에 대해 살펴보자. 〈표 1〉에서 보이듯이, 1550년 주네브 컨시스토리에 접수된 이혼 신청은 총 6건이다. 이 중 4건은 남편이, 그리고 2건은 아내가 이혼을 신청했다. 또한 이혼 사유로는 간통이 3건, 방기가 2건, 그리고 발기부전이 1건인데, 발기부전의 경우는 엄격한 의미로 이혼 사유라기보다 결혼 무효 사유에 가까우므로 정상적인 이혼이라 보기 힘들다. 또한 6건의 이혼 신청 중 3건이 승인되고 3건은 거부되었는데, 이혼 사유로 배우자의 방기를 내세운 2건이 모두 거부되었음이 주목된다. 결국 1550년의 자료를 통해 볼 때, 주네브에서 이혼은 신청하기도 쉽지 않고, 승인되기는 더더욱 어려웠으며, 그나마 2번과 6번 사례처럼 남편이 아내의 간통을 이유로 신청했을 때 가장 성공확률이 높았음을 알 수 있다.

표 2 1550–1551년 이혼 사례를 다룬 컨시스토리/소의회의 활동

번호	이름	관련 혐의 첫 등장시기	안건 상정 횟수		유책배우자처벌 [특이사항]
			컨시스토리	소의회	
①	B. Du Molard & Michée Durand	1547.3.10	4	3	없음
②	Antoine Du Villard & Jeanne Recamey	1548.3.8	10	4	성찬식 금지
3	Matthieu Cheysie & Marie Begnnin	1550.3.6	2	3	도시를 떠날 것[21]
4	Perrin Falquet & Jeanne	1550.11.24	1	1	없음
5	Pierre Rosset & Huguine Dupont	1542.5.2	10	10	1년 추방 [이혼은 불성립]
⑥	François Du Freney & Claudine Pitard	1546	13	1	성찬식 금지 [6개월 뒤 허용]

그렇다면 컨시스토리와 소의회는 이혼 신청을 어떻게 다루었는가? 〈표 2〉에 따르면 이혼에 이르게 된 부부들은 1550년 이혼 신청을 하기 훨씬 이전부터 여러 차례 컨시스토리에 소환되는 등 품행에 문제가 있거나 추문이 떠도는 경우가 대부분이었다. 그럼에도 불구하고 컨시스토리와 소의회는 이혼 신청이 접수되면 매우 신중하고 꼼꼼하게 안건을 검토한 것으로 보인다. 이혼 신청 사례에 따라 안건이 상정된 횟수가 상이하긴 하지만, 이혼이 승인된 2번과 6번의 경우 컨시스토리는 해당

21 해당 사건은 약간 특이하다. 마티유 세시에와 마리 베냉은 모두 주네브 시민이 아니라 엑상프로방스의 로망(Roman-sur Isère) 거주민으로, 마리 베냉은 남편의 허락 없이 자신의 애인 루이 로뱅과 함께 주네브에 거주하다가 소환되었다. 마리 베냉은 이 외에도 여러 명의 남성과 관계를 가졌다는 혐의를 받기도 했다. 이 사안의 경우 주네브 소의회가 법적 처벌권이 없기 때문에, 혐의가 확인된 후 마리 베냉은 도시에서 당장 떠나라는 명령을 받았고, 불응할 시 태형에 처하겠다는 경고를 받았다. *R. Consist.*, V, 26, n. 165.

안건과 관련된 증인들을 10여 차례 소환하여 자세한 사정청취를 실시, 해당 안건의 사실 여부를 다각도로 파악하고자 노력하였다.[22] 특히 2번과 6번의 경우 소의회보다 컨시스토리가 더 적극적으로 이혼 사건에 대해 개입한 것으로 보이는데, 이를 통해 당시 주네브에서 간통이란 이론적으로는 법적 처벌대상이긴 했지만 현실적으로는 도덕적 흠결의 문제로 취급되었음을 알 수 있다. 이는 간통혐의가 사실로 인정되어 이혼이 성립한 경우에도 유책배우자가 법적 처벌을 받지 않는 경우가 많았다는 점을 통해서도 입증된다. 유일하게 추방을 선고받은 5번의 경우를 제외하면 간통혐의가 인정되어 이혼당한 2번과 6번의 경우도 컨시스토리에서 성찬식 금지를 명령했을 뿐 소의회가 금고나 태형, 혹은 추방 등 법적인 처벌을 부여하지 않았다.

실제로, 컨시스토리가 어느 수준까지 주네브인들의 일상에 개입할 수 있고, 이를 통해 어떤 제재까지 내릴 수 있는가 하는 점은 늘 첨예한 논쟁의 대상이었다. 컨시스토리는 성격상 주네브 사람들의 일상에 깊숙이 개입했고, 과거에는 용인되던 다양한 관습을 제재했기 때문에 심한 반발을 받기도 했다. 예를 들어 아미 페랭(Ami Perrin)은 종교개혁 초반에는 칼뱅을 적극 지지했지만, 1547년 자신의 아내와 장인이 결혼식에서 춤을 췄다는 이유로 컨시스토리에 소환당하자 강력한 칼뱅의 반대파로 돌변했다. 이후 페랭은 주네브 토박이들로 구성된 '주네브의 아이들(Enfants de Genève)'이란 조직을 만들어 오랫동안 칼뱅과 대립하였

22 이혼이 성립하지 않은 3번과 4번의 경우 이혼 신청당사자들이 주네브인이 아니거나(3번) 배우자가 자신을 방기했음을 증명하기 힘들다고 여겨 스스로 포기해 버린 경우(4번)로 보인다. 5번의 경우는 좀 특이한데 이 사건에 대해서는 아래에서 자세하게 다룰 것이다.

다.[23] 이런 정황을 볼 때, 결국 1550년에는 아직 컨시스토리의 장악력에 한계가 있었고, 소의회 역시 컨시스토리와 완벽한 공조관계를 이루기 힘들었음을 알 수 있다.

2) 사례 분석

(1) 재혼할 수 있는 자유: 앙투안 뒤 빌라르와 잔느 르카메이의 사례

1550년 컨시스토리 회의록의 이혼 사례를 통계적으로 분석해 본 결과, 1550년 주네브에서 이혼은 사회의 근본이라 여겨지던 가부장적 질서와 체계를 굳건히 유지하기 위한 제도였지만, 상당히 까다로운 행정적 절차와 여러 관습적 편견을 감내해야 했던 쉽지 않은 선택이었음을 알 수 있다. 절차와 편견에서 오는 어려움은 생각보다 커서, 심지어 남편이 간통한 부인을 고발하여 이혼을 신청하는 가장 전형적인 경우에도 칼뱅 등 종교개혁가들이 미처 예상하지 못한 변수가 계속 발생하곤 했다. 따라서 이혼이라는 새로운 제도를 둘러싼 내적 역동을 좀 더 면밀히 관찰하려면, 미시적 차원의 사례 분석이 필수적이다.

이를 위해, 가장 보편적인 이혼처럼 보이는 2번의 경우, 즉 남편 앙투안 뒤 빌라르(Antoine Du Villard)가 간통 혐의로 아내 잔느 르카메이(Jeanne Recamey)에게 이혼을 신청한 사례부터 검토해 보겠다. 1550

23 Bernard Cottret, *Calvin, A Biography,* trans. Wallace M. McDonald (Grand Rapids: W. B. Eerdmans Publishing Co., 2000), 188–194.

년 간통 혐의로 고발당한 부인 잔느는 사실 1548년부터 장 프로세(Jean Frochet)라는 남성과 관계를 가졌다는 혐의 때문에 여러 차례 컨시스토리와 소의회에 소환된 바 있었다.

잔느, 앙트완 뒤 빌라르의 부인

> 방탕한 생활을 하고 있다는 세간의 의심 때문에 소환됨. 8일 전 일요일 아침, 잔느는 어떤 호색한[Jean Frochet]과 같이 있다가 발각되었는데, 설교를 들으러 가겠다고 하면서 새벽 4시부터 집을 나선 것으로 보임. 그러나 그녀가 남자와 같이 있는 것이 목격되었고, 그 남자는 문을 부수고 도망쳐 달아났음. 그러나 잔느는 목격자가 잘못 본 것이라면서 모든 상황을 부인함. 컨시스토리는 이 상황을 본 목격자의 증언을 좀 더 조사해 보기로 결정함. (1548년 3월 8일)[24]

이 사건 때문에 잔느는 1548년 6월 28일 정식으로 소의회에 소환되었고, "명백하게 음탕한 간통행위"를 저질렀다는 선고를 받았으며,[25] 1549년 6월 3일 소의회는 잔느의 간통 혐의를 입증하기 위한 정보와 증인을 수집하기 시작했다.[26] 부인의 간통 혐의가 확실시되자, 잔느의 남편 앙투안은 1550년 4월 24일 컨시스토리에 공식적으로 이혼을 신청했고,[27] 자신의 요청을 공증을 받아 다시 제출했으며,[28] 소의회 이사

24 *R. Consist.*, IV, 13.

25 같은 책, 94–95.

26 같은 책, 212.

27 *R. Consist.*, V, 78.

28 같은 책, 85.

출신인 앙리 오베르(Henri Aubert)[29]와 주네브의 대표적 명망가인 장 프랑수아 라멜(Jean-François Ramel)[30] 등 여러 공신력 있는 증인을 내세워 부인의 간통 혐의를 증명하고자 했다. 오베르와 라멜 등은 모두 밤늦은 시간에 자신의 집 근처에서 낯선 남자와 함께 있던 잔느를 본 적이 있다고 진술했으며, 그의 하인들도 이를 입증하는 증언을 덧붙였다. 상황이 불리해지자 계속 자신의 혐의를 부정했던 잔느는 주네브를 떠나 도시 남쪽에 위치한 작은 마을 에보르드(Évordes)로 도피했는데, 그녀는 이곳에서 여관을 경영하며 방만한 생활을 계속한 것으로 보인다.[31]

그런데 1551년 미묘한 상황이 벌어진다. 방탕한 부인 때문에 무참히 희생당한 것처럼 보였던 앙투안이 메르메트 뒤낭(Mermette Dunant)이라는 유부녀와 부적절한 관계를 맺었다는 의혹이 제기된 것이다.[32] 난감한 상황에 직면한 컨시스토리와 소의회는 부부가 다시 합칠 것을 제안하며 화해를 시도했으나, 앙투안은 자신의 혐의를 부인하며 줄기차게 이혼을 요구하였다. 이러는 와중에도 잔느는 에보르드 지방을 관장하는 테르니에(Ternier)의 컨시스토리에서도 고냉 루게(Gonin Roguet)라는 남성과 관계를 가졌다는 혐의로 소환되는 등 끊임없이 추문을 쌓

29 같은 책, 87–88.

30 같은 책, 92.

31 에보르드의 목사였던 마티유는 잔느가 여인숙을 열고 난잡한 삶을 살고 있다고 주네브의 컨시스토리에 직접 출석하여 증언하였다. 여기서 여인숙을 열었다는 것은 정식으로 허가를 받고 숙박기관을 경영했다기보다 사적으로 자신의 숙소에 사람들을 드나들도록 허용했다는 의미로 보이는데, 이는 높은 확률로 매춘이라 의심받을 만한 정황에 해당한다. 같은 책, 300. (1551년 1월 8일)

32 *R. Consist.*, VI, 131–132. (1551년 7월 23일)

아가고 있었다.[33] 결국 1551년 12월 17일, 끈질긴 심문 끝에 부인 잔느는 자신의 간통 사실을 인정하며 남편에게 용서를 구했지만 남편은 이를 받아들이지 않았고,[34] 결국 12월 22일 남편 앙투안은 컨시스토리로부터 이혼 소견을 받아내는 데 성공하게 된다.

르카메이와 그의 남편

> 남편에게 부인을 다시 받아들이고 그녀를 용서할 마음이 있는지 질문함. 남편은 부인이 자신에게 너무나 많은 잘못을 저질렀으며, 따라서 더 이상 그녀를 용서하는 것은 불가능하다고 답함. (중략) 컨시스토리의 위원들은 모든 상황에 유감을 표하며, 이미 그녀의 잘못된 행실에 대해 익히 접한 바 있으므로, 남편이 부인과 이혼할 만한 자격이 있음을 인정함. 아내의 경우, 성찬식 금지를 명령함.[35]

이렇게 마무리된 줄 알았던 사건에는 마지막 반전이 숨어 있었다. 이혼이 승인된 지 갓 세 달쯤 지난 1552년 3월 3일, 잔느는 애인이었던 고냉 루게와 컨시스토리에 출두해 자신들이 약혼했다며 이를 승인해 달라고 요청했던 것이다.

33 잔느와 고냉은 자신의 혐의를 완강하게 부인하였다. 같은 책, 223. (1551년 12월 24일)

34 같은 책, 217. (1551년 12월 17일)

35 같은 책, 218. (1551년 12월 22일)

고냉 루게와 그의 부인, 르카메이

> 두 사람이 약혼했는지 질문함. 그들은 약혼했다고 말함. 르카메이는 소의회 위원들이 자신에게 재혼할 수 있는 자유를 부여해 줬다고 선언함. (중략) 컨시스토리는 소의회 위원들에게 그들의 약혼이 허용될 수 있는지 다시 확인하라고 명령함. (중략) 컨시스토리의 목사들은 루게와 르카메이의 간교한 술책을 확인했으며, 이들의 요청을 받아들이지 않도록 소의회에 요청하기로 결정함. (방점 필자)[36]

당연하게도, 잔느와 고냉의 약혼신청은 소의회에서 거부되었다. 그렇지만 소의회 의원들은 이들의 돌출행동을 따로 징벌하지 않았으며, 오히려 "재혼하려면 최소한 조금은 더 참을성을 가지고 기다리라"고 충고했다.[37] 결국 잔느는 간통 때문에 이혼을 당했음에도 불구하고, 징역형이나 추방, 파문 등의 심각한 형사적 처벌을 받지 않았으며, 심지어 재혼할 권리까지 빼앗기지 않았던 것으로 보인다.

앙투안 뒤 빌라르와 잔느 르카메이의 이혼 사례에서 가장 인상적인 점은 간통혐의로 이혼당한 아내 잔느가 이혼을 "재혼할 수 있는 자유"를 부여받은 것이라 해석했다는 점이다. 잔느의 과거 행적을 보면, 그녀가 이혼에 대해 완전히 자기 방식대로 재해석한 것은 그다지 놀라운 일이 아니다. 잔느는 오랫동안 여러 명의 남성과 추문에 휩싸였고 수없이 컨시스토리의 소환대상이 되었음에도 불구하고 이를 심각하게

36 *R. Consist.*, VII, 9. (1552년 3월 3일)

37 같은 책, 9. n. 47.

여기거나 진심으로 반성한 흔적이 남아 있지 않다. 그녀는 컨시스토리의 소환에 불응하거나 주네브를 떠나 다른 곳에 정착하는 등 다양한 방법을 동원해 컨시스토리의 감시망을 빠져 나갔으며, 남편이 증인을 모으고 서류를 준비하며 이혼을 착실하게 준비하는 기간에도 여전히 방탕한 생활방식을 고수해 왔다. 이러한 잔느에게 이혼이란 오히려 결혼이라는 족쇄에서 해방되어 자신이 지금 사랑하는 사람과 새롭게 결혼할 수 있는 기회이자 가능성으로 다가왔던 것이다.

반면, 이 사안을 다룬 컨시스토리와 소의회의 태도는 매우 모호하며 일관성이 없어 보인다. 컨시스토리와 소의회는 잔느의 간통 사실을 인정했지만 그녀에게 어떤 형사적인 처벌도 부여하지 않았고, 심지어 추문의 대상이었던 남자와 결혼하겠다고 요청했을 때조차 강력한 제재를 하지 않았다. 결국 잔느의 이혼 사례를 통해, 1550년까지만 해도 컨시스토리와 소의회가 간통을 관습적 잣대로 파악할 것인지, 아니면 법적 제재 대상으로 처단할 것인지에 대해 분명한 기준을 세우지 못했음을 확인할 수 있다.

(2) 사회적 지위의 추락: 피에르 로세와 위긴 뒤퐁의 사례

잔느 르카메이는 이혼을 “재혼할 수 있는 자유”라고 자의적으로 해석하여 주네브 컨시스토리를 매우 난감하게 만들었다. 그런데 잔느보다 더 컨시스토리를 경악시킨 여성이 바로 위긴 뒤퐁(Huguine Dupont)이다. 〈표 1〉 5번의 피에르 로세(Pierre Rosset)와 위긴 뒤퐁의 이혼 사례는 언뜻 보기에도 조금 특별해 보인다. 남편 피에르가 아내 위긴에 대해 간통을 이유로 이혼을 신청했지만 거부당했기 때문이다. 이는 곧 남편 피에르가 아내 위긴의 간통 사실을 입증할 만한 증거를 제공하지 못했다는 뜻인데, 사실 간통이라는 행위의 속성상 이를 입증하는 것이 쉬운 일은 아니었다. 더구나 컨시스토리와 소의회는 사실관계를 분명히 파악하고자 노력하는 태도를 견지했으므로 간통사건의 입증은 이혼 당사자들에게 생각보다 복잡한 문제를 유발했다. 피에르 로세와 위긴 뒤퐁의 경우는 명확한 증거를 요청하는 컨시스토리와 소의회의 고지식한 태도와 간통사건이 지닌 특유의 내밀함이 결합하면서 애매한 공백이 만들어질 수 있고, 이혼 당사자들이 이를 활용하여 자신의 입장을 방어할 수 있었음을 보여주는 흥미로운 사례이다.

해당 사건의 주인공 위긴 뒤퐁은 전술한 잔느 르카메이와는 다르게 적극적으로 이혼을 거부하였다. 일반적으로 주네브에서 여성의 간통과 이혼은 그녀가 속한 가문의 수치로 여겨졌기 때문에 명망가 가문일수록 무슨 수를 써서라도 이혼을 피하려고 시도하는 경우가 많았다.[38] 그런데 위긴의 경우는 조금 복잡하다. 간통혐의로 이혼을 요구당한 위긴 뒤퐁은 클로드 뒤퐁(Claude Dupont)과 마담 데퐁텔(Madame Despontelle) 사이에서 태어난 딸로, 장 아미키(Jean Amici)의 조카라 기록되어 있다.[39] 장 아미키는 마담 데퐁텔의 오빠였는데, 종교개혁 이전 주네브에서 사제로 활동했으며, 사생아를 낳는 등 방탕한 생활로 악명

38 킹던의 저서에 등장하는 이혼 사례 중 장 비에트리와 마리 드 라 메종뇌브의 경우가 이에 해당한다. 마리는 간통으로 이혼위기에 몰렸지만, 그녀는 주네브의 대표적 명문가 출신이었으므로 결국 이혼은 성립되지 못했다. Robert Kingdon, *Adultery and Divorce,* 98–115.

39 *R. Consist.*, II, 109.

높은 성직자였다. 종교개혁 이전 주네브가 군주–주교(prince–bishop)의 지배 아래 있었음을 상기해 본다면, 위긴은 종교개혁 이전에는 높은 사회적 지위를 누리던 가문 출신이라 추정된다. 그러나 종교개혁 이후 위긴의 가문은 몰락한 듯 보이며, 위긴은 외삼촌인 장 아미키의 집에서 사생아인 사촌여동생과 함께 살았다고 기록되어 있다.[40] 그런데 위긴, 그리고 동명의 사촌인 사생아 위긴은 이미 1542년부터 장 프랑수아 라멜[41]과 함께 동침했다는 소문 때문에 컨시스토리에 소환될 정도로 평판이 좋지 못했다. 당시 위긴 뒤퐁은 이미 피에르 로세라는 남자와 결혼한 사이였으나, 남편 피에르는 주네브에 거주하지 않았고, 스트라스부르, 밀라노, 영국 등지를 오가며 생활하고 있었다.[42] 따라서 피에르와 위긴은 오랫동안 별거 상태로 지냈고, 이런 정황은 위긴의 사생활이 문란하다는 세간의 인식을 더욱 확대시켰으리라 여겨진다.

1550년 위긴은 본격적으로 이혼소송에 휘말렸는데, 그 원인은 당혹스럽게도 남편과 7년 동안이나 떨어져 살고 있던 위긴이 임신을 했기 때문이었다. 위긴의 임신은 당장 컨시스토리의 주목을 끌었고, 그녀는 1550년 7월 24일 소환되었다. 이때 위긴은 자신이 아이를 가진 것은 맞지만 이는 남편의 아이이며, 피에르는 지난 성촉절(2월 2일) 때 자

40 이 사생아 사촌의 이름 역시 위긴이었다. 그리고 그녀 역시 다양한 추문의 주인공이었기에, 컨시스토리 회의록에 사촌여동생 위긴도 자주 등장한다. 그러나 그녀는 주로 '사생아(Bastard)'라는 명칭으로 표기되곤 했다. *R. Consist.*, I, 43.

41 잔느 르카메이 사례에서 그녀에게 불리한 증언을 했던 바로 그 사람일 가능성이 높다.

42 같은 책, 43.

신을 만나러 왔었다고 주장했다.[43] 이후 그녀의 진술은 계속 엇갈리는데, 7월 31일에는 아이가 생긴 것은 12월 성탄절 무렵이었다고 말을 바꾸었다가,[44] 위긴의 이웃들이 그녀의 남편을 본 적이 없다고 하자 남편이 자신을 은밀히 만났고 거의 밖에 나가지 않았다고 반박했고,[45] 그러면서 갑자기 2월경 위긴과 남편이 만나는 것을 보았다는 증인을 출두시키기도 했다.[46] 일관되지 못한 증언이 쏟아지자, 컨시스토리는 위긴이 거짓말을 한다고 확신하며 강하게 추궁했지만, 위긴의 당당한 태도는 변하지 않았다.

위긴

> 기존의 증언들을 지적하며 그녀에게 진실을 말할 것을 촉구함. 위긴은 출산을 했는데, 여전히 자신의 아이는 남편과의 사이에서 생겼다고 주장했고, 임신과 출산 사이의 불일치에 대해 지적하니 8달 만에 아이가 태어난 것이라 진술함. 꾸준히 모든 것을 거부하면서, 계속 자신의 잘못을 지적하는 모든 사안에 대해 강력한 자신감을 가지고 고집스럽게 버팀.[47]

---

43 *R. Consist.*, V, 155–156.

44 같은 책, 163. (1550년 7월 31일)

45 같은 책, 167. (1550년 8월 7일)

46 위긴은 처음에는 2월 성촉절 때 남편을 만났다고 증언하다가, 이후 12월 성탄절경 남편을 만났다고 말을 바꾸었다. 이는 위긴이 임신과 출산 시점 때문에 발생한 혼란으로 보인다. 결국 위긴은 1550년 10월에 출산을 했는데, 이 시기 출산하려면 남편을 만난 시기가 그 이전 해 성탄절 무렵이 되어야 하기 때문이다. 같은 책, 166. (1550년 8월 7일)

47 같은 책, 224. (1550년 10월 2일)

위긴의 임신과 출산 때문에 추문이 점점 커지자, 결국 위긴의 남편 피에르 로세는 1550년 12월 4일 직접 주네브를 방문, 컨시스토리에 출두했다. 이때 피에르는 자신의 삼촌 장 랑베르(Jean Lambert)와 함께 나왔는데, 장 랑베르는 칼뱅의 적극적인 지지자이며, 1546년과 1555년에 소의회 이사를 담당했을 정도로 주네브에서 큰 영향력을 지닌 인물이었다.[48] 랑베르는 자신의 조카가 주네브의 질서와 관습에 익숙하지 못하다는 점에 양해를 구한 뒤, 피에르는 그동안 계속 스트라스부르에 살았으며, 아내를 2년 동안 만난 적이 없다고 증언했다. 따라서 피에르의 아내 위긴이 낳은 아이는 혼외자라 주장했고, 이를 근거로 정식 이혼을 요청하기에 이른다.[49] 컨시스토리는 피에르의 말에 신빙성이 있으며, 위긴이 간통을 한 것이 확실하다고 생각하면서 이혼에 호의적인 의견을 소의회에 제출했으나,[50] 놀랍게도 소의회는 로세에게 지난 2년간 부인을 만난 적이 없다는 증거를 제출하라고 요구하며 피에르와 컨시스토리를 모두 당황케 했다.

장 랑베르와 그의 조카, 위긴의 남편

> 그들의 이혼에 대해 컨시스토리의 의견을 물었던 소의회 의원들은 [피에르 로세에게] 다른 증거를 통해 [2년간 아내를 만나지 않았다는 점을] 증명하라고 요구했다. [위긴의 남편은] 이를 입증하기 위해서는 영국에 가야 하는데, 이는 큰 비용이 들어 감당하기

---

48 *R. Consist.*, I, 324, n. 117.

49 *R. Consist.*, V, 257. (1550년 12월 4일)

50 같은 책, 277. (1550년 12월 23일)

어렵다고 말했다. 더 이상 방법이 없다고 말하자, 소의회 의원들은 이혼을 거부했고 [중략] 그가 세 명의 증인을 통해 입증하지 못한다면 의원들은 그의 행적[주네브에 오지 않았다는 것]을 인정할 수 없다고 밝혔다.[51]

위 인용문에서 보이는 것처럼, 컨시스토리의 호의적 의견에도 불구하고 이혼에 대한 최종 결정권을 지닌 소의회에서는 이들 부부의 이혼을 승인하지 않았다. 이후 칼뱅이 따로 의견서를 보내 위긴의 죄를 확신한다고 선언했고, 이를 근거로 위긴은 감옥에 수감되어 족쇄를 차는 형벌을 받고 주네브에서 추방당하기까지 했지만, 그럼에도 불구하고 피에르와 위긴의 이혼은 끝내 승인되지 않았다.[52]

그렇다면 위긴은 왜 이렇게 고집스럽게 이혼을 거부한 것일까? 이는 아마도 위긴이 아이를 낳았기 때문일 것이다. 자신이 이혼을 하게 되면 아이 또한 사생아가 되어 주네브에서 올바른 지위를 가지고 살아갈 수 없기 때문에, 위긴에게 이혼이란 자신과 아이의 신분과 지위를 위험하게 만드는 강력한 위협이라 해석되었다. 따라서 위긴은 이혼을 거부하기 위해 필요한 증인을 동원하고 수시로 증언을 번복하는 등 각종 혼란을 초래했고, 이는 사실관계를 파악하기 위해 노력하는 컨시스토리와 소의회의 입장을 난처하게 만들었다.

또한 컨시스토리와 소의회에서 위긴을 다루는 방식이 상이했다는 점도 주목할 만하다. 컨시스토리는 시종일관 위긴에게 엄격했지만, 세속 질서의 주축인 소의회는 위긴에게 훨씬 더 유화적인 태도를 견지했

51 같은 책, 312.

52 같은 책, 155, n. 1075.

다.[53] 그러나 이는 곧 주네브 종교개혁의 한 축인 소의회 역시 기존의 연줄과 인맥에서 완전히 자유롭지 못했음을 의미하며, 따라서 컨시스토리와 소의회 사이에 미묘한 갈등이나 알력이 벌어질 가능성도 존재했음을 암시하고 있다.[54]

잔느 르카메이와 위긴 뒤퐁의 사례를 통해, 1550년 주네브에서 이혼이란 아직은 낯설고 어색한 제도였으며, 컨시스토리와 소의회 사이의 공조 관계 역시 완벽하지 못했고, 따라서 이혼 신청에 휘말린 당사자들의 태도와 입장에 따라 칼뱅의 의도와는 다르게 자의적으로 변형될 수 있는 여지가 충분한 제도였음을 알 수 있었다. 결국 이혼제도의 수립과 실행을 구체적 사례를 통해 살펴본 결과, 칼뱅 등 종교개혁가들이 의도한 '신의 뜻에 어울리는 질서정연한 사회'를 위한 도정은 단시간 내에 이루어진 것이 아니라 무척 길고 험난한 과정이었음은 분명해 보인다.

53 피에르 로세와 위긴 뒤퐁의 이혼소송에서 소의회가 굳이 피에르의 이혼 신청을 거부한 이유를 추론하기란 쉽지 않다. 실제로 위긴보다 그의 남편인 피에르 로세와 그의 친척들이 주네브에서 더 큰 영향력을 갖고 있는 것처럼 보이기 때문이다. 그러나 위긴의 가문 역시 어떤 방식으로든 사회적 연줄을 보전하고 있었음은 분명해 보인다. 실제로 이 사건 이후 피에르 로세는 주네브를 완전히 떠났지만, 위긴은 추방당한 뒤 1년 뒤 다시 주네브로 돌아왔고, 그 이후에도 끊임없이 컨시스토리에 소환되면서도 주네브를 생활터전으로 삼았기 때문이다. 위긴의 이후 행적에 대해서는 같은 책, 155-156.

54 위긴에 대한 소의회의 미온적인 태도를 제대로 해석하려면, 결국 주네브 엘리트 가문 사이의 관계와 상호 역동을 좀 더 구체적으로 파악할 필요가 있다. 이 부분에 대한 필자의 이해가 아직 부족함을 절감하며, 꾸준한 후속 연구로 해석의 공백을 좀 더 꼼꼼히 채워 나갈 예정이다.

4. 1555년 컨시스토리 회의록 분석

1550년 컨시스토리 회의록에 등장한 이혼 신청 사례들을 검토해 보면, 칼뱅 시대 주네브에서 '신정정치'가 구현되었다는 한때의 평가가 얼마나 과장된 것이었는지 실감할 수 있다. 칼뱅이 주네브에서 종교개혁을 본격적으로 전파한 지 9년이 흐른 1550년에도, 주네브는 신의 뜻에 어울리는 거룩하고 경건한 도시와는 거리가 멀었다. 그렇다면 칼뱅이 시도한 민중규율화는 결국 실패했던 것일까? 아니면 시간이 지날수록 칼뱅과 컨시스토리의 영향력이 점차 확대되어 이혼에 대한 인식 역시 조정되었을까? 이를 확인하기 위해 필자가 선택한 두 번째 시대는 1555년 2월 14일부터 1556년 2월 6일까지의 12개월이다.

1555년은 주네브 종교개혁의 중요한 분기점이 된 시기로, 1555년 이후 칼뱅파는 칼뱅의 반대세력을 숙청하면서 주네브 운영의 주도권을 확보하는 데 성공했다. 이러한 변화는 1552년부터 본격적으로 확산된 이민자들의 대거 유입에서부터 시작되었는데, 칼뱅은 이들을 적극적으로 받아들여 프랑스 이민자들이 주네브 시민권을 확보할 수 있도록 적극 협력했다.[55] 그러나 이런 조치는 반칼뱅파 집단의 거센 반발을 불렀다. 아미 페랭이 중심이 된 '주네브의 아이들' 집단은 이민자들이 선거권을 받으려면 최소 10년간 주네브에 거주해야 한다는 조항을 신설하

55 1550년부터 1562년까지 주네브로 망명한 사람들은 7,000명에 달했다. 1541년 칼뱅이 종교개혁을 시작할 때 주네브 인구가 10,000명 정도였음을 감안해 보면, 실로 엄청난 이민자가 주네브로 유입되었음을 알 수 있다. Carter Lindberg, *The European Reformation* (Malden: Blackwell, 2010), 251.

자고 주장하기도 했다. 그러나 이민자를 둘러싼 주네브 내부의 갈등은 칼뱅파의 일방적 승리로 끝났다. 칼뱅파는 1555년 2월 소의회 선거에서 승리했으며, 다소 즉흥적으로 일어난 5월 16일 폭동을 명분으로 삼아 '주네브의 아이들' 집단을 일소했던 것이다.[56] 최종적 승리를 거둔 칼뱅은 1555년부터 강력하게 자신의 개혁정책을 진행할 동력을 얻었고, 성찬식 금지나 파문 등 컨시스토리에 부여된 권한을 적극적으로 행사할 수 있었다. 바로 이 때문에 칼뱅 연구자들은 1555년부터 1564년까지를 '진정으로 칼뱅이 승리한 시기'라 칭하고 있다.[57]

이렇듯 1555년은 '칼뱅의 주네브' 시대의 진정한 원년이었다. 그렇다면 1555년 컨시스토리 회의록에서도 이런 변화가 감지될 수 있을까? 필자는 1555년의 이혼 사례를 조사하면서, 칼뱅파의 궁극적 승리라는 사회적 풍향의 변화가 이혼 제도의 인식과 운영에 어떤 영향을 미쳤는지 고찰해 보았다.

56 *R. Consist.*, X, xiii–xx.

57 William Monter, *Calvin's Geneva*, 신복윤 옮김, 『칼빈의 제네바』 (서울: 합신대학원 출판부, 2015).

1) 통계 분석

표 3 1555–1556년 이혼 신청 사례와 성사 여부

번호	이름	날짜	신청자	사유	결과
1	Jean Le Cour & Anne Combes	1555.3.14	아내	중혼	거부
②	Jean Chapuis & Jeanne Emienne	1555.4.16	남편	중혼	승인
③	Claud Petet & Laurence Perrissod	1555.5.28	남편	간통	승인
④	Claud Colomb & Guillauma Dupra	1555.5.2	남편	간통(남편) 가출(아내)	승인
⑤	Bertin Beney & Louise Liffort	1555.12.17	아내	간통 폭력	승인
⑥	Paquier Furmy & Anne Favet	1555.10.28	남편	간통	승인

1555년 주네브 컨시스토리에 접수된 이혼 신청은 총 6건인데, 1550년과 마찬가지로 4건은 남편이 2건은 아내가 이혼을 신청했다. 이혼 사유로는 간통이 4건, 중혼이 2건인데 사실 중혼의 경우 결혼무효의 사유이지 이혼의 사유가 아니기 때문에 1550년의 발기부전 사유처럼 정상적인 이혼이라 보기 힘들다. 또한 6건의 이혼 신청 중 5건이 승인되고 1건은 거부되었는데, 간통을 사유로 내세운 4건이 모두 승인된 것을 보면 배우자의 간통이 가장 보편적인 이혼 사유로 확고히 자리 잡았음을 확인할 수 있다. 또한 간통 때문에 이혼에 이른 4건의 사례 중 그 원인이 남편인 경우와 아내인 경우가 각각 2건으로 동일하다는 점이 눈에 띄는데, 이는 주네브에서 남성의 간통도 여성의 간통과 마찬가지로 명백한 이혼 사유로 취급되었음을 입증한다. 그러나 1555년 이혼 신청 역시 1550년과 마찬가지로 단 6건에 그쳤다는 것은, 여전히 주

네브에서 이혼이란 제도적으로나 사회적으로 쉽지 않은 선택으로 남아 있음을 보여준다.

그렇다면 컨시스토리와 소의회가 이혼 신청을 취급한 방식에는 어떤 변화가 있었는가? 〈표 4〉에 따르면 이혼에 이르게 된 부부들은 1550년의 경우와 마찬가지로 이혼 신청 1-2년 전부터 가정폭력이나 외도 문제로 컨시스토리에 소환당한 경험을 가지고 있었다. 그렇지만 1555년의 경우, 소의회가 컨시스토리 만큼이나 적극적으로 이혼에 관련된 안건에 개입하는 경향이 뚜렷해졌다. 1550년 소의회는 특별한 경우를 제외하고는 보통 3-4차례 이혼 당사자들을 소환했지만, 1555년 소의회는 적어도 4번, 많으면 11번까지 이혼문제를 안건에 올렸다. 또한 5번의 사례를 제외하면 간통혐의가 인정된 유책배우자는 남녀 구분없이 모두 일정기간 추방을 당했는데, 이는 곧 간통을 강력한 처벌이 필요한 확실한 범죄로 인식했음을 의미한다.

표 4 1555-1556년 이혼 사례를 다룬 컨시스토리/소의회의 활동

번호	이름	관련 혐의 첫 등장시기	안건 상정 횟수		유책배우자처벌 [특이사항]
			컨시스토리	소의회	
1	Jean Le Cour & Anne Combes	1555.3.14	4	0	없음
②	Jean Chapuis & Jeanne Emienne	1554.1.11	4	4	영구추방 벌금
③	Claud Petet & Laurence Perrissod	1553.5.4	6	7	1년 추방
④	Claud Colomb & Guillauma Dupra	1545.12.24	5	9	1년 추방
⑤	Bertin Beney & Louise Liffort	1553. 6.29	10	11	성찬식 금지
⑥	Paquier Furmy & Anne Favet	1555.10.4	3	5	영구추방 [2년 후 재결합]

이처럼 1550년에 비해 1555년의 주네브 컨시스토리와 소의회는 간통에 대해 보다 강경한 입장을 견지했다. 1550년 주네브에서는 아직 간통이 애매한 관습법의 영역 안에 남아 있었던 반면, 1555년 주네브에서 간통은 확실히 법적 처분의 대상으로 규정되었다. 또한 컨시스토리와 소의회 사이의 공조 역시 한층 두터워졌는데, 이는 칼뱅의 영향력이 증대했음을 보여주는 분명한 증거라 할 수 있다. 그렇다면 1555년 주네브 컨시스토리는 1550년 어느 정도 존재하던 행정상의 공백을 완전히 극복하고 철저하고 일관된 방식으로 칼뱅파의 가치관을 주입했으며, 주네브 사람은 이를 저항 없이 내면화했던 것일까? 1550년 존재하던 약간의 빈틈과 이를 통해 칼뱅의 교리를 기묘하게 뒤틀 수 있었던 일말의 가능성은 모두 사라진 것일까?

2) 사례 분석

(1) 속박으로부터의 탈출: 베르탱 베네와 루이즈 리포르의 사례

베르탱 베네(Bertin Beney)와 루이즈 리포르(Louise Liffort)의 이혼 사례는 주네브에서 종교개혁의 입지가 한층 강화되었음에도 불구하고, 여전히 약간의 빈틈이 남아 있었음을 보여주는 사례이다. 〈표 4〉에서 보이듯이, 남편 베르탱의 간통이 인정되어 이혼이 확정되었음에도 불구하고, 베르탱은 성찬식을 금지 당했을 뿐 주네브에서 추방당하는 엄한 처벌을 피해갔다. 그렇다면 베르탱의 간통이 정상 참작될 만큼 가벼운 실수에 불과했는가? 컨시스토리 기록에 따르면, 실상은 이와 전혀 달랐다.

베르탱은 약제상인 기욤과 니콜라르드 베네[58] 부부의 아들로, 기요마와 장 리포르의 딸인 루이즈 리포르와 1550년 결혼했다. 그러나 베르탱과 루이즈 부부의 관계는 시작에서부터 최악이었다. 베르탱은 방탕하고 비뚤어진 부잣집 도련님의 전형으로, 부모에게 불효하고 외도를 일삼았으며 아내에게 무자비한 폭력을 행사해 심각한 물의를 빚었다. 결국 그는 결혼 3년만인 1553년 컨시스토리에 소환되었다.

베르탱 베네

스스로 전혀 절제하지 않고 계속 아내에게 비인간적인 처신을 행하며 부모에게 순종하지 않는다고 지목되어 소환되었음. 베르탱 자신은 부모에게 순순히 복종하고 있으며, 아내에 대해서는 과거엔 문제가 있었지만 지금은 잘 해결되었다고 말함. 도박을 했다는 의혹에 대해 부정함. 그러나 결국 그는 현재 아내가 집을 떠나 친정에 가 있다고 고백함. 우선 그가 성찬식을 받을 자격이 있는지 의논해 봐야 한다고 여겨짐. 다음 목요일에 베르탱의 아내와 그의 어머니를 불러 어떤 일이 벌어졌는지 좀 더 충실히 파악할 필요가 있음. 성찬식에 대해서는 허용하기로 결정함.[59]

그러나 조사가 진척될수록 베르탱의 악행은 도를 넘는 수준임이

58 베르탕의 아버지 기욤 베네(Guillaume Beney)는 약제상으로, 소의회 임원으로 오랫동안 활동했으며, 소의회 이사로도 선출되었던 주네브 유력자였다. 그는 중도파였지만 칼뱅에 호의적 인사로 분류된다. William G. Naphy, *Calvin and the Consolidation of the Genevan Reformation* (London: Westminster John Knox Press, 1994), 175.

59 *R. Consist.*, VIII, 111-112. (1553년 6월 29일)

드러났다. 1553년 7월 10일 소의회 기록에 의하면, 베르탱은 아내를 폭행, 결박, 감금했으며, 그녀의 지참금을 자신에게 증여하라고 협박했음이 밝혀졌다.[60] 이 때문에 베르탱은 8일 간 수감되었으며, 베르탱의 아내 루이즈는 신변보호를 위해 친정에서 머물러도 좋다는 승인을 받았다.[61] 이후 베르탱과 루이즈 부부는 상당히 오랫동안 별거 상태를 유지했던 것으로 보인다. 그러나 베르탱은 이 사건 이후에도 여러 명의 여자와 간통을 했다는 혐의를 받았고, 그때마다 폭력적인 성정을 억누르지 못했다는 증언이 나오곤 했다.[62]

컨시스토리는 이들 부부의 별거가 수년간 이어지자, 1555년 다시 부부간 화해를 시도했다. 베르탱의 아버지 역시 "며느리가 돌아오기를 바란다"고 진술했지만,[63] 루이즈 리포르는 1555년 12월 17일 컨시스토리에 출두해 정식으로 이혼을 신청했다. 주목할 만한 점은, 루이즈가 이혼을 신청한 날 컨시스토리에는 베르탱과 루이즈 집안의 부모들은 물론, 주네브의 유력자들이 다수 출두하여 자신의 의견을 피력했다는 것이다. 결국 이들 부부의 이혼은 주네브 핵심 세력들 사이에 미묘한 긴장관계를 만들어 낼 정도로 민감한 문제였음을 알 수 있다.

---

60 *R. Consist.*, X, 112. n. 699.

61 루이즈 리포르의 경우는 칼뱅이 가정폭력을 이유로 부부 간 (임시) 별거를 인정한 유일한 사례라고 한다. J. Watt, "Settling quarrels and nurturing sepentance: the Consistory in Calvin' Geneva," in *Robert Kingdon and the Coming of the French War of Religion,* ed. Sara K. Barker (St. Andrews: Centre for French History and Culture, 2012), 74. http://hdl.handle.net/10023/2159 (검색일: 2017년 5월 4일)

62 *R. Consist.*, IX, 111-112, 173-174.

63 *R. Consist.*, X, 207. (1555년 10월 3일)

기욤 브누아, 장 페르네,[64] 베르탱 브누아와 그의 아내 루이즈, 장-루이 파브르, 장 리포르와 기욤 르베, 그리고 베르탱의 모친

루이즈는 잔인한 행동, 음탕함, 간통 등 여러 이유로 남편과의 이혼을 신청함. 기욤 브누아가 가장 먼저 이에 응답. 기욤은 자신의 며느리 루이즈가 [집을 떠나면서] 남편을 버렸고, 남편을 웃음거리로 만들었다고 지적함. 아들이 저지른 방탕한 행실에 대해서는 물론 잘못된 일임을 인정하지만, 이에 대한 정당한 벌을 받았기 때문에, 이를 근거로 자신을 간절히 원하는 남편과 헤어지겠다는 것은 옳지 못한 결정이라고 말함.

이에 대해 장 드 라 메종뇌브[65]가 응답함. [베르탱이] 끈질기게 무례하고 잔인한 행동을 한 것에 대해 큰 유감을 표함. 또한 청원서에 적힌 모든 [이혼 사유에 대해] 개탄을 표함. 벌어진 사실을 부정하는 것은 잘못이며, 이미 또 다른 간통 혐의도 발각되었기 때문에, 신의 영광을 위해 [루이즈에게] 자유를 찾아주는 이혼이 요청됨. [메종뇌브의 발언에 대해] 다시 베르탱의 아버지 기욤이 발언. 만일 이혼이 허용된다면, 다시금 비슷한 일이 반복되는 원인으로 작용할 것이며, [루이즈가 작성한 것 같은] 청원서를 하나 더 만드는 일에 불과할 것임.

컨시스토리의 의견: 먼저 루이즈의 의견을 물음. 루이즈가 남편과

---

64 장 페르네(Jean Pernet)는 강경한 칼뱅파로, 1555년 소의회 의원으로 선출되었다.

65 장 드 라 메종뇌브(Jean de la Maisonneuve) 역시 소의회 의원으로, 장 페르네와 마찬가지로 강경 칼뱅파다. 또한 메종뇌브 가문은 주네브에서 가장 유서 깊은 귀족가문 중 하나이기도 했다. 장 페르네와 장 드 라 메종뇌브의 소의회 진출은 1555년 칼뱅파가 주네브의 주도권을 확보하는 데 중요한 계기로 평가된다. William G. Naphy, *Calvin and the Consolidation of the Genevan Reformation,* 191.

화해할 생각이 있는지 질문. 루이즈는 남편이 자기가 한 일에 대해 뉘우치고 참회할 것이라 믿을 수 없다고 말함. 왜냐하면 자신을 학대하면서도 이를 달콤한 말로 포장했기 때문임. 컨시스토리의 모든 사람들에게 자신이 과거에 겪었던 고통으로 다시 돌아가는 것을 막아달라고 탄원함. [중략]

다른 의견: 루이즈의 청원서는 두 문제를 다루고 있음. 하나는 학대의 문제이고, 또 하나는 간통의 문제임. 학대에 대해서는 컨시스토리의 임원들이 이미 인정한 바 있고, 부모의 집으로 몸을 피하라고 말한 바 있음. 따라서 이는 이혼의 사유가 되지 못함. 따라서 다음 목요일까지 모든 회의록을 검토할 것이며, 그동안 두 사람을 재결합시키고 화해시키려고 노력해 보기를 바람.[66]

베르탱과 루이즈 부부의 이혼 신청 공방을 검토해 보면, 이혼을 신청한 쪽이나 이를 거부하는 쪽 모두 칼뱅의 결혼과 가정에 대한 해석에 기초해 자신의 입장을 변호했다는 사실을 알 수 있다. 베르탱의 아버지 기욤 베네는 며느리의 이혼 신청을 막기 위해, 부부가 함께 살 의무가 있다는 주네브 결혼조례의 원칙을 활용했다. 그는 루이즈가 아무리 별거를 허락받았다 하더라도 2년 가까이 가정을 지키지 않았음은 비난받아야 한다는 논리를 폈다. 나아가, 이혼한다면 베르탱의 문제행동이 오히려 더 늘어날 것이라 지적하며, 이혼이 올바른 해결책이 아니라고 주장했는데, 이는 되도록 이혼을 선호하지 않는 컨시스토리의 성향을 염두에 둔 발언이라 보인다. 반면, 루이즈를 변호하는 발언을 한 장 드 라 메종뇌브는 베르탱이 현재 또 다른 간통 혐의를 받고 있음을 강조했다.

66 *R. Consist.*, X, 265. (1555년 12월 17일)

베르탱의 가정폭력과 잔인함이 아무리 분명하다 해도, 이는 당시 주네브에서 이혼요건이 아니었기 때문에, 결국 이혼을 위해서는 간통에 초점을 맞춰야 한다고 판단한 것이다. 인용문의 마지막 부분에서 컨시스토리가 가정폭력이 아니라 간통의 문제에 집중하겠다는 의견을 내면서 다시금 화해를 제안한 것은 기욤 베네와 장 드 라 메종뇌브의 변호방식이 모두 일리가 있었음을 단적으로 입증하고 있다. 결국 이 공방이 벌어진 후 이틀 뒤 열린 임시회의에서, 컨시스토리는 이혼 승인 의견을 냈다.[67]

하지만 소의회는 컨시스토리의 의견에도 불구하고 지지부진하게 시간을 끌다가, 1556년 2월 27일에야 이혼을 최종적으로 승인했다. 1555년 들어 컨시스토리와 소의회가 상호 공조를 이루며 모든 사건에서 거의 같은 입장을 고수해 왔음을 고려한다면, 본 이혼사건에 대한 소의회의 소극적 태도는 특기할 만하다. 이처럼 주네브의 유력자들이 연루된 이혼의 경우 여전히 소의회는 컨시스토리보다 이혼 문제에 있어 더 유보적인 태도를 고수했다. 실제로 이혼이 승인된 이후 베르탱의 베네 가문과 루이즈의 리포르 가문 사이에 재산권 분쟁이 벌어져 네 차례의 법정공방이 진행되기도 했는데, 아마도 소의회는 이들의 이혼이 주네브 유력 가문 사이의 또 다른 갈등으로 확대될 것을 예감하고 이를 피하고자 했던 것으로 보인다.[68]

베르탱과 루이즈의 이혼 사례는 1555년 주네브에서 종교개혁을 통해 어떤 변화가 일어났으며, 또 어떤 측면은 여전히 변하지 않았는지

67 같은 책, 271. (1555년 12월 19일)

68 같은 책, 162, n. 909.

보여주는 여러 단서를 제공한다. 우선 1550년에 비해 1555년에 이르면 컨시스토리를 토대로 칼뱅의 신념을 민중에게 내면화하는 작업은 한층 진전되었다. 베르탱과 루이즈의 이혼 사례에서 나타나듯이, 주네브의 시민들은 종교개혁을 통해 도입된 결혼제도의 의미에 대해 좀 더 올바로 이해하게 되었고, 칼뱅이 강조한 엄격한 성윤리에 공감을 표하기 시작했다. 이는 칼뱅이 새로운 결혼관과 높은 수준의 도덕성이 점차 주네브에서 자리를 잡아갔음을 의미한다.[69]

그러나 동시에, 베르탱과 루이즈의 이혼 사례는 종교개혁이 도입한 제도와 정책이 주네브의 기존 사회질서를 위협할 때 상당한 저항이 발생했으며, 이를 무마하기 위한 비공식적 수단이 여전히 작동하고 있었음을 보여준다. 주네브 유력자의 아들이었던 베르탱이 수차례 간통과 폭력행위를 반복했음에도 불구하고, 컨시스토리, 특히 소의회는 되도록 이혼을 막고자 노력했다. 또한 베르탱보다 훨씬 정상참작의 여지가 있는 유책배우자들이 모두 추방당했음에도 불구하고, 그는 끝까지 성찬식 금지 이상의 제재를 받지 않았다.[70] 이처럼 종교개혁은 주네브 시민사회를 변화시키고 있었으나, 그 변화는 기존 기득권 세력과의 연대와 협력 속에서 가능했던 것이다.

그러나 무엇보다 인상적인 것은 주네브 사람들, 특히 여성들이 칼

69 주네브의 사생아 출산율을 연구한 몬터에 의하면, 실제로 1560–1570년대 주네브의 사생아 출산율은 역사상 가장 낮은 수준이었다고 한다. W. Monter, "Historiclal Demography and Religious History in Sixteenth–Century Geneva," *Journal of Interdisciplinary History*, 9(3) (1979), 414–417. Robert M. Kingdon(with Thomas A. Lambert), *Reforming Geneva: Discipline, Faith and Anger in Calvin's Geneva* (Geneva: Droz, 2012), 98에서 재인용.

70 성찬식 금지 제재 역시 1556년 12월 10일에 종료되었다.

뱅의 언어와 사상을 활용해 자신의 입장을 변호하는 법을 터득했다는 점이다. 이혼을 신청한 루이즈의 경우, 로마가톨릭교회의 결혼제도 속에서는 자신의 불행한 결혼에서 탈출할 여지가 없었다. 그러나 칼뱅이 도입한 이혼제도를 통해 루이즈는 가문의 연대 속에서 단단하게 구속된 결혼이라는 관계에서 해방될 수 있는 가능성을 발견했다. 이를 손에 넣기 위해, 루이즈는 스스로 나서기보다 유력한 인물을 내세웠고, 그를 통해 종교개혁의 교리와 원칙을 거론하는 방식을 동원, 결국 이혼에 성공할 수 있었다. 이는 일반적으로 가부장적이라 평가받는 칼뱅의 결혼관과 사고방식이 경우에 따라 가부장제를 넘어설 수 있는 대안으로 전유될 수 있음을 보여준다.

5. 이혼의 세 얼굴

결혼제도는 근본적으로 가부장제에 기초한 전통적 사회질서를 구성하고 유지하는 가장 기본적인 수단이다. 결혼은 부부 두 사람만을 이어주는 끈이 아니라 그들이 속한 가문간의 연결이며, 이를 통해 신분과 재산이 후대로 이어지는 통로가 형성된다. 이런 견지에서 볼 때, 이혼이란 결혼을 통해 확립된 수많은 연대를 파괴하고, 재혼을 통해 이를 완전히 재구성하게 만든다는 점에서 사회경제적으로 상당히 급진적이고 부담스러운 제도라 해석될 수 있다. 그러나 이혼이 반드시 가부장제에 배치되는 것만은 아니다. 오히려 가부장제에 대한 가장 큰 위협요소는 간통과 이로 인한 혼외자의 출산이라 할 수 있다. 따라서 이혼을 통해 간통을 저지른 배우자를 단죄하고, 재혼을 통해 다시 정상적인 가정을 구현할 수 있다면 이는 오히려 사회질서 유지에 순기능을 담당한다고 볼 수 있다.

칼뱅 시대 주네브에서 이혼제도가 허용된 것은 간통을 통해 더 이상 복구될 수 없을 정도로 훼손된 부부관계를 종식시키는 것은 종교적 관점에서나 사회적 관점에서 모두 바람직하다고 여겼기 때문이다. 칼뱅은 종교개혁을 통해 주네브를 신의 뜻이 구현되는 도덕적이고 질서정연한 사회로 재구성하고자 시도했고, 칼뱅이 생각하는 바람직한 질서란 근본적으로 가부장적 속성을 지녔기에, 16세기 주네브에서 이혼이란 급진적으로 보이는 외견에 비해 그다지 파격적인 제도는 아니었다. 그럼에도 불구하고 실제로 이혼이라는 상황에 직면한 당사자들, 특히 여성들은 이혼을 자신의 상황과 조건 속에서 각각 다르게 해석하고, 이를 관철시키기 위해 나름의 전략을 활용하는 모습을 보여주었다.

잔느 르카메이의 경우, 이혼을 가장 급진적으로 해석한 경우에 해당된다. 방만한 성생활에 익숙했던 잔느는 이혼을 통해 자신이 '지금' 사랑하는 사람과 공식적으로 맺어질 수 있는 가능성을 발견했다. 이는 칼뱅이 이혼제도를 도입한 목적과는 정면으로 배치되며, 실제로 간통을 이유로 이혼당한 배우자에게 재혼의 권리를 부여하는 것이 옳은가에 대한 논쟁이 벌어지기도 했다. 그러나 인간의 성욕을 자연스러운 것으로 보고 이를 결혼을 통해 해결해야 한다는 프로테스탄티즘의 근본원리를 상기해 본다면, 간통 때문에 이혼당한 이들의 재혼을 완전히 금지한다한다는 것은 곧 혼외정사의 죄를 짓도록 방치하는 행동이었다. 따라서 잔느의 이혼에 대한 해석은 역설적이게도 종교개혁 진영에서

완전히 거부하기 힘든 측면을 지니고 있었다.[71]

위긴 뒤퐁 역시 잔느만큼이나 자유분방한 생활양식을 고수했지만, 반대로 그녀는 결사적으로 이혼을 거부함으로써 자신의 취약한 사회적 지위를 보장받고자 했다. 특히 이미 아이를 출산한 위긴의 경우, 이혼은 본인은 물론 아이의 신분보장까지 위협할 수 있었다. 따라서 위긴은 투옥과 추방이라는 강력한 징계에도 불구하고 자신의 간통 혐의를 부인했으며, 증거를 중시하고 이혼을 꺼리는 소의회의 운영원리를 십분 활용해 자신과 아이를 방어하기 위한 전략을 구상했다. 위긴은 계속 증언을 바꾸는 동시에 가능한 모든 증인을 끌어들임으로써, 그녀는 무엇이 진실이고 거짓인지 선을 흐리게 만드는 데 성공했으며, 결국 이혼판결을 반려하는 데 성공했다.

루이즈 리포르는 위긴과는 반대로 이혼을 통해 자신의 안전을 확보한 경우라 할 수 있다. 그녀에게 이혼은 불행하고 심지어 위험한 일상에서 탈출할 수 있는 유일한 가능성이었다. 주네브의 핵심 기득권층이던 남편과 이혼한다는 것은 쉬운 일이 아니었고, 이들의 이혼은 곧 주네브 유력 가문 사이의 상호연대에 균열을 가져올 것이라는 우려를 샀다. 이러한 세간의 인식을 극복하고 자유를 손에 넣기 위해, 루이즈는 칼뱅파의 언어와 논리를 적극 활용하여 이혼에 성공했다. 루이즈의 사례는 보수적이고 가부장제에 근거를 둔 칼뱅의 결혼관이 때로는 가정폭력으로부터 여성들을 보호하고 잘못된 결혼으로부터 해방될 권리를 제공하는 혁신적인 가치 아래 활용될 수 있음을 보여주는 사례이다.

---

71 Kingdon, *Adultery and Divorce*, 88–90.

이혼을 새로운 기회로 해석한 잔느와 이혼만큼은 반드시 피하고 싶었던 위긴, 그리고 자신의 동원할 수 있는 모든 수단을 활용해 이혼에 성공한 루이즈의 서로 다른 선택과 결단을 통해 다음과 같은 두 가지 결론을 도출해 보고자 한다. 우선 잔느, 위긴 그리고 루이즈의 사례는 16세기 주네브에 대해, 특히 그곳에서 살았던 여성들에 대해 우리들이 부지불식간에 지니고 있는 각종 편견과 선입관을 돌아보게 만든다. 16세기 주네브에서 여성들은 남편의 폭력과 가문의 압박 속에서 고통받는 피해자이기도 했지만, 때로는 문란한 성생활로 가정의 존립을 해치는 가해자이기도 했다. 또한 당시의 여성들은 종교개혁이 진행될수록 점차 견고해지던 가부장적 사회체제 속에서 일방적으로 억압당했던 수동적 객체가 아니라, 오히려 결혼이 제공해 준 자신의 지위를 끝까지 유지하는 것이 더 중요할 때가 있다고 교활하게 판단하거나, 자신의 방탕함을 이혼이라는 새로운 제도를 통해 합리화하려고 시도하기도 했던 약삭빠르고 적극적인 행위자였음을 확인할 수 있었다. 이처럼 16세기 주네브에서 결혼과 이혼이란 가부장제라는 딱딱한 구조 속에서 박제된 제도가 아니라, 당사자들이 처한 각각의 조건에 따라 수없이 다양한 층위로 변동 가능한 복합적이고 다면적인 현상이었으며, 종교개혁 시기 주네브에 대한 고정관념을 넘어설 수 있게 만드는 생동감 있는 기회를 제공한다고 하겠다.

또한 칼뱅이 추구한 '신의 뜻에 어울리는 사회' 건설과 이를 위해 도입한 민중규율화라는 방침이 결코 하루아침에 완성되지 않았음에 주목할 필요가 있다. 한때 칼뱅의 주네브는 소위 '신정정치'라는 평가를 받을 정도로 프로테스탄트 계열 중에서도 유독 강박적일 정도로 엄격하게 종교윤리가 사회를 지배했다는 해석이 지배적이었다. 그러나 1550년과 1555년의 컨시스토리 회의록에 드러난 이혼 사례들을 검토해 보았을 때, 16세기 주네브 민중들은 여전히 칼뱅의 신념보다는 기존의 관습에 따라 살고 있었고, 일부 기득권층 역시 종교개혁적 이상을 수용하는 범위를 놓고 다양한 반항과 논쟁을 지속하고 있었던 것으로 보인다. 또한 칼뱅 역시 자신의 신념을 일방적으로 강요한다기보다, 컨시스토리와 소의회 등 다양한 제도적 절차를 통해 공정하고 무리 없이 확장될 수 있도록 다양한 노력을 경주하기도 했다.

결론적으로, 필자는 주네브 종교개혁의 민중규율화를 이론적으로만 이해할 것이 아니라, 사료를 통해 좀 더 미시적이고 세부적으로 접근할 필요가 있다고 생각한다. 또한 주네브 종교개혁의 민중규율화 과정을 통시적으로 파악하는 노력, 즉 1550년과 1555년의 기록을 이후 기록과 비교하면서 민중규율화가 진행된 방향과 강도를 시간의 흐름에 따라 살펴보는 후속 연구가 반드시 필요하다고 여겨진다. 이처럼 컨시스토리 회의록 속에 숨겨져 있는 잔느와 위긴, 그리고 루이즈를 더 많이 발견할 때, 즉 주네브 민중규율화가 지닌 다양성과 역사성을 올바로 파악할 때 16세기 주네브 종교개혁의 실체에 조금 더 다가갈 수 있을 것이다.

4장
샤를로트 아르발레스트, 전위에 서다

4장

샤를로트 아르발레스트, 전위에 서다*

1.『모르네 부인의 회고록』

신께서는 너를 항상 그의 영광을 위해 살겠다고 다짐한 아버지 아래 태어나게 하셨다. 너의 아버지는 네가 어릴 때부터 너를 그의 뜻에 따르도록 신께 바쳤으며, 그에 맞는 신앙과 교리 속에서 교육시켰고, 열렬한 기도와 특별한 관심 아래 키웠다. 그런 만큼 네가 신의 의도에 합당한 사람이 될 것이라는 믿음을 가지고 있다. 이런 너의 운명을, 신이 너를 크게 쓰기 위해 예비하신 운명을 생각해라. 네가 이 시대 최고의 사명인 교회의 재건을 위한 도구가

* 본서 4장은 필자의 박사학위 논문「프랑스 종교개혁과 위그노 여성: 샤를로트 아르발레스트를 중심으로」, 한성대학교 대학원 사학과 박사학위 논문 (2012)의 내용을 축약, 발췌하여 새롭게 재구성하였다.

> 되었다고 생각해라. 이 목표를 달성할 수 있도록 항상 너의 정신을 가다듬어라. (중략) 너는 아직 젊다. 내 아들아. 젊은 시절에는 온갖 다양한 환상이 눈앞에 아른거리게 마련이다. 그러나 항상 시편에서 뭐라고 했는지를 기억해라. "젊은이여, 어디에서 길을 물어야 할까? 맞다. 다름 아닌 구세주, 그의 말씀을 따라가야 한다." 너를 좌우로 마구 휘두르고자 하는 사람들만 주변에 가득하다면, 스스로 이렇게 말해 보거라. "나는 오직 신의 법을 따르는 이들과 친분을 맺을 것입니다. 구세주여, 당신의 법만이 나의 조언자가 되어 줄 것입니다." 그러나 여전히 너를 지도해 줄 사람이 아무도 보이지 않을 때를 대비하여, 나는 너에게 주기 위해 그리고 항상 너와 함께 하기 위해 직접 내 손으로 쓴 지침서를 준비했다. 이 책은 네 아버지의 사례를 담은 것이고, 나는 너에게 이 책을 항상 네 곁에 둘 것을 간청한다. 그를 닮기 위해서 말이다.[1]

여기 한 여성이 있다. 그는 프로테스탄트로의 개종이 죽음을 의미하던 시대 과감히 새로운 신앙을 선택했고, 학살의 위협을 홀몸으로 헤치고 나왔으며, 이후 같은 신념을 가진 남성과 만나 가정을 꾸리고 자신의 자식들을 개혁파 대의에 따라 살도록 교육시켰다. 이후 이 여성은 자신의 아들이 남편과 같은 삶을 살기를 바라며 남편의 일대기를 글로 써서 아들에게 남기는데, 남편의 일생과 행적을 기록한 이 회고록은 이 여성이 선택한 새로운 삶이 무엇이었으며 그가 만든 가정이 얼마나 특별한 장소였는지 보여주는 중요한 기록으로 남게 된다. 이 여성의 이름

1 Madame de Mornay, *Mémoires de Madame de Mornay, édition revue sur les manuscrits, publie avec les variantes et accompagnée de lettres inédites de M. et Mme du Plessis Mornay et de leur enfants,* ed. Henriette de Witt (Paris: Chez Mme Ve Jules Renouard, 1868-1869), 2-3.

은 샤를로트 아르발레스트. 프랑스 종교개혁과 내전을 다루는 어떤 역사책에서도 거의 만날 수 없는 이름이지만, 그녀야말로 종교개혁이라는 거대한 파도를 온몸으로 타고 넘어 새로운 인생을 개척한, 그렇지만 그다지 알려지지 않은 수많은 16세기 여성의 대표가 될 만한 사람이다.

주네브 종교개혁 시기 칼뱅이 의도한 이상적인 가정이란 남편은 가부장의 자리를 지키고 아내는 가부장에게 순종하며 가장의 지시에 따라 아이들에게 새로운 신앙을 지도하는 장소여야 했다. 따라서 다수의 역사학자들은 칼뱅이 기존의 로마가톨릭교회 전통을 거부하는 혁신적 사상가였음에도 불구하고 여성이나 가정문제에 있어서는 기존의 가부장제 원칙을 그대로 고수하는 보수적 속성의 개혁자였다고 평가했다.[2] 그러나 종교개혁 시기 칼뱅파로 개종했던 여성들이 모두 이런 칼뱅의 교리를 순순히 받아들였던 것은 아니다. 종교개혁에 동참한다는 것이 그저 위계질서에 복종하는 수동적인 여성으로 살아가는 것 이상을 요구하는 경우도 많았기 때문이다. 독일이나 스위스 등 교권과 정치권이 결탁해 종교개혁이 진행된 지역의 여성이라면 제도화된 교회 속에서 목회자와 가장의 주장에 순순히 복종하는 것이 올바른 프로테스탄트의 삶이라고 믿고 살 수 있었을지도 모른다. 하지만 프로테스탄티즘이 공식적으로 금지되었던 곳에서 종교개혁의 가르침을 접한 여성들은 자신의 삶을 통째로 뒤바꾸겠다는 각오를 지녀야만 비로소 개종할 수 있었다. 이런 경우 종교개혁은 여성에게 지금까지 자신이

2 John Witte Jr. and Robert M. Kingdon, *Sex, Marriage and Family in John Calvin's Geneva: Courtship, Engagement and Marriage* 1 (Grand Rapid and Cambridge: William B. Eerdmans Publishing Company, 2005), 67–68.

속해 있던 가정과 사회의 기본 질서를 넘어서는 결단력과 행동력을 요구하게 된다.

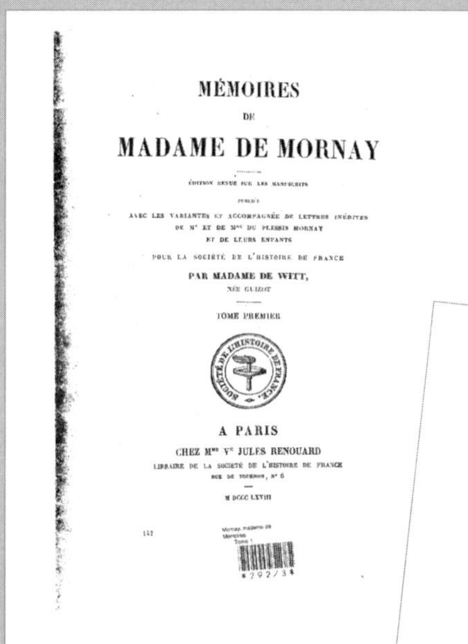

MÉMOIRES

DE

MADAME DE MORNAY

ÉDITION REVUE SUR LES MANUSCRITS

PUBLIÉE

AVEC LES VARIANTES ET ACCOMPAGNÉE DE LETTRES INÉDITES
DE M. ET DE Mme DU PLESSIS MORNAY
ET DE LEURS ENFANTS

POUR LA SOCIÉTÉ DE L'HISTOIRE DE FRANCE

PAR MADAME DE WITT,
NÉE GUIZOT

TOME PREMIER

A PARIS

CHEZ Mme Ve JULES RENOUARD
LIBRAIRE DE LA SOCIÉTÉ DE L'HISTOIRE DE FRANCE
RUE DE TOURNON, N° 6

M DCCC LXVIII

그림 4 모르네 부인의 회고록 표지
출처: http://gallica.bnf.fr/ark:/12148/bpt6k292739/f1.image

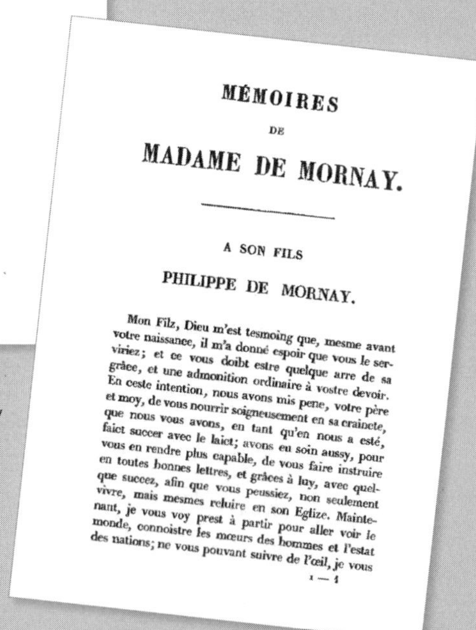

MÉMOIRES

DE

MADAME DE MORNAY.

A SON FILS

PHILIPPE DE MORNAY.

Mon Filz, Dieu m'est tesmoing que, mesme avant votre naissance, il m'a donné espoir que vous le serviriez; et ce vous doibt estre quelque arre de sa grâce, et une admonition ordinaire à vostre devoir. En ceste intention, nous avons mis pene, votre père et moy, de vous nourrir soigneusement en sa craincte, que nous vous avons, en tant qu'en nous a esté, faict succer avec le laict; avons eu soin aussy, pour vous en rendre plus capable, de vous faire instruire en toutes bonnes lettres, et grâces à luy, avec quelque succez, afin que vous peussiez, non seulement vivre, mais mesmes reluire en son Eglize. Maintenant, je vous voy prest à partir pour aller voir le monde, connoistre les mœurs des hommes et l'estat des nations; ne vous pouvant suivre de l'œil, je vous

1 — 1

그림 5 모르네 부인의 회고록 내용
출처: https://fr.wikisource.org/wiki/Page:Madame_de_Mornay_-_Memoires_-_tome_1.djvu/16

종교개혁의 결과 내전과 학살이라는 참담한 역사적 경험까지 치러야 했던 프랑스 종교개혁[3]의 경우가 바로 이러했다. 16세기 당시 유럽 어느 지역보다도 국가의 통제력이 강했던 프랑스는 '가톨릭의 장자'라는 별칭답게 종교개혁에 대해 적대적인 태도를 취했고, 특히 국가권력의 중심지인 파리에서는 프로테스탄티즘을 종교적 이단일 뿐 아니라 왕권에 대한 도전으로 여겨 극심한 박해를 가했다. 하지만 국가적 탄압 속에서도 파리에서는 칼뱅파 신앙을 받아들인 위그노 공동체가 비밀리에 조직, 운영되고 있었다.[4] 파리에서, 그것도 여성이 이 공동체의 일원이 된다는 것은 가족 내부의 갈등과 사회적 압박은 물론 목숨까지 걸어야 할 정도로 극단적인 결단을 요구하는 행동이었다. 종교개혁가들이 이상적으로 본 수동적 여성은 결코 지닐 수 없는 행동력과 결단력이 없다면 위그노 신자가 될 수 없는 상황, 즉 프랑스 종교개혁과 여성 사이에는 쉽게 해소될 수 없는 이율배반적 상황이 존재하고 있었다. 필자는 이 상황을 종교개혁과 여성 간의 '역설(paradox)'이라 규정하고자 한다.

---

3 16세기 프랑스사를 연구하는 학자들은 오랫동안 프랑스에 대문자 R로 시작하는 종교개혁(Reformation, Réforme)이 존재했는가에 대해 논쟁을 벌였고, 이는 종종 정파적 관점에 따라 무시되거나 미화되어왔다. 본 논문에서는 '프랑스 종교개혁'을 16세기 중반 프랑스에 칼뱅파 사상이 도입된 이후 칼뱅파 교회가 건설되고 위그노 공동체가 형성된 일련의 역사적 흐름을 규정하는 용어로 사용할 것이다. 또한 '프랑스 종교전쟁(French wars of religion, les guerres de religion)'이란 용어는 프랑스에서 1562년 촉발되어 짧게는 1593년, 길게는 1629년까지 반복된 가톨릭 세력과 위그노 진영과의 내전을 총칭하는 용어로 사용할 것이다.

4 프랑스의 칼뱅파를 '위그노(huguenot)'라고 부르는데, 이들의 성장과 확산, 위기와 좌절은 독특한 역사적 맥락을 지니고 있다. 프랑스 위그노의 역사적 변천에 대해서는 다음을 참조하라. 박효근, 「위그노의 꿈과 좌절」, 백인호, 이재원 책임편집, 『전쟁과 프랑스 사회의 변동』(서울: 홍문각, 2017), 87-121.

전술한 샤를로트 아르발레스트는 프랑스 위그노 여성들이 이러한 '역설'에 어떻게 대응하였는지 보여주는 가장 적나라한 사례라 할 수 있다. 그녀는 무엇보다도 '위그노의 교황(pape des huguenots)'이라는 별칭을 지닌 필리프 뒤플레시스 모르네의 부인으로 알려져 있다.[5] 유명한 남편 필리프 뒤플레시스 모르네에 비해, 샤를로트 아르발레스트는 별다른 공적인 활동을 하지 않았고, 어떻게 보면 조용히 남편을 내조한 전형적인 16세기 여성으로 보일 수도 있다. 그러나 언뜻 평범하게 보이는 샤를로트 아르발레스트는 프랑스 종교개혁 연구자들의 주목을 받고 있는데, 이는 그녀가 작성한 『모르네 부인의 회고록』(*Mémoires de Madame de Mornay*)[6] 때문이다.

---

5 필리프 뒤플레시스 모르네(Philippe Duplessis–Mornay, 1549–1623)는 프랑스 종교개혁의 정신을 구현하기 위해 정치적, 외교적, 사상적 차원에서 전방위 활동을 펼쳤던 인물로, 후에 앙리 4세가 된 앙리 드 나바르의 측근이자, 친구이며 멘토이기도 했다. 또한 모르네는 최근 연구결과에 의해 모나르코마크(monarchomaques) 계열의 대표적 저작인 『반폭군론』(*Vindiciae contra tyrannos,* 1579)의 저자로 강력히 거론되고 있는데, 이를 비롯해 출간 당시 큰 파장을 불러일으킨 『성체성사에 관하여』(*Traité de l'Eucharistе,* 1598) 등 논쟁적 글쓰기를 통해 위그노적 대의명분을 강력하게 천명한 사상가로도 이름이 높다. '모나르코마크'에 대한 연구로는 임승휘, 「프랑스 신교도 모나르코마크 (Monarchomaques)의 정치이론 (1572–1584)」, 『프랑스사 연구』, 15 (2006), 5–28. 그리고 반폭군론에 대한 연구는 Hugues Daussy, *Les huguenots et le roi: le combat politique de Philippe Duplessis-Mornay (1572-1600)* (Genève: Droz, 2002), 229–257.

6 『모르네 부인의 회고록』은 세간의 주목을 받지 못하고 필사본 상태로 남아 있다가, 19세기에 들어서야 정식으로 출판되었다. 가장 먼저 출간된 『모르네 부인의 회고록』은 모르네의 편지와 저작을 총망라한 열두 권 전집의 첫 권에 해당된다. Philippe Duplessis–Mornay, *Mémoires et correspondance de Duplessis-Mornay, histoire de la réformation et des guerres civiles et religieuse en France, sous les règnes de Chrles IX, de Henri III, de Henri IV et de Louis XIII, depuis l'an 1571 jusqu'en 1623,* eds. Pierre René Auguis and Armand–Désiré La Fontenelle, 12 vols. (Paris: Crapelet–Chez treuttel et wurtz, 1824). (이하 *Mémoires_1824*로 표기). 두 번째 편집본은 1868년

『모르네 부인의 회고록』은 1584년부터 1605년까지 21년에 걸쳐 작성된 기록인데, 필사본 분량은 2절판(in-folio) 206장 정도로 비교적 짧은 편이다. 『모르네 부인의 회고록』은 본 글 처음에 인용했던 것처럼 아들에게 회고록을 헌정한다는 서문 격의 편지로 시작하는데, 여기서 아르발레스트는 아들이 아버지처럼 세상을 살아갈 수 있도록 인도하기 위한 일종의 지침서로 이 글을 썼다고 밝히고 있다.[7] 그런데 아르발레스트에게 중요한 것은 남편인 필리프 뒤플레시스 모르네의 세속적 성공과 실패 여부가 아니라 모르네가 개혁신앙의 성장과 발전이라는 종교적 사명에 얼마나 투철하게 매진했는가 하는 점이었다. 결과적으로 아르발레스트의 회고록은 모르네의 생애와 활동을 위그노 세력의 운명과 결부시켜 해석하고 있으며, 모르네가 프랑스에서 개혁신앙의 정착과 확대에 얼마나 중요한 역할을 했는지 입증하고 이를 옹호하고자 하는 목적 아래 기술되었다.

에서 69년에 걸쳐 두 권으로 출판되었는데, 1권은 회고록의 내용을, 2권은 회고록 뒷부분과 모르네의 서간문 등을 수록하고 있다. 편집자는 앙리에트 드 위트(Mme de Henriette de Witt)로, 그녀는 유명한 프랑스 정치가이자 역사가이며 프로테스탄트였던 프랑수아 기조(Francois Guizot)의 딸이기도 하다. Madame de Mornay, *Mémoires de Madame de Mornay, édition revue sur les manuscrits, publie avec les variantes et accompagnée de lettres inédites de M. et Mme du Plessis Mornay et de leur enfants,* ed. Henriette de Witt (Paris: Chez Mme Ve Jules Renouard, 1868–1869). (이하 *Mémoires_1868-1869*로 표기). 세 번째이자 마지막 편집본은 자세한 해설과 함께 2010년에 출간되었다. Charlotte Duplessis–Mornay, *Les Mémoires de Madame de Mornay,* ed. Nadine Kuperty–Tsur (Paris: Honoré Champion, 2010) (이하 *Mémoires_2010*로 표기).

7 Charlotte Arbaleste, "Lettre dédicatoire de Charlotte Duplessis–Mornay à son fils Philippe," *Mémoires_1868-1869*, 3.

표 5 『모르네 부인의 회고록』 전체 구성

<table>
<tr><td colspan="2" rowspan="4">도입</td><td>1549</td><td colspan="2">필리프 뒤플레시스 모르네의 출생과 가문 소개</td></tr>
<tr><td>1549-1567</td><td colspan="2">개종과정과 교육 배경</td></tr>
<tr><td>1568-1572</td><td colspan="2">여행(주네브, 독일, 이탈리아, 플랑드르)</td></tr>
<tr><td>1572-1574</td><td colspan="2">생 바르텔르미 대학살 아르발레스트의 개인사</td></tr>
<tr><td rowspan="17">전개</td><td rowspan="11">성공담</td><td>1574-1576</td><td colspan="2">모르네와 아르발레스트 만남과 결혼</td></tr>
<tr><td rowspan="5">1576-1584</td><td>1576</td><td>앙리 드 나바르의 측근이 됨</td></tr>
<tr><td>1577</td><td>영국 외교사절 파견</td></tr>
<tr><td>1578</td><td>플랑드르 외교사절 파견</td></tr>
<tr><td>1582</td><td>전국 시노드 참가</td></tr>
<tr><td>1584</td><td>나바르 재무총관 임명</td></tr>
<tr><td rowspan="5">1585-1592</td><td>1585</td><td>리그 전쟁 발발</td></tr>
<tr><td>1587</td><td>쿠트라 전투(Bataille de Coutras)</td></tr>
<tr><td>1588</td><td>소뮈르 총독에 임명</td></tr>
<tr><td>1589</td><td>앙리 3세의 죽음, 앙리 드 나바르의
왕위계승 논쟁 심화</td></tr>
<tr><td>1590-1592</td><td>각종 외교 업무</td></tr>
<tr><td rowspan="6">고난기</td><td rowspan="3">1593-1599</td><td>1593</td><td>앙리 드 나바르의 개종
개종에 대한 앙리 드 나바르의 변명</td></tr>
<tr><td>1594-1598</td><td>가톨릭 세력 및 위그노 세력에 대한
외교 교섭 및 설득 작업</td></tr>
<tr><td>1598</td><td>낭트 칙령 반포
『성체성사에 관하여』 출간</td></tr>
<tr><td rowspan="3">1600-1605</td><td>1600</td><td>퐁텐블로 논쟁</td></tr>
<tr><td>1601-1604</td><td>모르네의 정치적 실각, 집필 활동</td></tr>
<tr><td>1605</td><td>부이옹 공작의 반역사건으로
앙리 4세가 모르네에게 도움 요청.
정치적 복권 가능성.</td></tr>
<tr><td colspan="2">종결</td><td>1606</td><td>1606</td><td>아들 필리프의 죽음.
모르네 부부의 회한과 극복</td></tr>
</table>

회고록의 서문과 도입부를 통해 회고록의 집필 목적에 대해 밝힌 뒤, 아르발레스트는 회고록의 주인공인 필리프 뒤플레시스 모르네의 생애와 활동을 시대 순으로 자세히 기록해 나갔다. 『모르네 부인의 회고록』의 구성은 모르네의 출생, 유년시절과 교육배경, 개종절차 등을 다룬 도입부, 아르발레스트와 결혼 이후 앙리 드 나바르의 측근으로 활동하며 프랑스 종교전쟁에서 핵심적 역할을 담당했던 모르네의 성공담, 그리고 주군이던 앙리 드 나바르가 가톨릭으로 개종한 뒤 모르네가 정치적으로 실각, 고난과 좌절을 겪게 된 비극을 설명한 뒤, 회고록을 헌정했던 아들의 죽음을 계기로 글을 마무리하게 된다. 이런 구성은 16세기 회고록이 지닌 전형적 서술방식이라 할 수 있다.[8]

그런데 여기서 한 가지 의문이 든다. 아르발레스트의 회고록은 전술한 것처럼 위그노적 세계관에 근거해 남편의 일대기를 아들에게 들려주기 위한 내용으로 구성되어 있다. 이런 기록 속에서 어떻게 아르발레스트 본인의 목소리를 확인할 것인가? 필자는 아르발레스트가 남편을 소재로 내세운 이유는 당시 칼뱅파에서 여성의 글쓰기를 금기시했기 때문에 이를 우회하기 위한 일종의 전략이라고 생각한다.[9] 칼뱅파

8 Nadine Kuperty−Tsur, *Se dire à la Renaissance. Les Mémoires au XVIe siècle* (Paris: Vrin, 1997), 9−11.

9 칼뱅파는 문학적 표현이나 상상력에 대해 엄격한 기준을 지니고 있었고, 오로지 신의 뜻을 구현하기 위한 글쓰기 작업만을 종교적으로 타당하다고 여기는 전통을 고수해 왔다. 예를 들어 대표적인 위그노 작가인 아그리파 도비네(Agrippa d'Aubigné, 1552−1630)는 자신의 딸에게 편지를 쓰면서 "여성이 자신의 남편을 상대로 논쟁하는 것은 너무나 끔찍한 일"이고, 여성의 지식은 결국 "마음을 부풀게 해서 가사 일을 싫어하게 만들고, 배우지 못한 남편을 얕보는 오만함을 키우는 바람에 가정 내에서 갈등과 부조화만 자라게 할 뿐"이라고 지적했다. Catharine Randall, "Shouting Down Abraham: How Sixteenth Century Huguenot Women

사상가들은 여성이 지적인 탐구를 하거나 자신의 주장을 피력하고 글을 쓰는 일 등은 그녀들에게 주어진 소명, 즉 가정에서 어머니와 아내의 역할을 수행하는 데 있어 방해가 될 뿐이라고 여겼다. 하지만 아르발레스트는 남편을 지지하고 가정을 돌본다는 여성의 소명을 글쓰기의 영역으로 끌어들였다. 즉 회고록의 소재로 자신이 아니라 남편을 내세웠고, 회고록 집필의 목적을 개인적 명예가 아니라 자신의 아들에게 인생의 지침을 내려 주기 위한 것이라고 설정했던 것이다. 따라서 아르발레스트는 칼뱅파의 비판을 넘어 여성의 글쓰기 행위를 신의 소명에 부합하는 행동으로 만들 수 있었다. 이런 차원에서 아르발레스트의 회고록은 위그노 여성들이 종교개혁이라는 공간 내부에서 가정을 매개로 자신의 언어를 활용하는 법을 발견해 낸 사례라 평가할 수 있다.

실제로 아르발레스트는 남편의 행적을 기술하는 회고록 곳곳에 자신의 목소리를 심어 놓았다. 아르발레스트 회고록에는 앙리 드 나바르나 그를 둘러싼 권력자들의 결정을 직설적으로 비판하거나, 모르네의 행동과 선택이 프랑스 정치상황과 위그노 공동체의 운명에 어떤 의미를 지니는지 넓은 시각에서 분석하는 역량을 보여주기도 했다. 즉 아르발레스트에게 남편 모르네의 공적 활동이란 개인의 영광을 위한 것이 아니라 신의 뜻에 따른 것이었고, 따라서 남편 혼자만의 작업이 아니라 자신도 당연히 동참해야 하는 소명에 해당했다. 결과적으로, 프랑스 종교개혁이라는 역사적 상황은 아르발레스트를 능동적으로 삶에 투신하게 만들었고 그 결과 그녀의 삶의 터전이었던 가정

Found Their Voice," *Renaissance Quarterly* 50(2) (1997), 420–424.

은 어떤 신학적 담론에서도 찾아보기 힘든 새로운 장소로 탈바꿈하게 되었던 것이다.

본 글에서는 샤를로트 아르발레스트의 회고록과 편지를 기반으로, 프랑스 종교개혁을 통해 자신의 가정을 종교개혁과 전쟁을 헤쳐 나가는 하나의 '전위부대'로 조직한 아르발레스트의 일대기를 추적해 보도록 하겠다. 이를 위해 먼저 아르발레스트가 위그노로서 종교적 정체성을 형성한 결정적 계기가 된 생 바르텔르미 대학살 경험을 집중적으로 분석하고, 나아가 아르발레스트와 모르네가 만든 가정이 프랑스 종교전쟁 속에서 담당한 각별한 역할에 대해 고찰하며, 마지막으로 퐁텐블로 논쟁(1600)이라는 역사적 사건 속에서 아르발레스트와 모르네 부부의 공조와 협업이 어떻게 기능했는지를 구체적으로 살펴볼 것이다. 이를 통해 아르발레스트라는 한 여성이 종교개혁과 통하며 겪은 평범하지만 각별한 경험의 의미를 되새겨 보고자 한다.

2. 생 바르텔르미 대학살과 위그노 정체성의 형성

샤를로트 아르발레스트는 1550년 파리의 중간귀족 가문에서 태어났다.[10] 샤를로트가 태어난 1550년은 위그노에 대한 프랑스 왕권의 탄

10 아르발레스트 가문은 파리의 중간귀족(seconde nobless)으로, 아버지 기 아르발레스트(Guy Arbaleste)는 믈룅(Melun)의 자작이자 라 보르드(la Borde)의 영주로, 파리 회계법원(chambre des comptes)의 법정장(président)을 역임한 경력을 지니고

압이 본격화, 제도화되는 시점이었기 때문에, 당시 파리 한복판에서 위그노로 개종한다는 것은 필연적으로 목숨의 위협이 따르는 위험한 선택일 수밖에 없었다. 수많은 번민을 통해 개종을 선택한 아버지의 영향 아래 샤를로트는 위그노로 개종했는데,[11] 그녀의 신앙이 본격적 시험대에 오른 사건은 다름 아닌 1572년 생 바르텔르미 대학살이었다. 프랑스 역사상 가장 잔혹한 사건 중 하나로 꼽히는 이 대학살을 통해 아르발레스트는 단순히 아버지의 종교적 성향을 물려받는 것을 넘어서 강경하고 중심 잡힌 위그노 정체성을 확보하게 된다.

당시 첫 남편의 사망으로 과부가 된 후 세 살 난 딸을 혼자 키우고 있던 아르발레스트는 당시 아버지의 사망에 따른 유산상속을 위해 파리에 머물고 있었다. 1572년 8월 24일 아침, 파리에 대학살이 일어났다는 사실을 알게 됐을 때 아르발레스트가 제일 처음 느낀 감정은 바로 '공포'였다. 아르발레스트는 하녀를 통해 "사방에서 사람들이 죽고 있다"는 소식을 접했고, 이후 자신의 외삼촌이자 위그노 신도였던 에스프륀(seigneur d'Esprune)이 사망했다는 사실을 알게 되었다. 공포에 질린 아르발레스트는 어린 딸과 함께 가까운 친적인 페루즈(M. de Perreuze)의 집으로 피신했다. 아르발레스트는 친척집 저택 천정 위 다락방에 숨어 "거리에서 사람들이 학살당하며 울부짖는 소리"를 듣고 겁에 질렸

있었다. 어머니 마들렌 슈발리에(Madeleine Chevalier)는 에스프륀(Esprunes)과 비노(Vignaux)에 영지를 지니고 있던 귀족의 후손이다.

11 아르발레스트의 회고록에는 정작 샤를로트 본인의 개종 시기와 동기에 대한 구체적 서술이 누락되어 아쉬움이 크다. 하지만 샤를로트의 아버지 기 아르발레스트와 샤를로트의 첫 남편 장 드 파(Jean de Pas)의 개종과정은 자세히 묘사되어 있다.

고, "학살자들의 손에 떨어진다면 나도 내 딸도 살아남지 못할 것"이라는 공포를 느꼈다.[12]

그림 6 생 바르텔르미 학살을 그린 삽화. 오른쪽 위 침실에서 습격받은 사람이 바로 위그노 지도자 콜리니이다. 콜리니를 암살한 이들은 그의 시체를 숙소 방 창문 아래로 던졌다고 전해진다. 콜리니의 암살은 이후 생 바르텔르미 학살의 전조가 된다.

출처: https://commons.wikimedia.org/wiki/File:Assassinat_de_Coligny_et_massacre_de_la_Saint-Barth%C3%A9lemy.jpg

학살이 진행되면서 아르발레스트는 두려움을 넘어서 극심한 소외감에 시달리게 되었다. 학살이 생각 이상으로 길어지자,[13] 아르발레스

12 *Mémoires_1868-1869*, 62.

13 학살이 시작된 후 열흘 동안 아르발레스트는 페루즈의 집을 비롯, 어머니의 하녀와 결혼한 대장장이의 집, 어머니의 친구였던 탕보노 부인(Mlle de Tambonneau)의 집, 그리고 탕보노 부인의 하인이자 잡곡상을 하던 사람의 집을 찾아다니며 하루하루 불안한 나날을 보냈다. 같은 책, 62-64.

트의 어머니이자 가톨릭 교도였던 마들렌 슈발리에는 아르발레스트의 형제들에게 가톨릭으로 다시 개종할 것을 권유했고, 샤를로트를 제외한 모든 형제들은 결국 모두 가톨릭 신앙으로 돌아가고 말았다. 이런 상황에서 오직 샤를로트 아르발레스트만 위그노 신앙을 포기하지 않았다. 오히려 아르발레스트는 "미래에 무엇이 어떻게 되든 차라리 파리를 떠나겠다"고 결심했고, 학살이 일어난 뒤 십일일째 되던 9월 4일, 아르발레스트는 어린 딸을 어머니에게 맡긴 후 하녀로 변장하고 세느 강을 통해 파리를 탈출했다.[14]

"살아있기보다는 죽은 것 같은"[15] 얼굴로 자신을 설득하던 어머니, 가톨릭교도로 되돌아간 형제들, 세 살밖에 되지 않은 어린 딸 등을 모두 버리고 오직 종교적 신념을 지키기 위해 홀로 파리를 탈출한 아르발레스트의 모습은 생 바르텔르미 학살을 겪고도 믿음을 저버리지 않았던 일부 위그노들이 지닌 용기와 결단력을 보여주는 표상이라 할 수 있다. 이처럼 아르발레스트는 생 바르텔르미 학살 경험을 통해 흔들리지 않는 위그노 정체성과 이를 실천하겠다는 강경한 의지를 키웠고, 이를 통해 가족과 헤어진다는 소외감과 고독을 이겨낼 수 있었다.

아르발레스트는 파리를 탈출하다가 생 바르텔르미 학살 경험 중 가장 큰 위기를 만났다. 아르발레스트가 탄 배가 군인들의 불심검문에 걸렸고, 군인들은 신분증이 없었던 아르발레스트를 위그노로 의심하며 익사시키겠다고 위협했던 것이다. 아르발레스트는 근처에 사는 지인이 자신의 신분을 확인해 줄 것이라 군인들을 설득했고, 결국 군인들의 손

14 *Mémoires_1868-1869*, 64.; *Mémoires_2010*, 111.

15 *Mémoires_1868-1869*, 63.

에 이끌려 외할머니의 친구인 부아즈농(M. Voysenon)의 집을 방문하게 되었다.

> 나를 알아 본 부아즈농 부인은 무척 놀랐다. 나는 부인에게 "하나님이 부인을 보내 내 목숨을 살려주도록 만든 것 같다. 부인의 도움이 없다면 난 죽은 것과 마찬가지다"라고 말하며 간청했다. 부아즈농 부인은 군인들에게 내 외할머니 이야기를 하며 그 집안은 훌륭한 가톨릭이며 내 삼촌도 주교라고 변명했다. 하지만 군인들은 친척들이 문제가 아니라 저 여자도 가톨릭 신도냐고 재차 물었다. 부아즈농 부인은 과거엔 저 여자도 분명히 가톨릭이었지만 지금은 모르겠다고 둘러댔다. 한 시간 정도 실랑이를 한 후, 군인들은 나를 보며 "저 여자가 파랗게 질려 있는 걸 보니 꼭 위그노 같은데 물에다 던져버리자"고 말했다. 하지만 부아즈농 부인은 "나는 위그노가 아니지만 요즘 며칠 동안 너무 무서워서 계속 떨고 있다"고 달랬다. 군인 중 하나가 그 말을 듣고 "자신도 요즘 힘들다"며 나를 배로 다시 돌려보내 주었다. 군인들은 나에게 "네가 남자였다면 이렇게 쉽게 풀어주지 않았을 것"이라고 경고했다. 배로 돌아온 뒤에 나는 내가 자리를 비운 동안 다른 군인들이 찾아와 사람들의 짐을 뒤졌다는 걸 알게 되었다. 만일 내가 배에 있었다면 나는 살아남지 못했을 것이다.[16]

이처럼 아르발레스트는 자신을 죽이려던 군인의 심경 변화 때문에 간신히 목숨을 구했으며 자신이 군인들에게 끌려가지 않았다면 오히려 더 위험한 상황에 처할 수 있었음을 알게 되었다. 이처럼 아르발레

16 *Mémoires_1868-1869*, 66. ; *Mémoires_2010*, 112.

스트는 논리적으로 설명할 수 없는 우연의 일치 때문에 살아남았고, 그녀는 이를 신의 은총이 임한 결과라 해석했다. 아르발레스트의 생 바르텔르미 학살 경험을 연구한 크루제(Denis Crouzet)는 이 에피소드야말로 아르발레스트가 "가장 큰 시험에 들어 미래에 대한 불안감이 커졌을 때 굳건한 신앙을 정립"한 계기가 되었으며, "신비로운 은총의 힘"을 경험한 순간이었다고 분석했다.[17]

가까스로 목숨을 건진 아르발레스트는 이후 파리에서 자신을 도와준 탕보노 부인의 하녀 행세를 하며 정처 없는 여정을 이어갔다. 아르발레스트는 이브리(Ivry), 외할머니의 본가인 에스푸뤼, 아르발레스트 가문의 영지인 라 보르드 등을 찾아갔지만 어느 곳에서도 오래 머물 수 없었다. 아르발레스트는 회고록에서 "라 보르드에 도착한 후 일요일이 되자 [오빠는] 집으로 신부를 보내 나를 개종시키려 했고 나는 이에 반항하며 많이 울었다"며 착잡한 심경을 밝히기도 했다.[18] 결국 아르발레스트는 마지막 정착지로 스당(Sedan)[19]을 선택했다. 아르발레스트가 파

17 Denis Crouzet, *La nuit de la Saint-Barthélemy: un rêve perdu de la Renaissance* (Paris: Fayard, 1994), 76-77.

18 *Mémoires_1868-1869*, 70.

19 스당은 당시 프랑스령이 아니라 독립된 공국(principauté)이었는데, 스당의 제후였던 앙리 로베르 드 라 마르크(Henri Robert de la Marck)와 그의 아내 프랑수아즈 드 부르봉-방돔(Françoise de Bourbon-Vendôme)은 1562년부터 프로테스탄트로 개종하고 1563년 위그노 신앙과 예배를 스당에서 공식적으로 허용했다. 1562년 바시 학살 이후 종교전쟁이 일어나자, 스당은 프랑스 위그노의 대표적 피난처 역할을 담당하게 된다. 이후 앙리 로베르를 계승한 앙리 드 라 투르 도베르쥬(Henri de La Tour d'Auvergne)는 계속해서 프랑스 위그노의 핵심으로 활동했고 필리프 뒤플레시스 모르네와도 친교가 깊었다. 스당은 이후 앙리 드 라 투르의 아들 프레드릭 모리스(Frédéric Maurice de La Tour d'Auvergne)의 통치 시기까지 프랑스 왕실과 계속 대립했지만 1642년에 프랑스령으로 편입되었다.

란만장한 여정을 마무리하고 스당에 도착한 때는 11월 1일, 파리의 학살에서 몸을 피한 지 두 달여 만의 일이었다.[20]

생 바르텔르미 학살과 그 이후 두 달여의 방황은 아르발레스트에게 공포와 불안을 극복하고 신의 은총을 체험하는 계기가 되었으며, 프랑스에서 개혁신앙을 지키기 위해서는 강인한 결단력이 필요하며 이를 행동에 옮기는 데 주저함이 없어야 한다는 사실을 직접 체득하게 되었다. 아르발레스트는 회고록에서 생 바르텔르미 학살 경험에 대해 "이런 수많은 고난의 와중에도, 우리는 하나님의 굳건한 의지가 우리를 지켜주고 있음을 깨닫게 되고, 모든 인간적 희망이 스러질 때에도 하나님은 우리 곁에 있음을 느끼게 된다"고 술회했다.[21] 이처럼 생 바르텔르미 학살의 경험은 아르발레스트에게 공포와 두려움만을 남긴 것이 아니라, "신을 섬기겠다는 열정"을 공고히 하고 이를 위해 어떤 행동도 불사하겠다는 결의를 다지게 만들었던 것이다.[22] 즉 아르발레스트에게 생 바르텔르미 체험은 진정한 위그노로 거듭나는 재탄생의 순간이라 할 수 있겠다.

생 바르텔르미 학살을 통해 위그노 정체성을 확립한 아르발레스트는 피난지인 스당에서 평생의 반려가 될 필리프 뒤플레시스 모르네를 만났고, 그를 통해 아르발레스트의 종교적 신념은 한층 더 성장하게 되었다. 아르발레스트와 모르네는 1574년 여름 스당에서 처음 만났는데,

20 아르발레스트는 이후 스당의 군주인 부이옹 공작 부부의 도움을 받아 부이옹 공작의 주치의였던 베르다뷘(Verdavayne)의 집에 머물게 되었다. *Mémoires_1868-1869*, 71.

21 *Mémoires_1868-1869*, 43. ; *Mémoires_2010*, 96.

22 *Mémoires_1868-1869*, 71. ; *Mémoires_2010*, 115.

모르네 역시 생 바르텔르미 학살을 피해 영국으로 도피했던 고통스런 기억을 지닌 투철한 위그노였다.[23] 아르발레스트와 모르네 두 사람은 첫 만남 이후 "거의 매일 만나 함께 여가를 나누는" 등 급격히 가까워지게 되는데, 아마도 이는 두 사람이 생 바르텔르미 학살과 스당으로의 피신 등 비슷한 경험을 공유했기 때문이라 추정된다.

그러나 아르발레스트는 모르네와의 관계가 결혼까지 이어지기 힘들 것이라 여겼던 듯하다. 두 사람의 관계는 전통시대 일반적인 결혼 관행이던 가문 사이의 연대를 통해 맺어진 사이가 아니라, 전쟁과 학살, 피난이라는 특수한 환경 속에서 발생한 '연애감정'에 기반을 두고 있었기 때문이다. 또한 당장 전쟁이 재개될 수 있다는 급박함과 불안함 역시 관계를 부담스럽게 만드는 요인이었다. 하지만 "거의 매일 하루에 두세 시간씩 함께 시간을 보낸 지 여덟 달"이 지난 후 결국 모르네는 아르발레스트에게 정식으로 청혼했고, 아르발레스트는 이를 "매우 기쁘고 영광스러운 일"이었다고 회고하고 있다.[24] 아르발레스트와 모르네는 양측 부모 모두에게 동의를 얻은 후 공개적으로 약혼문서를 작성, 공증을 받았고 이듬해인 1576년 1월 3일 결혼했다.[25]

---

23 아르발레스트의 회고록에는 모르네가 겪었던 생 바르텔르미 학살의 경험도 생생하게 기록되어 있다. *Mémoires_1868-1869*, 38−44. ; *Mémoires_2010*, 92−98.

24 *Mémoires_1868-1869*, 87. ; *Mémoires_2010*, 128−129.

25 아르발레스트는 결혼식 자체에 대해서는 그다지 자세히 기록하지 않았다. 이는 모르네가 결혼 이후 바로 전쟁터로 떠날 수밖에 없는 상황이었으므로 성대한 예식을 치를 수 없었던 것이 아닌가 추측된다. 두 사람의 결혼식 직후인 2월부터 제 5차 종교전쟁이 본격화되었고, 모르네는 결혼식을 올린 직후 스당에서 조직한 군대를 이끌고 전장으로 떠났다. Hugues Daussy, *Les huguenots et le roi,* 112−117.

그림 7 아르발레스트의 평생 반려가 된 남자, 필리프 뒤플레시스 모르네. 파리 근교 뷔의 영주의 아들로 태어난 그는 가톨릭 성직자가 되기 위한 교육을 받았으나 어머니의 영향 아래 위그노로 개종했다. 젊은 시절 유럽을 여행한 경력 탓에 독일어, 영어, 이탈리아어 등에 능했던 그는 젊은 나이에 위그노 군사령관이던 콜리니의 측근으로 발탁되었으며, 이후 대표적인 위그노 정치가, 외교가, 사상가로 역사에 이름을 남기게 된다.
아르발레스트는 그에게 평생 단 한 번의 사랑이었던 듯한데, 아르발레스트가 1605년 세상을 떠난 이후에도 재혼하지 않고 끝까지 독신을 고수했다. 그 당시의 결혼 관행에서는 무척 드문 일이다.

출처: http://humanisme-renaissance.droz.org/9782600006675

모르네와의 결혼은 아르발레스트에게 홀로 방황하던 불안한 생활을 청산할 계기인 동시에, 자신의 신앙을 한 차원 더 높게 성장시킬 수 있는 기회가 되었다. 아르발레스트는 자신이 "대수학을 배우고 그림을 그리는"[26] 취미를 즐겼다고 기록할 만큼 상당 수준의 교육을 받았던 것으로 보이는데, 아르발레스트의 학문적 지평은 당시 위그노 세계에서 가장 수준 높은 사상가 중 하나였던 모르네와의 결혼을 통해 한 단계 더 확장될 수 있었다. 또한 아르발레스트는 회고록에서 여러 차례 자신이 성경을 읽고 이에 대해 명상하며 마음의 평화를 찾았다고 기록했는데, 이처럼 아르발레스트가 신앙을 유지하는 방편으로 항상 성경을 내세우는 프로테스탄트적 자세를 갖추게 된 것은 개인적 성향에 더해 모르네와의 지적 교류에서 영향을 받은 것으로 보인다.

26 *Mémoires_1868-1869*, 83.

파리에서 태어나 아버지의 영향 아래 위그노가 되고, 생 바르텔르미 학살을 통해 종교적 정체성을 확립한 후, 모르네와의 결혼을 통해 신앙의 지평을 넓히기까지, 아르발레스트는 인생 초반 이십오 년의 경험을 통해 독자적이고 결단력 있는 한 명의 위그노 여성으로 성장하게 되었다. 아르발레스트가 얼마나 뚜렷한 정체성을 지닌 여성이었는가 하는 점은 모르네의 전기작가인 다비드 드 리크[27]가 아르발레스트를 평한 다음 구절에서도 잘 드러난다.

> 나는 당시에 [아르발레스트처럼] 모든 덕성을 고루 갖춘 여성을 본 적이 없다. 이건 과장 없는 진실이다. 그녀는 총명한 정신의 소유자였고, 여성이라는 성별이 무색할 정도로 강한 결단력을 지니고 있었으며, 어떤 것에도 흔들리지 않는 용기를 갖추고 있었다. 힘 있고 저명한 이들이 그녀를 두려워할 정도로 악행에는 엄격했지만, 가난한 이에 대해서는 박애의 마음이 넘쳤다. 그러나 무엇보다도 아르발레스트는 신의 영광과 교회의 성장을 위해 무엇이든 희생하겠다는 불타는 열정을 지니고 있었고 이것이야말로 그녀가 지닌 모든 덕성보다 더 뛰어난 점이었다.[28]

27 다비드 드 리크(David de Licque)는 모르네의 측근으로, 모르네의 출생부터 죽음까지, 즉 1549년부터 1623년까지를 다룬 전기를 남겼는데, 전기의 앞부분은 아르발레스트의 기록과 거의 유사하지만, 아르발레스트 사후 소뮈르의 총독으로 활동한 모르네에 대해서 자세히 다루었다는 특징을 지닌다. 드 리크는 1616년 사망했기에, 그 이후 부분의 기록은 다이에(Jean Daillé)가 담당했다고 전해진다. Hugues Daussy, *Les huguenots et le roi,* 35.

28 David de Licques, *Histoire de la vie de Messire Philippe de Mornay* (Leyde: Chez B & A. Elsevier, 1647), 30–31의 내용을 Hugues Daussy, *Les huguenots et le roi,* 110에서 재인용.

아르발레스트가 이처럼 결단력과 용기, 행동력과 열정을 지닌 여성이 될 수 있었던 이유는 무엇보다도 '신의 영광'을 믿는 독실한 신앙심과 '교회의 성장'을 바라는 위그노적 신념에 기반을 둔 것이었다. 결국 프랑스 종교개혁에 동참하겠다는 선택을 통해, 아르발레스트는 강인하고 추진력 있는 능동적 여성이 될 수 있었던 것이다. 이런 아르발레스트의 기질은 이후 모르네와의 결혼 생활 내내 끊이지 않았던 시련과 갈등을 극복하게 만드는 원천이 되었으며, 그 과정을 통해 아르발레스트는 한층 더 강력한 종교적 정체성을 형성할 수 있었다.

3. 아르발레스트와 새로운 가정

지금까지 살펴본 것처럼 아르발레스트는 생 바르텔르미 학살이라는 엄청난 위기의 순간에서부터 평생의 반려가 될 모르네를 만나 새로운 가정을 꾸리기까지 위그노가 되겠다는 결단 아래 인생의 방향을 스스로 결정하는 적극성을 보여주었다. 이후 아르발레스트는 프랑스 종교전쟁이라는 전대미문의 갈등과 혼란에 직면하게 되는데, 이때 아르발레스트와 모르네가 꾸린 가정은 이 시련을 헤쳐 나가기 위한 무엇보다 확고한 기반으로 기능하게 된다.

당시 프랑스에서는 종교적 명분과 정치적 이익이 뒤엉킨 길고 지루한 내전이 진행 중이었다. 이 전쟁은 가톨릭과 위그노 진영을 가릴 것 없이 종교적 신념보다는 정파적 이해관계에 기반을 둔 복잡다단한 합종연횡의 양상을 보였다. 그렇지만 모르네는 종교적 신념 아래 프랑스의 진정한 개혁을 꿈꾸는 투철한 위그노였고, 당시 상황에서 이런 성향을 지닌 사람은 그다지 많지 않았다. 이때 모르네에게 가장 믿을 만한 사람이며, 항상 자신의 모든 생각과 고민을 나누고 공유할 첫 번째 동지는 바로 그의 아내 아르발레스트였다.

모르네와 아르발레스트의 관계가 단지 사적인 남편과 아내 사이를 넘어 같은 이상 아래 연대한 동지적 관계였음을 잘 드러내 주는 자료는 바로 모르네가 아르발레스트에게 보낸 편지들이다. 모르네가 아르발레스트에게 보낸 서신은 현재 176통이 남아 있는데, 모르네의 서신과 아르발레스트 회고록의 내용을 대조해 보면, 모르네와 아르발레스트는 현재 남아 있는 편지보다 더 많은 서신을 교환했을 것이라 추정된다.[29] 그러나 현재 남아 있는 편지의 수량과 빈도만 보아도, 두 사람 사이 서신 교환은 단순히 개인적 안부를 묻는 것 외에 다른 의도가 있었던 것으로 보인다. 실제로 모르네는 아르발레스트에게 편지를 쓸 때 부인의 건강을 걱정하고, 아들의 라틴어 수준에 대해 만족감을 표하는 자상한 남편이자 아버지의 면모를 보이기도 한다.[30] 하지만

---

29 현재 모르네가 아르발레스트에게 보낸 편지는 총 176통이 남아 있는데, 대부분의 편지는 1588년(41통), 1596년(19통), 1597년(21통), 그리고 1598년(49통)에 집중되어 있다(표 2 참조). 모르네 연구자 도시는 1568년부터 1605년까지 모르네가 보낸 편지 전체를 분류하여 출처를 밝히는 작업을 진행했는데, 모르네가 아르발레스트에게 보낸 편지는 현재 필사본으로 남아 있는 2통 외 174통이 모두 아르발레스트 회고록의 첫 번째 편집본과 두 번째 편집본과 함께 출간되어 있어 연구가 용이한 편이다. 도시가 분석한 모르네 편지에 대한 분류와 정리는 그의 저서 부록으로 출간되었다. Hugues Daussy, *Catalogues de la correspondance active et des autres écrits de Philippe Duplessis-Mornay (1549-1600)* (Genève: Droz, 2002).

30 1588년 모르네가 아르발레스트에게 보낸 거의 모든 편지에는 아르발레스트의 건강에 대한 걱정이 드러나 있다. 모르네는 1587년 6월 공무로 아르발레스트의 곁을 떠난 이후 가족을 만나지 못하고 있었는데, 그동안 아르발레스트는 딸을

동시에, 모르네는 앙리 나바르의 세력이 분열 양상을 보인다고 비판하거나 리그(League)[31]가 루브르에 군대를 배치했다는 최신 소식을 전하는 등 프랑스 정국에 대한 정보를 가감 없이 아르발레스트에게 알리기도 했다.[32] 또한 모르네는 극비에 속하는 정보를 전달하기 위해 암호를 사용한 편지들을 보내거나,[33] 심지어 리그가 바리케이드 사건 이후 앙리 3세에게 요구한 사항을 전해 듣고 그 내용을 정리해 아르발레스트에게 전달하기도 했다.[34]

출산했지만 곧 사망했고, 그 이후 고질적인 병이 도져 건강이 악화된 상태였다. 모르네는 아르발레스트에게 건강상태를 자세히 알려 달라고 여러 번 당부하면서 "하인이 소식을 전하긴 했지만 나는 계속 걱정이 되오. 정확한 사실을 내게 전해주시오("Lettre de Mornay à sa femme, le 4 avril 1588," *Mémoires_1868-1869*, 160) 라고 부탁하기도 한다. 당시 모르네의 활동에 대해서는 같은 책, 167–169 ; 아들의 라틴어 학습에 대해서는 "Lettre de Mornay à sa femme, le 7 mars 1588," 같은 책, 173.

31 프랑스 종교전쟁 시기 가톨릭 신앙 수호를 중심 가치로 위그노와의 어떤 타협도 반대한다는 입장을 고수한 분파로, 기즈 가문이 중심이 되어 프랑스 북부 가톨릭 세력권을 중심으로 형성되었다. 이들은 1575년 5차 종교전쟁 이후 체결된 보리유 조약에 반대하며 상호 연대하다가, 1584년 알랑송 공작 프랑수아의 죽음 이후 앙리 드 나바르의 왕위계승권에 반대하며 본격적으로 결성되었다. 특히 파리는 리그의 중심지가 되어 프랑스 종교전쟁의 마지막 순간까지 앙리 드 나바르에 반대하는 강경한 가톨릭 세력의 중심지가 되었다.

32 앙리 드 나바르 진영의 분열상에 대해서는 "Lettre de Mornay à sa femme, le 28 mars, 1588," 같은 책, 156, 바리케이드 사건의 전조에 대해서는 "Lettre de Mornay à sa femme, le 7 mai, 1588," 같은 책, 170–171. 리그가 바리케이드 사건을 일으킨 것은 5일 뒤인 5월 12일이었다.

33 1588년 작성된 편지 41통 중 10통에서 모르네는 암호화된 숫자를 사용했다.

34 "Lettre de Mornay à sa femme, le 12 june, 1588," *Mémoires_1868-1869*, 181.

표 6 모르네가 아르발레스트에게 보낸 서신 분석

<table>
<tr><th>년도</th><th>편지수</th><th>프랑스 종교전쟁 현황</th><th>모르네의 업무</th></tr>
<tr><td>1585년 6월-7월</td><td>2</td><td>리그 전쟁 발발</td><td>앙리 드 나바르의 특사로
앙리 3세를 만남</td></tr>
<tr><td>1587년 12월 -
1588년 6월</td><td>44</td><td>리그의 앙리 3세 압박 가속화.
바리케이드 사건</td><td>앙리 드 나바르와 동행하며
직접 전쟁에 참전함.</td></tr>
<tr><td>1590년 3월 - 4월</td><td>2</td><td>앙리 3세 암살 이후 정국 혼란
앙리 드 나바르 파리 탈환 시도</td><td>이브리 전투 참전.</td></tr>
<tr><td>1593년 11월 - 12월</td><td>6</td><td>앙리 드 나바르 개종 이후
위그노 진영 분열양상 심화</td><td>망트(Mantes)회의 참가</td></tr>
<tr><td>1594년 11월-12월</td><td>2</td><td rowspan="2">앙리 드 나바르의 즉위를 둘러싼
갈등</td><td rowspan="2">앙리 4세와 메르퀴르 사이의
1차 협상 참여</td></tr>
<tr><td>1595년 2월 - 3월</td><td>11</td></tr>
<tr><td>1595년 10월-12월</td><td>2</td><td rowspan="4">앙리 4세와 에스파냐 사이의
전쟁 본격화.
1595년 선전포고.
1597년 앙리 4세 프랑스에서
에스파냐 세력 축출에 성공</td><td></td></tr>
<tr><td>1596년 7월</td><td>4</td><td></td></tr>
<tr><td>1596년 10월 -
1597년 1월</td><td>18</td><td>루됭(Loudun)회의 참가</td></tr>
<tr><td>1597년 6월 - 11월</td><td>22</td><td>메르퀴르와의 2차 협상 참여</td></tr>
<tr><td>1598년 1월 - 4월</td><td>49</td><td>낭트 칙령 반포(4월)</td><td rowspan="2">위그노 진영 입장 조율</td></tr>
<tr><td>1599년 1월 - 3월</td><td>13</td><td>낭트 칙령 공인과정</td></tr>
<tr><td>1603(?)</td><td>1</td><td></td><td>광산개발업무를 맡아 탐사여행</td></tr>
</table>

이처럼 모르네가 아르발레스트에게 보낸 편지는 사적인 안부를 전하는 동시에 프랑스 종교전쟁 진행과정을 아르발레스트가 정확히 파악하도록 자세한 정보를 제공하는 수단으로 활용되었다. 그렇다면 모르네가 아르발레스트에게 이렇게 공적인 정보를 전달한 이유는 무

었이며, 이를 통해 모르네는 아르발레스트에게 무엇을 기대했던 것일까?

이를 파악하기 위해 1588년 6월 12일의 편지를 자세히 분석해 보자. 당시 모르네는 라 로셸에서 앙리 드 나바르와 함께 리그 세력과 대치하고 있는 상황이었고, 아르발레스트는 요양을 위해 프랑스 남부 포(Pau)의 온천에 여행을 떠났다가 돌아오는 길이었다. 우선 모르네는 아내의 건강을 걱정하고 여행길이 편하기를 기원하며 편지를 시작한다.

> 사랑하는 당신,[35] 나는 당신이 온천에서 출발한 이후 당신의 소식을 전혀 듣지 못했소. 마담[카트린 드 부르봉에 대한 경칭]께서 감사하게도 당신이 잘 지내고 있다는 편지를 두 차례에 걸쳐 보내주셨소. 나는 마담께 편지를 보내 이곳에 오시기를 바란다는 뜻을 전했소. 또한 왕[앙리 3세]에 대해 불평만 늘어놓는 리그의 사람들이 왕에게 요구한 바가 무엇인지 정리해서 알려드렸소. 당신에게도 [카트린 드 부르봉에게 보낸 편지의] 복사본을 보내니 상황을 모두 잘 알게 될 거라 믿소. 무엇보다도 당신 건강이 중요하니 몸을 잘 돌보시오. 내가 전에 보았던 것처럼 건강한 모습으로 최대한 빨리 돌아오길 기원하오. (방점 필자)[36]

위에 인용한 편지를 보면, 모르네는 아르발레스트의 여행과 건강을 걱정하는 한편, 리그(League)가 앙리 3세에게 요구한 사항을 앙리 드

35 모르네는 아르발레스트를 M'aime, 즉 '내 친구'라고 불렀다.

36 "Lettre de Mornay à sa femme, le 12 june, 1588," *Mémoires_1868-1869*, 181.

나바르의 누이인 카트린 드 부르봉(Catherine de Bourbon, 1559–1604)에게 알려주기 위해 모르네가 작성한 편지 복사본을 아르발레스트에게도 보냈다고 언급했다. 사실 모르네가 아르발레스트에게 보낸 다른 편지에서도 자신이 앙리 4세에게 받은 편지의 복사본이나 시노드 등에 참석했을 때 결의사항을 정리해 아르발레스트에게 보냈다는 내용이 자주 등장한다.[37] '이를 통해 상황을 잘 알게 될 것'이라는 모르네의 말처럼, 그는 아르발레스트가 현 시국을 정확하게 파악할 수 있도록 다양한 정보를 전달했다. 모르네의 편지는 다음과 같이 이어진다.

> 나는 지금 우리 상황에 대해 몇 가지 생각이 있는데, 당신이 여기 돌아오기 전까지는 실행에 옮기지 않고 기다리겠소. (중략) 왕[앙리 3세]께서는 몽루에(M de Monlouet)를 만나길 원치 않고 있소. 그의 위그노적 성향에 겁먹으신 듯하오. 왕께서는 [앙리 드 나바르와 연대하기로] 결정하긴 했지만, 이에 적응하는 데 시간이 걸리는 것 같소. (중략) 사람들은 이제 왕이 변할 거라고 하지만 나는 여전히 의심을 지울 수 없소. 불쌍한 군주께서는 누구를 신뢰해야 할지 모르며 여기저기 기웃거리고 있고 모든 사람을 의심하고 계시오.[38]

이 부분에서 모르네는 리그에게 위협받고 있는 앙리 3세의 처신에 대한 자신의 논평을 피력한다. 당시 앙리 3세는 앙리 드 나바르와 연대해 위협받고 있는 자신의 왕권을 지키려는 구상을 하고 있었다. 하지만 모르네가 보기에 앙리 3세의 처신은 여전히 불안했다. 모르네는 이렇

37 "Lettre de Mornay à sa femme, le 12 janvier, 1599," *Mémoires_1824,* IX, 207. ; "Lettre de Mornay à sa femme, le 13 novembre, 1596," *Mémoires_1824*, VII, 24.

38 "Lettre de Mornay à sa femme, le 12 june, 1588," *Mémoires_1868-1869*, 181.

듯 아르발레스트에게 현재 정치적 상황에 대한 기본적인 정보뿐 아니라 자기의 판단과 해석까지 전하는 모습을 보였다.

> 만일 아직도 당신이 베아른에 있다면, 마담[카트린 드 부르봉]에게 우리의 암호 숫자에 대해 기억하는지 확인해 주시오. 아무래도 잊으신 것 같고 그렇다면 소식을 전하는 게 힘들어지니까 말이오. 또한 마담의 의지와 의도에 대해 가능한 한 많이 알아보고 오시오. 그래야 내가 더 잘 그녀를 섬길 수 있을 테니까. (중략) 이렇게 의견을 주고받으며 프랑스에서 벌어지는 우리 진영의 일들(noz affaires de France)에 대해 적응할 방법을 찾아봅시다. (중략) 몇 가지 문제만 빼면 우리는 잘 지내고 있소. 나는 오직 당신에 대한 걱정뿐이오. 당신에게 사랑을 보내오. 신께서 당신을 지키고 인도해 주시기를. 라 로셸에서, 1588년 6월 12일. (방점 필자)[39]

모르네는 아르발레스트가 같은 여성이자 친분이 깊었던 앙리 드 나바르의 누이 카트린 부르봉을 만나 그녀의 심중을 헤아리길 원했고, 이를 통해 카트린 부르봉에 대한 특정한 정보를 얻고자 했다. 편지의 말미에서 모르네는 아르발레스트에게 "의견을 주고받으며 프랑스에서 벌어지는 일들"에 대해 함께 논의해 보자고 권했다. 이처럼 모르네는 아르발레스트에게 위그노 여성들 사이에서 정보를 얻고 그들과 친분을 유지해 연대감을 고취하는 중요한 역할을 기대했던 것이다.

16세기 프랑스에서 절대다수를 차지하는 가톨릭 세력의 배척과 탄압에 맞서야 했던 프로테스탄트 진영은 소규모에 불과했고, 전쟁을 위한

39 "Lettre de Mornay à sa femme, le 12 june, 1588," *Mémoires_1868-1869*, 181−182.

인적, 물적 자원 조달에도 많은 어려움을 겪었다. 이런 난관을 극복하기 위해, 위그노 공동체 구성원들은 상부상조하며 서로 의존할 수밖에 없었고, 결과적으로 공동체를 주도했던 위그노 귀족들 간의 친분과 연대는 진영 전체의 운명을 좌우할 수 있는 중요한 문제로 부각되었다.[40] 위그노 귀족들은 정보를 교환하고 유대감을 고취하기 위해 서로 수많은 서신을 교환했는데, 모르네 역시 아르발레스트뿐만 아니라 다수의 위그노 동료들과 편지를 주고받았다.[41]

그런데 이런 유대관계의 형성과 유지에 있어 여성은 남성 못지않은 역할을 맡고 있었다. 실제로 위그노로 개종한 귀족여성들은 프랑스 종교개혁에 적극적으로 동참했고, 상당한 정치적, 사회적 영향력을 발휘하곤 했다. 나아가 위그노 귀족가문의 자제들은 유사한 신분과 종교를 지닌 좁은 인맥 내에서 결혼상대를 구할 수밖에 없었기 때문에 결국 대부분의 위그노 가문은 혼인으로 서로 연결되어 있었다. 이런 상황에서 귀

40 Mark Greengrass, "Informal Networks in Sixteenth-century French Protestantism," *Society and Culture in the Huguenot World, 1559-1685,* eds. Raymond Mentzer and Andrew Spicer (Cambridge: Cambridge Univ. Press, 2002), 78–79.

41 모르네가 프랑스 종교개혁에 적극적으로 투신했던 1568년부터 1605년까지, 모르네는 927통의 편지를 남겼고, 이중 앙리 드 나바르의 이름으로 집필한 편지 등 특정한 공적 임무를 지닌 편지를 빼면 사적인 편지만 853통에 달한다. 모르네는 부인 아르발레스트 외에도 수없이 많은 동시대 인물들과 편지를 교환했다. 모르네는 앙리 드 나바르 등 위그노 진영의 주요 인물과 편지를 교환한 것은 물론, 중도 가톨릭이자 한때 위그노 회합을 이끌었던 앙리 몽모랑시-당빌(Henri Monmorency Damville, 1534–1614), 나아가 정적인 로렌 가문의 인물 등 가톨릭 진영과도 활발하게 서신교환을 했다. 모르네와 서신교환을 한 인물 중에는 카트린 드 부르봉(Catherine de Bourbon, 1559–1604), 루이즈 드 몽모랑시(Louise de Montmnorency), 카트린 드 파르트네(Catherine de Parthenay, Mme de Rohan, 1554–1631) 및 마르그리트 드 발루아(Marguerite de Valois, 1553–1615) 등 여성들도 상당히 많았다.

족여성들은 자연스럽게 가문과 가문 사이를 연결하고 유대를 강화하는 구심점이 되었으며, 이들 사이에서 구축된 연대와 네트워크는 위그노 진영에게 중요한 자산이 되었으리라 추측된다.[42]

위그노 여성 간 친교와 혼인으로 이어진 인적 네트워크가 존재했다면, 샤를로트 아르발레스트 역시 이 네트워크에서 중요한 역할을 맡았으리라 추정해 볼 수 있다. 앙리 드 나바르의 최측근이었던 모르네는 프랑스 종교전쟁의 최신 정보를 취급하는 자리에 있었으므로, 그의 부인 아르발레스트는 누구보다 빨리 새로운 소식을 얻을 수 있는 입장에 있었다. 따라서 아르발레스트는 모르네에게 얻은 정보를 여성 간 연결망을 활용하여 위그노 공동체의 구성원들에게 전달했고, 그들의 의견을 취합하는 역할을 담당했던 것으로 보인다. 위에 인용한 편지에서 보이듯, 모르네는 아르발레스트가 해당 역할을 잘 수행할 수 있도록 각종 공적 현안과 그에 대한 자신의 의견을 아내에게 상세히 전달했고, 나아가 위그노 공동체의 핵심 고리로 활동한 아내와 함께 현재 정치적 판도에 대해 상의하곤 했던 것이다. 이를 종합해 보면, 모르네와 아르발레스트는 서로를 종교개혁의 승리라는 대의를 위해 일하는 동지로 여겼다고 봐도 지나친 과장은 아닐 것이다.

42 귀족 가문의 연대와 인적 네트워크의 형성은 '후견제도'라는 개념 아래 최근 프랑스 귀족의 속성과 변화를 파악하기 위한 핵심 논점 중 하나로 부각되고 있다. 그러나 위그노 진영의 인적 연대와 여성의 역할을 구체적으로 분석한 연구는 미미한 편이다. 후견제에 대한 최근 학계의 개념변화와 연구경향에 대해서는 Elie Haddad, "Noble Clienteles in France in the Sixteenth and Seventeenth Centuries: A Historiographical Approach," *French History* 20 (2006), 75–109.

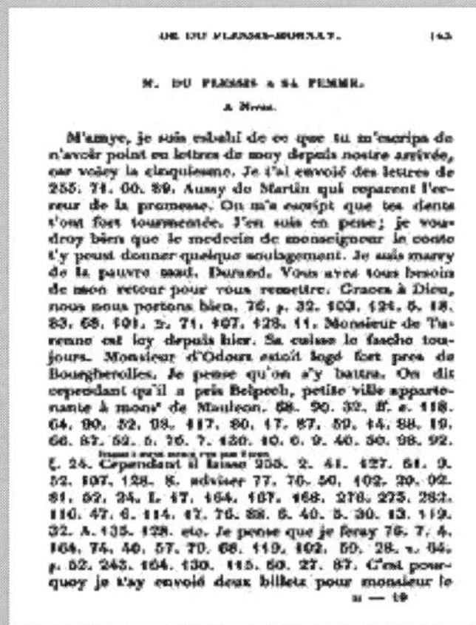

DE DU PLESSIS-MORNAY. 143

M. DU PLESSIS A SA FEMME.

A Nérac.

M'amye, je suis esbahi de ce que tu m'escripa de n'avoir point eu lettres de moy depuis nostre arrivée, car voicy la cinquiesme. Je t'ai envoié des lettres de 255. 71. 00. 89. Aussy de Martin qui reparent l'erreur de la promesse. On m'a escript que tes dents t'ont fort tourmentée. J'en suis en pene; je voudroy bien que le medecin de monseigneur le comte t'y peust donner quelque soulagement. Je suis marry de la pauvre mad. Durand. Vous avez tous besoin de mon retour pour vous remettre. Graces à Dieu, nous nous portons bien. 76. ρ. 32. 103. 124. 5. 18. 83. 68. 101. ε. 71. 107. 128. 11. Monsieur de Turenne est icy depuis hier. Sa cuisse le fasche tousjours. Monsieur d'Odours estoit logé fort pres de Bougherolles. Je pense qu'on s'y battra. On dit cependant qu'il a pris Belpech, petite ville appartenante à mons' de Mauleon. 68. 90. 32. ff. ε. 118. 64. 90. 52. 98. 117. 80. 17. 87. 59. 14. 88. 19. 66. 87. 52. 5. 76. 7. 120. 10. 6. 9. 40. 50. 98. 92. ξ. 24. Cependant il laisse 255. 2. 41. 127. 61. 9. 52. 107. 128. 8. adviser 77. 70. 50. 102. 20. 02. 81. 62. 24. L. 47. 164. 187. 168. 278. 275. 282. 110. 47. 6. 114. 47. 76. 88. 6. 40. 5. 30. 13. 119. 32. A. 135. 128. etc. Je pense que je feray 76. 7. 4. 164. 74. 40. 57. 70. 68. 119. 102. 59. 28. ν. 04. ρ. 52. 243. 164. 130. 115. 60. 27. 87. C'est pourquoy je t'ay envoié deux billets pour monsieur le

II — 19

그림 8 모르네가 아르발레스트에게 1588년 1월 18일에 보낸 편지. 이 편지 중간을 보면 숫자와 그리스어 문자가 섞인 암호가 등장한다. 이처럼 모르네는 위그노 공동체의 중요한 정보를 아르발레스트에게 전달했고, 이때 비밀을 지키기 위해 암호문까지 사용했다. 이를 통해 모르네와 아르발레스트가 주고받은 편지는 단순히 안부를 묻기 위한 것이 아니라 당시의 정치상황에 대한 중요한 정보와 의견을 나누는 통로임을 알 수 있다. 이는 모르네와 아르발레스트 부부가 서로를 위그노 사회 건설을 위한 동지로 여기고 있었다는 징표이기도 하다.

출처: https://books.google.co.kr/books?id=i7JCAAAAYAAJ&printsec=frontcover&dq=memoire+de+mme+de+mornay&hl=ko&sa=X&ved=0ahUKEwigq_nNyrLZAhVS6bwKHS_dBPoQ6AEIJTAA#v=onepage&q=memoire%20de%20mme%20de%20mornay&f=false

모르네가 아르발레스트를 분명한 역할을 지닌 현실 정치의 동지로 여겼다는 또 다른 증거로 그들이 암호가 활용된 편지를 자주 주고받았다는 점을 들 수 있다. 아르발레스트는 회고록에서 암호편지의 활용에 대해 다음과 같이 언급했다.

> 나는 뒤플레시스가 전쟁터에서 뷔 출신이자 그의 시종인 돌레(Daulay)를 나에게 보내 암호로 된 표지를 전달했다는 사실을 잊지 않고 기록해 두고 싶다. 이 표지는 그와 나 사이에 서로 알아보기

위해 만들어진 것이었는데, 전장에서 승리한 바로 그날 밤 모르네는 나에게 전투에 관한 자세한 설명을 적어 보내주었다. 나는 원본 편지를 마티뇽(Matignon) 장군에게 보냈는데, 그는 자필로 작성된 편지를 보고 보르도에서 공개적으로 축하연을 계획했다. 이런 행사는 각 지역에서 계속되었다.[43]

모르네는 1590년 이브리 전투에서 승리했다는 소식을 전하기 위해 아르발레스트에게 암호편지를 보냈다. 아르발레스트는 이 편지를 읽고 해독한 뒤, 원본을 다른 이들에게 보내 승전보를 전달하는 역할을 수행했다. 또한 위 인용문에서 아르발레스트가 마티뇽 장군[44]에게 연락을 취했다고 언급한 부분에 주목할 필요가 있는데, 마티뇽 장군이란 가톨릭 중도파로 앙리 4세와 연대했던 인물이었다. 이처럼 아르발레스트는 단지 여성들 사이에서 연락을 주고받는 차원을 넘어 위그노 공동체 전반은 물론 그와 연대한 가톨릭 세력들과도 연결되어 있었는데, 이를 통해 아르발레스트가 프랑스 종교전쟁의 복합적이고 현실적인 차원에 광범위하게 개입하고 있었음을 알 수 있다.

모르네와 아르발레스트가 주고받은 암호편지는 상당수에 달한다.

---

43 해당 인용문을 통해, 아르발레스트는 모르네가 보낸 편지 내용을 다른 사람에게 전달하는 정보 연락책 역할을 자주 담당했음을 알 수 있다. *Mémoires_1868-1869*, 193.

44 본문에 언급된 마티뇽 장군은 자크 드 고욘(Jacques II de Goyon de Matignon, 1525−1598)으로, 종교전쟁 초기부터 가톨릭 세력의 핵심으로 활동한 인물이다. 그러나 마티뇽 장군은 기즈 가문처럼 가톨릭적 신념을 내세웠던 강경파가 아니라, 생 바르텔르미 학살에 반대하고 자신의 영지에서 프로테스탄트 교도를 보호했을 정도로 온건한 중도파였다. 마티뇽 장군은 친구였던 미셸 드 몽테뉴의 뒤를 이어 보르도의 시장이 되었고, 이후 앙리 4세와 연대하여 활동하면서 프랑스군 원수 직위에 오르기도 했다.

암호의 사용은 16세기 유행 중 하나였는데, 편지를 보낼 때 단어 대신 숫자로 표기하고 그 숫자가 무엇인지는 두 사람이 모두 가지고 있던 책(대부분의 경우 성경)을 바탕으로 해서 암호를 풀어내는 방식을 썼다.[45] 때로는 특정 고유명사도 암호로 표기했는데, 앞에 소개한 편지글에도 나오듯이, 이런 경우 수신자와 발신자 사이 암호를 해독할 수 있는 매뉴얼이 있었을 것이라 여겨진다.

그런데 이런 암호편지는 아르발레스트와 모르네 사이에서만 사용된 것이 아니었다. 위그노 진영의 다른 여성들도 모르네나 아르발레스트에게 암호편지를 보내 서로 의견을 교환했다는 자료가 남아 있다. 아래 편지는 대표적인 위그노 귀족 가문 출신인 카트린 드 로앙(Catherine de Rohan)이 아르발레스트에게 보낸 암호 편지 중 일부이다.[46]

> $14^{\text{le cardinal de Bourbon}}$. 817^{est}. 139mo. 54^{r}. 64^{t}. 167ta. 49^{n}. 170to. 58^{s}. 62^{t}. à ce qu'on dict. Toutesfois cela nous a esté desjà dict quattre ou cinq fois depuis huict jours; 916^{mais}. 12^{i}. 42^{l}. 143^{ne}. 148^{pe}. 14^{u}. 60^{t}. 167ta. 54^{r}. 97de. 56^{r}. La cause des jesuites a esté plaidée; on espère qu'à la fin qu'ils vuideront au moins. C'est le desir des bon françois catholiques et autres. Ils perdent 685^{un}. 901^{les}. 166^{su}. 150^{pe}. 55^{r}. 61^{t}. 11e. 47^{ne}. $14^{\text{le cardinal}}$.[47]

---

45 Catharine Randall, "Shouting Down Abraham," 437.

46 1824년 회고록의 편집자들은 이 편지에 사용된 암호 숫자에 대한 해독서를 찾아내어 암호 해석을 첨부하였다. 그러나 암호문의 해독이 완전치 못할 가능성도 있음을 언급하기도 했고, 구체적인 해독방법을 적시하지 않는 등 아쉬움이 남는다. *Mémoires_1824*, VI, 82.

47 본문 해석은 다음과 같다: "부르봉 추기경이 죽었다는 소문이 바로 돌기 시작했습니다. 그러나 벌써 8일 전부터 우리 진영에는 벌써 네다섯 번 말이 나온 바 있

위 편지는 앙리 4세가 왕위에 오른 1594년 작성된 것으로, 부르봉 추기경, 즉 샤를 드 부르봉(Charles II de Bourbon, 1562–1594)[48]의 사망을 전하는 내용이다. 부르봉 추기경은 리그에서 앙리 4세 대신 왕위에 올리려 했던 인물 중 하나였기에, 그의 죽음은 상당히 중요한 소식이었다. 이런 정보를 카트린 드 로앙과 아르발레스트가 서로 암호를 사용해 교환했다는 점은 위그노 여성들 사이 조직된 인적 네트워크에서 활발하게 정보 전달이 이뤄지고 있으며, 이는 곧 위그노 공동체 전체의 유대와도 관련되어 있음을 확인케 하는 대목이다. 이처럼 모르네가 아르발레스트에게 보낸 서신, 그리고 동시대 위그노 여성들이 교환한 서신은 위그노 공동체 내부에 비공식적 연결망이 존재했으며, 이는 위그노 조직의 유대를 강화하는 데 중요한 역할을 했다는 점, 그리고 여성들은 이 인적 네트워크의 한 축으로 프랑스 종교전쟁의 여러 국면에 직접 참여하고 있었다는 점을 추정케 하는 중요한 단서라 하겠다.

지금까지 프랑스 종교전쟁에서 아르발레스트가 담당한 역할을 통

습니다. 그러나 이 소식은 곧 사람들에게 알려지게 될 것입니다. 예수회[를 몰아내자는] 명분이 통하고 있습니다. 결국 최소한 그들이라도 [프랑스에서] 물러나야 할 것입니다. 올바른 정신을 지닌 가톨릭이라면 마땅히 그렇게 느낄 것입니다. 그들은 추기경의 후원을 잃었습니다." "Lettre de Mme de Rohan à Mme de Mornay, le 30 juillet, 1594," *Mémoires_1824*, VI, 84.

48 샤를 드 부르봉(Charles II de Bourbon, 1562–1594)은 위그노 지도자인 루이 드 콩데(Louis Ier de Bourbon-Condé, prince de Condé et duc d'Enghien)와 루아 공작부인(Éléonore de Roye)의 넷째 아들로, 리그가 앙리 3세 이후 왕으로 추대하려던 부르봉 추기경(Cardinal Charles de Bourbon, 가톨릭동맹은 앙리 3세의 사후 그를 샤를 10세로 부르며 그가 정당한 왕위계승자라 여기기도 했다)의 조카이기도 하다. 삼촌의 죽음 이후 추기경직을 이어받은 샤를 드 부르봉은 삼촌처럼 왕위를 노리며 앙리 드 나바르의 왕위계승에 불만을 지닌 귀족들을 모아 독자적 조직을 만들기도 했지만, 1594년 사망하였다.

해 위그노 가정이 지닌 공적인 성격과, 위그노 여성들의 인적 네트워크가 운영되는 방식을 추론해 보았다. 종교전쟁을 수행하는 과정에서 소수파 위그노 공동체는 대부분 수세에 몰린 채 방어적인 입장을 견지할 수밖에 없었고, 부족한 자원을 보완하기 위해 공동체 내부의 긴밀한 연대와 협동에 크게 의존할 수밖에 없었다. 이런 배경 속에서 종교개혁 시대 가정이라는 공간은 사회적 연대의 중요한 연결고리로서 위그노 집단 전체를 지탱하는 중요한 기반이 되었다. 또한 가정의 안주인인 위그노 여성들은 혼인 등을 통해 상호 연결된 광범위한 인적 네트워크를 활용, 위그노 공동체의 친교와 유대를 강화하는 핵심적인 역할을 담당하고 있었다. 아르발레스트를 비롯한 일부 위그노 귀족 여성이 종교전쟁의 공적 영역에서 활약한 양상을 보면, 그들은 종교개혁가들이 제시한 수동적인 여성상을 극복하고 좀 더 주체적으로 사회 참여에 나섰음을 알 수 있다.

모르네와 아르발레스트 부부의 가정은 프랑스 종교개혁 당시 위그노 가정의 특성을 추론할 수 있는 훌륭한 사례라 할 수 있다. 종교전쟁의 최일선에서 활약한 모르네는 물론, 그를 통해 정보를 제공받고 이를 인적 네트워크를 통해 활발히 소통시킨 아르발레스트 역시 종교전쟁에서 분명한 공적 역할을 수행하고 있었다. 아르발레스트는 위그노 정체성을 키우며 발전시킨 능동적이고 독자적인 기질을 이처럼 종교전쟁의 현장 속에서 적극적으로 발현했다. 이처럼 모르네와 아르발레스트 부부는 사적인 생활만큼이나 공적인 세계에서도 서로 합심해 난관을 헤쳐 나가는 적극적 동지애를 발휘했고, 자신들의 가정을 위그노 대의에 선봉에 서서 직접 그 길을 닦는 일종의 전위부대로 재구성했던 것이다.

4. 동지적 부부애의 실천 : 퐁텐블로 논쟁

1600년 퐁텐블로 논쟁(conférence de Fontainbleau)은 종교개혁의 선봉이 되어 동지적 부부애를 실천한 모르네와 아르발레스트 부부의 성격이 가장 극적으로 드러난 사건이다. 지금부터 퐁텐블로 논쟁의 배경과 전개과정을 살펴보면서, 모르네와 아르발레스트 부부의 속성과 가정의 본질이 역사적 현장 속에서 구현된 방식을 되짚어 보고자 한다.

퐁텐블로 논쟁은 기본 취지상 필리프 뒤플레시스 모르네의 책 『성체성사에 관하여』를 둘러싼 논란을 해결하기 위해 마련된 일종의 신학적 토론회였다. 모르네의 『성체성사에 관하여』는 1598년 라 로셸에서 처음 출간된 순간부터 프랑스뿐 아니라 유럽 기독교 세계 전반에 격심한 논란을 일으킨 책이다. 『과거 교회의 성체성사, 그 구성과 용례 그리고 교리에 대하여. 언제, 어떻게 그리고 어떤 수준으로 미사가 현재의 위상에 이르렀는가에 대한 책』이라는 원제[49]에서 알 수 있듯이, 모르네는 이 책에서 가톨릭의 성체성사는 물론 가톨릭 미사 역시 성경에 근거

49 『성체성사에 관하여』의 정확한 원제는 『과거 교회의 성체성사, 그 구성과 용례 그리고 교리에 대하여. 언제, 어떻게 그리고 어떤 수준으로 미사가 현재의 위상에 이르렀는가에 대한 책. 뒤 플레시스와 말리의 영주 필리프가 네 권의 책으로 작성한 내용』이다. 이 책은 당시 기독교 세계에 엄청난 파장을 일으켰고, 모르네는 1604년 내용을 대폭 개정하여 소뮈르에서 재판을 발행하기도 했다. Philipe Duplessis–Mornay, *De l'Institution, usage et doctrine du sainct sacrement de l'euchariste en l'église ancienne, emsemble quand, comment, et par quels degrez la Messe est introduicte en sa place. Le tout en quatre Livres, par Philippe de Mornay, seigneur du Plessis Marly* (La Rochelle: Haultin, 1598).

하지 않은 의례에 불과하다고 비판했고, 이를 입증하기 위해 성경과 교부의 저서 등 다양한 자료를 참조하여 오천 개가 넘는 인용문을 동원하였다. 나아가 모르네는 이 책에서 교황을 '적그리스도'라고 지칭, 로마 교황청의 공분을 사기에 이르렀다.[50]

모르네는 『성체성사에 관하여』의 집필이 큰 논란을 불러올 것을 알고 있었을 뿐 아니라 이런 논란을 내심 의도한 듯하다. 모르네는 이 책이 "반론을 일으킬 것이고, 이런 논쟁은 오히려 [이 책이 담고 있는] 진리를 더 명백하게 드러내 줄 것"이라고 생각했다.[51] 모르네는 같은 해 4월 낭트칙령이 반포되어 내전의 불씨가 사그라진 지금이야말로 이 전쟁이 일어난 근본적 원인인 "종교적 진실이 알려질 시기"라 판단했고, 이제 프랑스에 "종교적 진리의 씨를 뿌릴 준비가 되었다"고 예측했다.[52] 즉 모르네는 『성체성사에 관하여』를 통해 신학적 논쟁을 촉발하고, 이를 통해 프랑스에서 개혁신앙이 더 확대될 수 있는 기회가 주어질 것이라 보았으며, 이런 자신의 의도를 앙리 4세가 이해해 줄 수 있으리라는 희망을 지니고 있었다.

이런 모르네에게 『성체성사에 관하여』에 대해 신학논쟁을 벌일 장소를 마련해 주겠다는 앙리 4세의 결정은 환영할 만한 것이었다. 당시 에브류의 주교 뒤 페롱(Jacques Davy du Perron, 1556–1618)[53]은 모르네의

50 『성체성사에 관하여』의 내용과 사회적 파장에 대해서는 Hugues Daussy, *Les huguenots et le roi,* 585–588.

51 "Lettre de Mornay à M de Raemound, le 3 février 1599"을 Daussy, 같은 책, 586에서 재인용.

52 *Mémoires_1868-1869*, 352.

53 지그 다비 뒤 페롱(Jacques Davy du Perron, 1556–1618)은 원래 위그노 교도였지

책이 잘못된 인용과 논리로 가득 차 있다고 직설적으로 비난했는데, 모르네는 그에게 언제라도 이 문제를 공개적으로 토론하자고 제의한 바 있다. 앙리 4세는 모르네와 뒤 페롱의 제안을 받아들여 1600년 5월 4일 퐁텐블로에서 신학논쟁을 갖기로 결정했다.

퐁텐블로 논쟁은 이렇게 시작되었다. 하지만 퐁텐블로에서 모르네는 자신의 종교적 신념을 펼치기는커녕 당시 앙리 4세의 정치적 의도에 철저히 희생당하고 말았다. 퐁텐블로 논쟁은 결국 모르네의 정치적 추락을 단적으로 상징하며, 모르네 개인에게도 치명적인 정신적 상처를 안겼던 사건이 되고 말았다. 그리고 이런 급락의 배경에는 모르네가 이십오 년 이상 섬겼으며 항상 자신과 긴밀히 연결되어 있다고 믿었던 그의 주군 앙리 4세의 복잡한 정치적 계산이 깔려 있었다.[54] 퐁텐블로 논쟁이 본래의 종교적 의도를 잃고 정치적으로 변질되고 있다는 것을

만 가톨릭으로 개종한 전력을 지니고 있었다. 뒤 페롱의 아버지는 의사였지만 목회자가 되기 위해 직업을 포기할 정도로 열성적인 위그노였고, 뒤 페롱의 가족은 탄압을 피해 스위스 베른 지방으로 망명을 떠나기도 했다. 뒤 페롱은 어린 시절부터 학문에 재능을 보였고, 라틴어, 그리스어, 히브리어에 박식했으며 철학과 수학, 물리학 등에 천착하며 젊은 나이에 학자로서 인정받게 된다. 1562년 프랑스로 돌아온 뒤 페롱은 가톨릭으로 개종, 궁정에서 정치적 경력을 쌓았으며, 학문적 역량을 바탕으로 위그노에 대항하는 정치적, 종교적 저술을 집필하기도 했다.

54 앙리 4세는 위그노에서 개종, 가톨릭이 된 후 프랑스 왕위에 올랐다. 프랑스 국왕이 된 후 앙리 4세는 과거 자신을 적대시하던 프랑스 내 가톨릭 세력이나 교황청과 관계를 재건해야 했고, 자신의 변화를 상징적으로 보여주기 위해 과거 최고의 동지였던 모르네를 희생양으로 삼았던 것이다. 모르네 연구자 도시는 『성체성사에 관하여』와 퐁텐블로 논쟁에 대해 '신학적으로는 성공적이었으나 정치적으로 실패했다'고 평하면서, 퐁텐블로 논쟁은 모르네에게 '정치적 자살이자 동시에 신앙을 지키기 위한 희생'이었다고 논평했다. Hugues Daussy, *Les huguenots et le roi,* 582.

모르네나 아르발레스트 모두 처음에는 파악하지 못했다. 그러나 이 토론회가 끝난 후 아르발레스트는 곧 퐁텐블로 논쟁의 본질을 정확하게 인식하게 되었다.

> 왕은 트렌토 공의회나 예수회 등을 프랑스에서 인정해 달라는 [교황의] 요청에는 부담을 느꼈지만, 그럼에도 불구하고 [왕은] 자신이 교황을 지지한다는 사실을 확실히 하고 행동을 통해 증명해야 할 필요를 느꼈다. [당시 프랑스를 방문한] 교황의 특사는 왕의 측근으로 명성이 높은 어떤 신하가 로마 교회를 반대하는 글을 썼다고 공개적으로 비난했다. 그 이후에도 교황은 세 번에 걸쳐 직접 왕에게 특사를 보냈는데, 마지막 특사인 알랭쿠르(Sr d'Alincourt)는 퐁텐블로 논쟁이 열리고 있던 와중에 앙리 4세를 찾아오기도 했다. 알랭쿠르가 가져온 교황의 친서에는 모르네의 이름이 언급되어 있었으며, 교황이 직접 모르네를 자신의 적이라 지칭하는 내용이 포함되었다고 한다. 앙리 4세는 다소 뜻밖인 이런 상황을 이용해 교황의 호의를 사고자 시도했다.[55]

위 인용문에서 아르발레스트는 국왕과 교황, 위그노 사이의 관계 등을 고려하면서 퐁텐블로 논쟁의 성격을 정확히 분석하고 있다. 이처럼 아르발레스트는 회고록을 작성하면서 정치적, 공적 사안에 대해 남편의 성공과 실패에 연연하지 않고 사건의 역사적 의미를 파악하는 혜안을 보였다. 사실 퐁텐블로 논쟁은 큰 사회적 파장을 일으켰고 아르발레스트는 이에 직접 개입하게 되는데, 퐁텐블로 논쟁에서 그녀가 보여준 정확한 판단력과 뛰어난 행동력은 바로 이런 냉철한 현실 인식에 바

55 *Mémoires_1868-1869*, 371.

탕을 두고 있었다.

1600년 5월 4일 시작된 퐁텐블로 논쟁은 앙리 4세의 의도에 맞추어 모르네, 그리고 그로 대표되는 프랑스 위그노의 영향력을 꺾기 위한 정치적 음모와 작전 속에 진행되었다. 앙리 4세는 퐁텐블로 논쟁 현장에 직접 참석, 가톨릭 대표들을 노골적으로 응원했으며, 모르네를 비롯한 위그노 측 대표들은 제대로 발언 기회도 얻지 못한 채 일방적으로 비난과 비아냥거림의 대상으로 전락하게 되었다. 퐁텐블로 논쟁을 통해 앙리 4세의 '배신'을 속속들이 확인한 모르네의 심리적 타격은 매우 컸다. 그는 심한 정신적 압박을 견디지 못해 회의 중간에 몸져눕고 만다. 당시 가족들과 함께 파리에 머물고 있던 아르발레스트는 퐁텐블로 논쟁에 참석하고 있던 파리 위그노 교회의 유명한 목사 뒤 물랭(Pierre Du Moulin, 1568-1658)[56]을 통해 남편이 곤경에 처했음을 알게 되었다. 아르발레스트는 모르네가 걱정하지 말라는 전언을 보냈음에도 불구하고, 회의에 참석해 사태를 정확하게 알고 있던 뒤 물랭 목사에게 퐁텐블로 논쟁의 경과를 설명하는 글을 써달라고 부탁한 뒤, 이 글을 파리는 물론 프랑스 국내외 지인들에게 보냈다. 아르발레스트의 이런 행동은 당시 퐁텐블로 논쟁의 정치적 성격을 정확하게 파악했으며, 이는 여

56 피에르 뒤 물랭(Pierre Du Moulin, 1568-1658)은 모르네처럼 뷔 출신으로, 스당과 영국에서 칼뱅파 신학을 배운 뒤 1598년부터 파리 근교에서 유일하게 공인된 개혁교회인 샤랑통(Charenton) 교회의 담당목사로 재직했다. 뒤 물랭은 장 다이에(Jean Daillé, 1594-1670)과 함께 17세기 가장 저명한 프랑스 위그노 설교자 중 한 명이라 평가받는다. 뒤 물랭에 대한 연구로는 Brian G. Armstrong, "The Changing Face of French Protestantism: the Influence of Pierre Du Moulin," in *Calviniana: Idea and Influence of John Calvin,* ed. R. V. Schnucker (Kirksville: Sixteenth Century Journal Publishers, 1988), 131-149.

론의 추이와 그 반응까지 고려할 정도로 정확하고 기민하며 신속한 대응이었다. 또한 이 구절을 통해 아르발레스트가 위그노 공동체 내부에 얼마나 견고한 연락망을 만들고 그를 신뢰하는 지인들을 확보하고 있었는지도 짐작할 수 있다.

한편 곤경에 빠져 심신이 모두 지친 모르네는 더 이상 퐁텐블로 논쟁에 참석할 수 없다고 판단, 파리로 돌아오기로 마음먹었는데, 앞으로 자신이 어떤 선택과 행동을 할 것인지 의논하기 위해 가장 먼저 찾은 사람은 바로 부인 아르발레스트였다. 사람의 눈을 피해 남편과 조우한 아르발레스트는 당시의 상황을 이렇게 기록했다.

> 뒤플레시스는 수로를 통해 파리로 되돌아오기로 결정했고, 나에게 앞으로 우리가 해야 할 일을 함께 논의하기 위해 샤랑통(Charenton)으로 나와 달라고 부탁했다. 나는 그 누구도 만나지 않고 혼자 일찍 준비해서 샤랑통으로 갔고, 누구도 우리를 알아보지 않았기 때문에 우리는 바로 파리의 거처로 돌아갈 수 있었다. 나는 뒤플레시스를 만나고 나서 정말로 너무나 걱정이 되었지만 다른 한편으로 [이 고난을 통해] 하나님이 그에게 무언가 준비하신 바가 있다고 믿었다. 하나님께서 뒤플레시스로 하여금 그리스도의 불명예를 지도록 하셨으니 그것이 이후에는 결국 영광이 될 것이다. 하나님께서 나의 부족함을 통해 그의 위대함을 느끼게 하시듯, 그리고 이를 통해 더 큰 용기를 키울 수 있게 하시듯이, 나는 내 안에서 악의를 발견했을 때 이에 굴복하는 것이 아니라 이를 극복할 방법을 찾고자 노력하게 된다고 믿는다. [모르네가] 예전에 지겹도록 되풀이하던 말들이 이제 그에게는 유일한

위로였다.[57]

아르발레스트는 이처럼 모르네가 정신적으로 버틸 수 있도록 격려를 보내면서, 동시에 현안을 타개하기 위한 적극적 행동에 나섰다. 아르발레스트와 모르네는 퐁텐블로 논쟁이 모르네의 명예는 물론 위그노 진영을 위축시키려는 음모라는 데 동의했고, 퐁텐블로 논쟁의 정치적 속성을 폭로하기 위해 모르네가 직접 사건의 전말을 밝히는 글을 작성해야 한다고 판단했다. 한편, 아르발레스트는 모르네가 쓴 글을 인쇄, 출판하고 유통시키는 과정을 담당하기로 결정, 당시 모르네 부부의 거처였던 소뮈르(Saumur)로 돌아가지 않고 혼자 파리에 남아 이후 상황을 관리하기로 마음먹었다. 모르네는 퐁텐블로 논쟁에 대한 글[58]을 작성하자마자 파리에 있는 아르발레스트에게 보냈고, 아르발레스트는 이를 검토한 후 수정과 첨가를 제안, 글을 완성했다. 모르네가 쓴 글을 각계각층에 알리고 전파시키는 일은 다름 아닌 아르발레스트의 몫이었다.

> 나는 따라서 가만히 있지 말고 부지런히 움직이기로 마음먹고 가장 먼저 이 글의 사본을 스당의 신학박사인 틸레누스(M. Tillenus)에게 보냈다. 그는 적극적으로 모르네의 글이 인쇄되도록 도와주었고, 이 내용이 프랑스 국내외로 알려질 수 있도록 힘을 썼다. 이를 위해서 우리는 어느 곳에서 글을 인쇄하고 유포할지 결정해야

57 *Mémoires_1868-1869*, 381.

58 이 글은 1600년, 출판지와 출판사가 명기되지 않은 채 『1600년 5월 4일 퐁텐블로에서 열린 논쟁의 진상. 뒤플레시스와 에브뤼 주교 사이의 논쟁』(*Discours véritable de la conférence tenue à Fontainbleau le quatrième de mai 1600, entre le sier du Plessis et l'Éveque de Évreux*)이란 제목으로 발간되었다. 이후 이 글은 여러 차례 수정, 보완되어 재출간되기에 이른다.

했고 경우에 따라서는 글을 번역할 필요도 있었다. 뒤플레시스는 글이 유포될 지역을 골랐고 어떤 지역은 내가 스스로 선택하기도 했다. [글이 전해진 뒤] 전 지역에서 답신이 오기 시작하자 우리는 함께 하나님을 찬양했다. 특히 주네브 교회에서는 베즈가 직접 편지를 보내기도 했다.[59]

이처럼 아르발레스트는 모르네가 퐁텐블로 논쟁에서 받은 부당한 대우를 프랑스 위그노 공동체뿐 아니라 유럽 사회 전역에 알리는 데 있어 중추적인 역할을 담당했고 나름의 뚜렷한 성과를 거뒀다. 하지만 이 과정에서 어려움도 많았다. 아르발레스트는 특히 파리에서 모르네의 책을 알리는 데 큰 곤란을 겪었다고 다음과 같이 기록했다.

> 나는 파리 지역에서 [글을 인쇄하고 유포하는 데] 상당한 곤란을 겪었지만, 어쨌든 파리에서도 [모르네가 쓴] 글이 회자되고 [퐁텐블로 논쟁의 실체가] 알려졌다. 이 과정에서 위험이 적지 않았다. 나는 드 루뱅이라는 과부에게 책을 맡아달라고 했는데, 그녀는 이를 너무 가볍고 신중하지 않게 다루는 바람에 내가 소뮈르로 돌아가서 처음 들은 소식이 그녀가 책을 가지고 있다는 게 발각되어 체포당했다는 것이었다. 또한 몽트리유(Montreuil)의 인쇄소에서는 [글의] 인쇄가 거의 끝났을 때 [당국에서] 조사를 나오는 바람에 그동안 찍은 것을 폐기하는 사태도 있었다.[60]

그런데 퐁텐블로 논쟁을 둘러싼 여러 정황 중 또 하나 의미심장한 부분은 위 인용문에 언급된 '드 루뱅이라는 과부'에게 모르네의 글을 맡

59 *Mémoires_1868-1869*, 384.

60 같은 책, 385.

겼다는 구절이다. '드 루뱅이라는 과부'라 불린 여성은 다름 아닌 프랑수아즈 드 루뱅(François de Louvain, 1540-1621)이라 추정되는데, 그녀는 파리에서 서점을 경영하던 위그노 교도로 당시 이미 40년 이상 서점을 운영하며 책을 출판했던 베테랑이었다.[61] 파리에는 그녀 외에도 여러 여성들이 책과 관련된 직종에서 일하고 있었는데, 드 루뱅은 유복한 부르주아 출신이었으나 어머니의 반대를 무릅쓰고 위그노인 남편과 결혼했을 정도로 투철한 프로테스탄트라 알려져 있다.[62]

아르발레스트가 드 루뱅과 어떤 관계였는지는 알 수 없지만, 드 루뱅의 부르주아 출신 성분이나 회고록의 비판적 어조로 보아 그다지 깊은 친분은 없어 보인다. 하지만 모르네의 글을 출판하고 유통시키는 임무를 위해서는 위그노이자 서점을 운영하는 드 루뱅은 아르발레스트에게 중요한 조력자가 될 수 있었다. 아르발레스트가 드 루뱅의 존재를 알고 활용했다는 점은 파리 위그노 공동체 내부에 귀족과 평민을 포함한 광범위한 연결망이 있었음을 추정케 하는 단서이다. 파리의 위그노들은 신앙이 전파되던 초기부터 칼뱅의 저작이나 시편, 성무일과서 등을 들여오기 위해 인쇄소와 중간공급자, 책 행상들과 긴밀히 연결되어 있었다는 점을 고려했을 때, 이런 연결망의 존재는 충분히 예상 가능한 것이다.[63] 아르발레스트가 파리를 오래 떠나 있었음에도 불구하고 여전

61 Michel Simonin, "Trois Femmes en librarie: Françoise de Louvain, Marie L'Angelier, Françoise Patelé," in *Des Femmes et des livres: France et Espagnes, XIVe-XVIIe siècle*, eds. Dominique de Courcelles and Carmen Val Julián (Paris: École des Chartes, 1999), 150-161.

62 Simonin, 같은 책, 151.

63 Didier Boisson et Hugues Daussy, *Les protestants dans la France moderne* (Paris: Belin, 2006), 56-61.

히 이런 연결망을 알고 이를 활용했다는 점도 중요하지만, 생 바르텔르미 학살 이후 급격히 위축되었던 위그노 공동체에도 여전히 드 루뱅 같은 여성들이 남아 있어 위그노 대의에 동참해 활동했다는 사실에 더 주목할 필요가 있다. 결국 1600년 초에도 파리의 위그노 조직이 나름 명맥을 이어가고 있었고, 그 속에서 드 루뱅 같은 여성이 움직이고 있었다면, 여성이 적극적으로 위그노적 대의에 동참했던 전통은 파리에서 여전히 지속되고 있었다고 여겨진다.

모르네에게 개인적이자 정치적인 추락이었던 퐁텐블로 논쟁 이후, 아르발레스트가 보여준 일련의 대처방식은 종교개혁의 동지로서 종교전쟁의 선봉에서 생사고락을 함께 한 모르네와 아르발레스트 부부의 동지애와 유대감을 압축적으로 보여준다. 아르발레스트는 모르네에게 닥친 상황을 정확하게 파악했고, 이를 근거로 적극적인 대응방법을 고민하고 행동에 옮겼으며, 이를 위해 자신이 지니고 있는 인맥과 연락망을 총동원하는 역량을 보여주었다. 또한 아르발레스트는 회고록에서 앙리 4세가 퐁텐블로 논쟁에서 의도한 바가 무엇이며 그것이 당시 프랑스에 어떤 영향을 미쳤는지 거시적인 차원에서 분석하고 평가하는 서술방식을 사용하는데, 이처럼 아르발레스트가 정확한 판단력과 통찰력을 지니고 있었다는 사실은 아르발레스트가 단지 모르네의 지시를 받아 움직이던 수동적인 행위자가 아니라 상황을 정확하게 파악하고 대처할 수 있었던 능동적 동역자였음을 보여주는 단서라 할 수 있다.

5. 또 다른 아르발레스트를 기다리며

지금까지 살펴본 모르네와 아르발레스트의 동지적 유대관계와 종교개혁의 선봉에 선 가정의 모습은 종교개혁가들이 규정한 일반적 가정의 도식을 뛰어넘는 다른 차원에 위치하고 있다. 종교개혁가들은 여성을 선천적으로 열등한 존재로 규정, 그의 의지와 행동은 가부장에 예속되어야 한다고 여겼고, 여성의 삶은 부엌에서 가사에 전념하며 아이를 낳아 기르고, 교회를 통해 신앙심을 키우는 범위 내에 머물러야 한다고 주장하며 여성을 가정에만 귀속시키고자 했다. 그러나 프랑스 종교전쟁 시기 소수 세력으로 단합과 연대가 절실했던 위그노에게 가정이란 인적, 물적 자원을 동원하는 기반이자, 유대감을 키우고 공동체를 결속시키는 매개에 해당했다. 따라서 아르발레스트를 비롯, 적극적으로 종교전쟁에 개입한 일부 귀족여성들은 사회적 탄압과 현실적 제약을 극복하기 위해 형성한 강력한 결단력과 진취적 행동력을 발휘, 자신들의 가정을 종교적 대의에 헌신하는 공간으로 재편하고자 했다. 결과적으로 프랑스 종교전쟁 당시 위그노 귀족들의 가정은 공동체의 운영과 급변하는 정치적 현실에 직접 개입하는 소통과 참여의 장(場)이 되었다.

동지애에 바탕을 두고 공동체의 연대를 위한 연결고리 역할을 했던 모르네와 아르발레스트 가정은 프랑스 종교전쟁 시대 위그노에게 요청되던 가정의 특성을 구현한 대표적 사례라 할 수 있다. 모르네 부부의 가정은 종교개혁에 동참하는 과정을 통해 가부장적 질서에 매몰되지 않고 오히려 능동적인 사회의 일부로 기능할 수 있는 가능성을 확보하게 되었다. 루터에게 가정이 '복종을 배우는 장소'이고, 칼뱅에게

'소명을 배우는 장소'였다면, 모르네와 아르발레스트에게 가정은 '사회 참여의 장소'가 되었던 것이다. 이처럼 종교개혁 시대 여성들은 그 역사적 조건과 맥락에 따라 서로 다른 방식으로 종교개혁을 체험하였고, 자신의 경험 속에서 종교개혁 교리와 사상의 내용을 변주하며 재구성하는 역량을 발휘하기도 했다. 따라서 프랑스 종교개혁 시대 여성과 가정은 가부장제에 종속된 수동적 변수가 아니라, 당시 위그노 공동체의 흥망에 직접 개입했던 독립적이고 능동적인 주체라 평가할 수 있겠다.

샤를로트 아르발레스트는 유명한 정치가 모르네의 아내이자 인생의 동반자라는 자리에서 프랑스 종교개혁을 겪었고, 그녀의 경험은 종교개혁가들이 여성에게 부여한 제한된 규정을 넘어선 중층적이고 복합적인 것이었다. 이처럼 종교개혁에 동참한 여성들의 삶은 쉽게 일반화될 수 없는 다양한 스펙트럼을 지니고 있다. 어느 정도 이름이 알려진 프랑스 위그노 여성들의 경우만 일별해 보아도 이는 명백하다. 나바르와 베아른의 여왕이었던 잔 달브레(Jeanne d'Albret, 1528–1572), 앙리 드 나바르의 누이로 위그노 공동체의 상징이었던 카트린 드 부르봉, 자신의 영지를 위그노들의 피난처로 제공했던 르네 드 프랑스(Renée de France, Duchesse de Ferrara, 1510–1574)와 자클린 드 로앙(Jacqueline de Rohan, Marquise de Rothelin, 1520–1587), 1627년 라 로셸에서 벌어진 위그노의 마지막 군사작전에 동참했던 카트린 드 파르트네(Catherine de Parthenay, Mme de Rohan, 1554–1631) 등 프랑스 종교개혁 시기 위그노 귀족여성들의 경험은 비교적 여러 차원에서 연구되었으나 아직도 그들의 경험이 지닌 의미를 온전히 복원시키지 못한 측면이 많다. 특히 프랑스 종교개혁 시대 위그노 귀족 여성들이 구성한 인적 네트워크와 그 역할에 대한 학문적 논의는 아직 충분히 이루어지지 않았으며 이에 대한 후속 연구가 요청된다.

대귀족 출신이 아닌 여성의 경험을 추적하는 일은 더욱 어렵다. 예를 들어 모르네의 책을 출판했다가 체포당했던 프랑수아즈 드 루뱅 같은 여성의 삶을 추적하는 일은 거의 불가능에 가깝다. 사료 구석에 이름 한 줄로 남은 여성들, 나아가 그런 이름조차 남기지 못한 더 많은 여성들이 프랑스 종교개혁에 각자의 방식으로 동참했는지, 그리고 이를 통해 자신들의 삶을 변화시켰는지 추적할 길은 요원해 보인다.

그럼에도 불구하고 프랑스 종교개혁은 물론, 개혁운동에 동참했던 여성들의 경험에 대한 연구는 종교개혁의 속성과 전파, 수용에 대해 파악할 수 있는 새로운 가능성을 간직하고 있다. 종교개혁 시대를 살아간 여성들은 지금껏 알려지지 않은 많은 이야기를 우리에게 들려줄 준비가 되어 있다. 이제 연구자들에게 주어진 과제는 어떻게 이들의 이야기를 올바로 들을 수 있을지 고민하는 것이 아닐까 한다. 아직도 수많은 '아르발레스트들'은 역사의 한 모퉁이에서 조용히 연구자의 손길을 기다리고 있다.

3부

16세기 여성이
역사에 이름을 남기는 법

3부

16세기 여성이 역사에 이름을 남기는 법

3부의 주인공은 '여왕 마고[1]'라는 잘못된 별칭으로 더 많이 알려진 마르그리트 드 발루아이다. 프랑스 왕가의 고귀한 공주로 태어나 평온하고 아름다울 것만 같았던 그녀의 인생은 위그노 진영의 지도자 앙리 드 나바르와 결혼하면서, 그리고 이를 계기로 생 바르텔르미 대학살이 촉발되면서 엇나가기 시작했다. 가톨릭의 수호자여야 하는 왕실의 일원으로 태어나 위그노 수장과 결혼했다는 이유만으로, 마르그리트 드 발

1 '여왕 마고'라는 명칭은 1994년 프랑스에서 제작된 영화 〈La Reine Margot〉가 한국에서 〈여왕 마고〉라는 제목으로 잘못 번역되어 개봉되면서 세간에 널리 알려지기 시작했다. reine이라는 프랑스어는 '여왕'을 뜻하기도 하지만 동시에 '왕비'라는 의미를 지니는데, 당시 마르그리트 드 발루아의 신분이 '왕비'였음을 볼 때 reine을 '여왕'으로 번역한 것은 번역상의 오류이다. 또한 외래어 표기법에 따라 Margot는 '마고'가 아니라 '마르고'라 표기하는 것이 옳다. 따라서 〈La Reine Margot〉의 정확한 번역은 〈마르고 왕비〉가 되어야 한다.

루아는 가톨릭과 위그노 진영 모두에게서 비난받고 폄훼당하는 처지에 빠졌고, 모욕과 저주가 가득 찬 선전전의 대상으로 전락했다. 마르그리트 드 발루아의 경우는 종교개혁이 유럽에 가져온 분열과 전쟁, 그리고 증오가 여성의 성을 부정적으로 인식하는 오래된 관행과 결합할 때 얼마나 강력한 편견이 형성되는지, 그리고 그것이 얼마나 오래 지속되는지를 보여주는 가혹한 사례라 할 수 있다. 이와 같은 마르그리트 드 발루아에 대한 이미지 변천의 역사를 5장에서 살펴보도록 하겠다.

반면 6장에서는 마르그리트 드 발루아가 남긴 회고록을 통해 '퇴폐적이고 음욕에 가득 찬' 여성으로 규정되어 온 마르그리트 드 발루아의 진짜 목소리를 들어보는 기회를 만들어 보고자 한다. 한 가지 주의해야 할 사항은, 마르그리트 드 발루아의 회고록 역시 자신을 정당화하기 위한 수단에 불과했다는 점이다. 따라서 그녀가 남긴 목소리 역시 액면 그대로 받아들이기보다 그 속에 숨겨진 다양한 의도를 파악할 필요가 있다. 나아가 마르그리트 드 발루아에 대한 흑색 전설을 벗겨내고 나면, 순수하고 아름다운 순백의 여성이 남을 것이라는 착각에서도 벗어나야 한다. 마르그리트 드 발루아는 악녀도 아니었지만, 그렇다고 천사도 아니었다. 마르그리트 드 발루아는 욕망과 지성, 그리고 감정과 이성 사이에서 부단히 갈등하며 자신의 사회적 위상에 어울리는 지위를 획득하기 위해 노력했던 여성이었으며, 숱하게 실패하고 좌절했지만 그럼에도 불구하고 끝까지 자신을 우아하고 세련된 방식으로 지켜낼 줄 알았던 영리한 여성이기도 했다. 생각보다 마르그리트 드 발루아는 평범하다는 것, 결국 그녀 역시 세상의 모든 여성들 중 하나에 불과했음을 보여주는 것 그 자체가 그녀에게 씌워진 온갖 편견에서 벗어날 수 있는 유일한 가능성일 것이다.

그림 9 마르그리트 드 발루아의 초상 (1572, 프랑수아 클루에 작)
출처: https://en.wikipedia.org/wiki/Margaret_of_Valois

그림 10 마르그리트 드 발루아의 노년기 초상 (작자/년도 미상)
출처: https://en.wikipedia.org/wiki/Margaret_of_Valois

5장
왕비 마르고, 역사와 기억 사이

5장

왕비 마르고, 역사와 기억 사이*

1. '왕비 마르고'의 탄생

마르그리트 드 발루아는 앙리 2세(Hennri Ⅱ, 1519−1559)와 카트린 드 메디시스(Cathrine de Médicis, 1519−1589)의 딸로, 발루아 가문의 마지막 공주이자 부르봉 왕조의 개창자 앙리 4세(Henri Ⅳ, Henri de Navarre, 1553−1610)의 첫 번째 왕비였던 인물이다. 마르그리트 드 발루아는 보통 '왕비 마르고(Reine de Margot)'라 불리는데, 그녀가 '왕비(reine)'라는 호칭 아래 기억된다는 점은 결국 누구의 왕비로도 남지 못했던 마르그리트의 일생을 생각해 볼 때 무척 역설적인 일이 아닐 수

* 본서 5장은 필자의 논문 「마르그리트 드 발루아: 역사와 기억 사이」, 『프랑스사 연구』 35 (2016)을 학회 동의 아래 재수록하였다.

없다. 프랑스 왕실의 공주로 태어나 누구의 왕비도 되지 못했다는 점은 바로 마르그리트의 일생을 비극으로 몰아넣은 결정적 원인이었고, 나아가 그녀에 대한 온갖 추문이 끊임없이 양산되어 '왕비 마르고의 흑색 전설'을 탄생시킨 배경이었기 때문이다.

그러나 바로 이런 점들 때문에 마르그리트 드 발루아는 16세기 프랑스의 여성, 왕족, 결혼, 출산, 정치, 섹슈얼리티 등 각종 주제가 중첩되는 교차로 위에 서 있는 존재가 되었다. 따라서 상당히 오랫동안 알렉산드르 뒤마 소설의 주인공으로, 그리고 이를 바탕으로 한 대하역사 사극의 비극적 히로인으로만 기억되었던 마르그리트 드 발루아는 최근 근대 초 유럽 왕실 여성의 정치적, 사회적, 문화적 역할을 분석하기 위한 매력적인 소재로 재조명되고 있다. 1990년대 초 마르그리트 드 발루아의 일생을 구체적으로 추적한 전기가 출간되었고,[1] 곧이어 그녀의 회고록과 편지 등 각종 저작이 현대 판본으로 재출간되면서[2] 이를 기반으로 다양한 연구가 진행 중이다.[3]

---

1 Éliane Viennot, *Marguerite de Valois: Histoire d'une femme, histoire d'un mythe* (Paris: Payot et Rivages, 1993).

2 Marguerite de Valois, *Correspondance 1569–1614* (Paris: Honoré Champion, 1998); Marguerite de Valois, *Mémoires et autres écrits, 1574–1614* (Paris: Honoré Champion, 1999). 이외 마르그리트 드 발루아의 회고록 출간과 편집에 대한 정보는 본서 6장 각주 1번 참고.

3 현재 마르그리트 드 발루아에 대한 연구사적 경향은 다음 세 차원으로 정리된다 1) 마르그리트 드 발루아 시대 궁정질서를 분석하여 여성과 권력의 관계를 규명하는 연구: Éliane Viennot, "Marguerite de Valois et le comte d'Auvergne: stratégies pour la reconquête de pouvoir," in *Royaume de fémynie. Pouvoirs, contraintes, espaces de liberté des femmes, de la Renaissance à la Fronde,* eds. Kathleen Wilson–Chevalier and Éliane Viennot (Paris: Honore Champion, 1999); Karin M. Armour, "A Portrait of Power: The Importance of Marguerite de Valois in Sixteenth Century French Royal

그런데 필자가 본고에서 분석하고자 하는 대상은 '마르그리트 드 발루아'라기보다는 오히려 '마르고 왕비' 쪽이라 할 수 있다. 사실 마르그리트 드 발루아는 마치 조선의 장희빈처럼 대표적인 프랑스 궁정 야사의 주인공격인 인물이다. 마르그리트 드 발루아에 대한 이야기는 그녀의 자유분방하다 못해 문란하고 난잡한 성적 추문에 집중되어 있고, 그 내용 역시 리그의 지도자인 기즈 공 앙리(Henri de Guise, 1550-1588)의 애인으로 앙리 드 나바르와 삼각관계를 지속했다는 혐의에서 시작하여, 심지어 친오라버니인 앙리 3세(Henri Ⅲ, 1551-1589)와 근친상간을 범했다거나, 애인과의 사이에서 사생아를 낳았고 태어난 아이를 죽였다는 혐의까지 등장하는 등 그 수위가 상당한 지경이다. 도대체 왜, 그리고 어떤 과정을 통해 귀여운 흑발머리 공주 '마르그리트 드 발루아'는 피를 뒤집어쓴 드레스를 입고 사형당한 애인의 머리를 부여잡은 '마르고 왕비'로 인구에 회자되기 시작했는가? 본고는 프랑스 종교전쟁과 왕조 교체라는 격동의 시대 속에서 누구보다 '고귀한 혈통'을 타고났던 마르그리트 드 발루아라는 여성이, 수없이 애인을 바꾸며 성적

Politics," *Senior Honors Theses* 112 (2004); Éliane Viennot, *La France, les femmes et le pouvoir: Tome 1, L'invention de la loi salique (Ve-XVIe siècle), Tome 2, Les résistances de la société* (Paris: Perrin, 2006).

2) 마르그리트 드 발루아의 회고록을 통해 여성 주체의 자아인식과 서술방식을 분석하는 연구: Zachary Sayre Schiffman, "Dimensions of Individuality: Recent French Works on the Renaissance," *Renaissance Quarterly* 49(1) (1996), 114-123; Jean Garapon, "Amateurisme littéraire et vérité sur soi, de Marguerite de Valois au cardinal de Retz," *Revue d'Histoire littéraire de la France* 103(2) (2003), 275-285.

3) 첫 번째와 두 번째 연구경향의 종합. 자아를 인식한 여성주체가 현실의 제약에 대응하는 방식을 탐구: Robert Muchembled, *Passions de femmes au temps de la Reine Margot*, 박미림 옮김, 『잔혹한 열정: 여왕 마고 시대의 잔혹 연애사』 (서울: 북프렌즈, 2013).

인 쾌락에 집착한 타락한 마르고 왕비로 규정되기까지 그 역사적 기억이 생성, 변형, 소통, 확산되는 과정에 주목하고자 한다.

필자는 마르그리트 드 발루아에게 씌워진 '오명'이란, 여성이 역사적으로 기억되는 가장 전형적인 방식 중 하나라고 생각한다. 마르그리트 드 발루아의 생애를 하나하나 되짚어보면, 그녀는 동시대를 살았던 다른 남성 왕족들에 비해 그다지 더 난잡하지도 않았고 그다지 더 유난

그림 11 마르그리트 드 발루아의 어린 시절 초상
출처: https://commons.wikimedia.org/wiki/File:Margot_001.jpg

할 것도 없는 삶을 살았다. 그러나 남성왕족의 혼외정사와 사생아 출산은 호방한 남성성을 과시하고 왕국의 핏줄을 이을 수 있는 생산능력의 일환이라 미화된 반면, 여성왕족의 화려한 연애행각은 그것이 실제로 어떤 결과를 초래했는가와 무관하게 결국 왕실의 미래를 위태롭게 만들고 공동체의 결속을 해치는 불안요소로 취급되었다. 따라서 마르그리트 드 발루아에 대한 당대의 평판과 후대의 전설은 그 자체로 진위여부를 논할 대상이라기보다, 여성에 대한 역사적 기억이 만들어지고 여기서 파생된 대중적 이미지가 끊임없이 소통된다는 사실이 얼마나 강력하게 젠더 간 위계질서를 재생산하는지 증명해주는 적극적 사례로 분석될 필요가 있다.

이런 문제의식을 가지고, 먼저 마르그리트 드 발루아의 생애를 간단히 일별하고, 이 과정에서 마르그리트 드 발루아에 대한 동시대의 평판이 위그노와 가톨릭 진영의 선전전 속에서 몰락해가는 과정을 분석할 것이다. 나아가 마르그리트 드 발루아에 대한 흑색 전설이 17−19세기에 걸쳐 점차 더 확대 재생산되는 과정을 점검하고, 이를 통해 여성이 역사적 상징으로 규정되는 방식은 시대적 변이에도 불구하고 여전히 가부장적 젠더 이데올로기의 영향력 아래 움직이고 있음을 고찰해 보겠다.

2. 마르그리트 드 발루아의 생애

근대 초 유럽 왕실질서 속에서 '공주'로 태어난다는 것은 '상징'으로 살아간다는 뜻이다. 공주로 태어난 여성은 어린 나이에 다른 왕실이나 대귀족 가문의 남성과 정략결혼을 하게 되고, 자신이 태어난 모국의 정치적 이익을 결혼을 통해 맺어진 새로운 공간 속에서 대변하며, 이를 통해 두 세력 사이의 연대의 증표가 되기를 요청받는다. 이러한 책무를 완벽히 수행해 내려면 후계자의 생산이 절대적으로 필요하다. 따라서 왕실의 공주란 결국 스스로 정치적 연대의 상징이 되고, 아이를 낳음으로써 연대 자체를 재생산할 때 비로소 진정한 권력과 위상을 확보하는 존재가 될 수 있었다.[4]

이런 관점에서 볼 때, 마르그리트 드 발루아는 왕실의 공주에게 부여된 임무에 철저히 실패했다. 하지만 동시에, 마르그리트 드 발루아의 개인적 실패는 그녀가 살았던 시대 탓이기도 하다. 16세기 종교 내전 시기 동안 프랑스 왕실은 스스로의 뚜렷한 정체성을 갖지 못한 채 가톨릭 진영과 위그노 진영, 그리고 중도파 등 서로 다른 세력과 이합집산을 거듭했고, 이런 변화의 와중에서 마르그리트 드 발루아는 평생 동안 자신이 무엇을 대변하고 무엇의 상징으로 살아가야 할 것인지 쉽게 결정할 수 없는 혼란 속에 놓여 있었다.

마르그리트 드 발루아의 생애를 일별하기 위해, 필자는 그녀를 둘러싼 각종 정치적 진영이 어떻게 변화되었는지에 초점을 맞추고

---

4 Simone Bertière, *Les Reines de France au temps des Valois: I. Le beau XVIe siècle* (Paris: Éditions de Fallois, 1994), 15–25.

자 한다. 마르그리트 드 발루아는 먼저 카트린 드 메디시스로 대표되는 프랑스 왕권의 장기 말이었다가(1553–1572), 생 바르텔르미 학살 이후 알랑송 공작(François de France, Duc d'Alençon, 1555–1584)과 말콩탕(Malcontents) 세력의 유력인사로 변신했으며(1572–1578), 그 연장선상에서 남편인 앙리 드 나바르의 정치적 협상카드로 활용되었고(1578–1584), 끝내는 이런 모든 연결고리를 끊고 스스로 독자세력화를 추진하다가 몰락하게 된다(1585–1599). 그러나 그녀는 앙리 4세와의 결혼이 무효화된 이후 발루아 왕조와 부르봉 왕조를 이어주는 매개 역할을 담당하며 오히려 스스로의 위상을 끌어올리기도 했다(1599–1615).

1553년 5월 14일 카트린 드 메디시스이자 일곱 번째 자식이자 세 번째 딸로 태어난 마르그리트 드 발루아는 타고난 미모와 높은 교육수준을 바탕으로 '발루아 가문의 진주'라 칭송받는 유년시절을 보냈다.[5] 앙리 2세의 사후 섭정 자리에 오른 카트린 드 메디시스는 거듭된 종교내전을 종식하기 위해 자신의 딸을 위그노 진영의 중심축인 베아른 공국의 앙리 드 나바르와 정략결혼시킬 계획을 세운다. 이를 통해 카트린 드 메디시스는 자신의 딸이 위그노와 가톨릭 진영 사이의 날선 반목을 누그러뜨리는 역할을 담당하기를 기대했을 것이다. 그러나 그들의 결

5 앙리 2세와 카트린 드 메디시스 사이에는 5명의 아들과 5명의 딸 등 총 10명의 자식이 있었다. 이중에서 둘째인 루이와 아홉 번째와 열 번째 딸쌍둥이인 잔과 빅토리아는 모두 태어난 후 곧 사망했으므로, 성년에 이르기까지 살아남은 아이는 모두 7명이다. 살아남은 네 명의 아들 중 세 명은 모두 차례로 프랑스의 왕이 되었고(프랑수아 2세, 샤를 9세, 앙리 3세), 막내아들 프랑수아는 29세가 되던 1584년 사망하였다. 카트린 드 메디시스의 세 명의 딸은 엘리자베스(에스파냐 펠리페 2세와 결혼, 1545–1568), 클로드(로렌 공 샤를과 결혼, 1547–1575), 그리고 3부의 주인공인 마르그리트이다.

혼식 일주일 뒤 벌어진 생 바르텔르미 대학살은 카트린 드 메디시스의 이러한 구상을 철저히 무너뜨렸고, 마르그리트 드 발루아의 결혼은 그 정치적 의미를 상실하게 된다.

그림 12 어린 마르그리트와 어머니 카트린 드 메디시스
출처: https://en.wikipedia.org/wiki/Diane_d%27Andoins

그림 13 앙리 드 나바르와 마르그리트 드 발루아의 결혼기념 그림
출처: https://fr.wikipedia.org/wiki/Marguerite_de_France_(1553–1615)#/media/File:Henry%26Margot.jpg

이때부터 마르그리트 드 발루아는 어머니의 영향력에서 벗어나 스스로 자신을 보호해 줄 정치적 자원을 찾아 나섰는데, 이때 부각된 인물이 그녀의 남동생 알랑송 공작이었다. 앙리 2세의 막내아들이었던 그는 어머니와 형들의 관심사에서 벗어난 외톨이였고, 이런 처지는 마르그리트 드 발루아와 앙리 드 나바르, 알랑송 공작 사이의 연대감을 촉진시켰다. 알랑송 공작의 정치적 배경이 된 세력을 '말콩탕'이라 부르는데, 말콩탕이란 전통적인 프랑스 귀족 중 카트린 드 메디시스 주위에 포진한 이탈리아 출신들이나 기즈 가문으로 대표되는 로렌 출신들의 대두에 '불만'을 지닌 사람들을 의미했다.[6] 이들은 종교적으로 가톨릭이지만 그다지 극렬한 편은 아니었기 때문에, 생 바르텔르미 대학살에 대해 거부감이 컸고, 강경한 가톨릭인 앙주 공 앙리(후일의 앙리 3세)보다 온건하고 유약한 알랑송 공 프랑수아가 프랑스 왕위를 계승하기를 원했다. 말콩탕 세력은 중도 가톨릭으로 위그노와도 연대할 수 있었기 때문에, 이들과 알랑송 공작은 마르그리트 드 발루아에게 상당히 오랫동안 중요한 정치적 자산이 되어 주었다.

그러나 무엇보다도, 마르그리트 드 발루아의 존재 가치는 남편인 앙리 드 나바르와의 관계 속에서 강화될 수 있었다. 5차, 6차 종교내전의 승리로 일정한 영향력을 확보한 앙리 드 나바르는 다시금 중요한 정치세력으로 부상했고, 마르그리트는 1578년 파리를 떠나 앙리 드 나바르의 궁정인 네락(Nérac)으로 가게 된다. 그러나 앙리 드 나바르에게 마르그리트는 위그노 진영의 기반을 굳히기 위해 프랑스 왕실을 위협할

6 Arlette Jouanna, Jacqueline Boucher, Dominique Biloghi et Guy Le Thiec, *Histoire et dictionnaire des guerres de Religion* (Paris: Robert Laffont, 1998), 1068–1069.

수 있는 단순한 협상 카드 이상의 의미는 없었던 것 같다. 부부로서 두 사람의 관계는 매우 냉랭했으며, 따라서 마르그리트는 자신의 입지를 다져줄 아이를 끝내 만들지 못했다. 결국 마르그리트는 자신의 근원이라 할 수 있는 프랑스 왕실에서도, 그리고 새로운 삶의 중심이 되어야 할 앙리 드 나바르의 궁정에서도 확고한 입지를 만드는 데 실패했던 것이다.

그림 14 네락의 궁정에서 활동할 당시 앙리 드 나바르와 마르그리트 드 발루아의 초상
왼쪽 출처: https://fr.wikipedia.org/wiki/Marguerite_de_France_(1553–1615)
오른쪽 출처: https://commons.wikimedia.org/wiki/File:Margot.JPG

그림 15 마르그리트 드 발루아와 동생 프랑수아
출처: https://it.wikipedia.org/wiki/Margherita_di_Valois

1584년 알랑송 공작의 죽음은 프랑스 정계의 일대 혼란을 예고하는 사건이기도 했지만, 마르그리트에게는 자신이 신뢰하고 지지할 수 있는 모든 외적 연대가 종식되었음을 의미하는 결정적 순간이었다. 마르그리트는 더 이상 앙리 3세로 대표되는 프랑스 왕실이나 앙리 드 나바르로 대표되는 위그노 진영을 모두 믿을 수 없었고, 결국 그녀는 친정과 남편을 모두 버리고 그들의 적인 리그를 지지한다고 선언한 뒤 자신에게 상속된 영지였던 아장(Agen)으로 도망쳐 그곳에 진지를 구축하기에 이른다.[7]

7 마르그리트 드 발루아는 결혼 당시 지참금 명목으로 아장(Agen)과 루에르그(Rouergue) 등을 비롯한 왕령지 일부의 지배권과 조세권을 넘겨 받았다. Éliane

마르그리트의 이러한 선택은 프랑스 왕실의 공주이자 나바르 공국의 왕비로서 그녀가 지녔던 모든 정체성과 연출을 거부하는 행위였으며, 오라버니와 남편 등 그녀가 복종해야 할 모든 남성들에게 불복하겠다는 선언이라 할 수 있었다. 그러나 마르그리트의 결단은 무모한 것에 불과했다. 아장의 시민들은 마르그리트를 신뢰하지 않았고, 결국 앙리 3세의 군대에게 성문을 열어주었던 것이다. 마르그리트는 자신의 또다른 영지인 카를라(Carlat)로 도피했지만, 결국 앙리 3세의 군대에게 사로잡혀 위송(Usson) 성에 감금되는 처지로 전락하고 말았다. 거의 20년간 지속된 불명예스러운 유폐 생활 동안, 마르그리트 드 발루아가 할 수 있는 일은 회고록을 작성하며 자신의 삶을 정당화하는 작업 정도에 불과했다.

마르그리트 드 발루아의 명예회복은 역설적으로 1599년 확정된 그녀와 앙리 4세 사이의 결혼무효로부터 시작되었다. 프랑스 왕이 된 앙리 4세는 후계자를 얻기 위해 새로운 배우자를 맞아들이길 원했고, 마르그리트는 앙리 4세와의 결혼무효를 대가로 상당한 경제적 지분과 명예를 보장받게 되었다. 그런데 결혼 무효 뒤 발루아의 왕비이자 공작부인(La Reine et Duchess de Valois)라는 호칭을 보장받게 된 마르그리트의 정치적 위상은 오히려 이때부터 더 높아졌다. 왜냐하면 기존의 왕가였던 발루아 가문의 마지막 후예로서, 마르그리트는 새로운 왕가인 부르봉 가문의 정당성을 추인하는 존재로 부각되었기 때문이다. 1605년, 마르그리트 드 발루아는 파리로 가서 20년 만에 전 남편인 앙리 4세와

Viennot, *Marguerite de Valois,* 106.

그의 새 아내 마리 드 메디시스(Marie de Médicis, 1575-1642)를 만났고, 그들 앞에 무릎을 꿇고 자신이 새로운 왕에게 복종할 것이라 선언하며 어린 왕세자 루이를 자신의 상속인으로 지정하였다. 이러한 마르그리트의 행동은 발루아 왕조가 부르봉 왕조로 계승되었음을 대내외적으로 표방하는 것이었고, 여전히 불안했던 앙리 4세의 왕권을 지지해 주는 효과를 낳았다. 결국 후대 사람들에게 '마르고 왕비'라 불리게 될 마르그리트 드 발루아는 역설적으로 누구의 왕비로도 남지 못했던 말년에 이르러서야 그녀가 평생 원하던 정치적 영향력을 확보하였고, 자신의 '고귀한 출생'에 걸맞은 대우와 그에 상응하는 자유롭고 안락한 생활을 유지할 수 있었다.

혼란과 비극으로 점철된 젊은 시절에 비해 마르그리트의 말년은 비교적 안온하게 마무리되었다. 그렇지만 마르그리트 드 발루아와 관련된 각종 비난과 소문은 그녀 생전은 물론 사후에도 쉽게 사라지지 않았다.

그림 16 마르그리트 드 발루아가 유폐되었던 위송 성의 현재 모습
출처: https://en.wikipedia.org/wiki/Ch%C3%A2teau_d%27Usson

그림 17 마르그리트 말년의 거처였던 파리의 저택.
루브르 궁 바로 맞은 편에 위치하고 있었다.
출처: http://data12.gallery.ru/albums/gallery/1249-a6b75-35581210-m549x500.jpg

표 7 마르그리트 드 발루아의 생애와 당시의 주요 사건

시기	활동
1553	마르그리트 드 발루아 출생.
1569	제 3차 종교내전 발발. 앙리 드 기즈(Henri de Guise)와의 연애 행각.
1572	마르그리트 드 발루아와 앙리 드 나바르 결혼. 생 바르텔르미 대학살. 이후 앙리 드 나바르, 파리 유폐(1576년까지)
1574	5차 종교전쟁. 이후 말콩탕의 반란 음모 당시 『앙리 드 부르봉의 정당함을 증명하기 위한 회고록』(*Le Mémoire justificatif*) 집필, 라 몰(La Molle)의 죽음 이후 뷔시 당부아즈(Bussy d'Amboise)와 관계 시작.
1575	알랑송 공작의 탈주
1576	앙리 드 나바르의 탈주. 양자는 서로 연대하여 6차 종교전쟁 일으킴.
1577	6차 종교전쟁, 마르그리트의 플랑드르 여행
1578	마르그리트, 앙리 드 나바르와 재결합. 네락에 거주하며 궁정문화의 중심이 됨.
1580	7차 종교내전(guerre des amoureux). 마르그리트와 샹발롱(Champvallon)의 만남.
1582-1583	마르그리트, 파리 궁정으로 돌아감. 앙리 드 나바르와 관계 틀어짐. 어머니와 오빠인 앙리 3세와도 마찰을 빚음. 샹발롱과의 사이에서 사생아를 낳았다는 소문 퍼짐.
1584	네락으로 돌아감. 알랑송 공작의 사망 소식을 듣고 충격을 받음. 파리에서 리그 결성.
1585	8차 종교내전. 마르그리트는 리그 지지를 선언. 네락을 떠나 자신이 상속받은 성인 아장(Agen)에 진지를 구축함. 극심한 경제적 위기를 겪음. 이후 앙리 3세의 군대와 아장의 주민들이 마르그리트를 공격했고, 마르그리트는 카를라(Carlat)로 도피.
1586	앙리 3세 군대의 포로가 되어 위송(Usson) 성에 유폐됨.
1588	앙리 3세가 기즈 공 앙리와 로렌 추기경을 암살함.
1589	카트린 드 메디시스 사망, 앙리 3세 암살당함
1593	앙리 드 나바르, 가톨릭으로 개종 후 프랑스 왕으로 등극.
1594	앙리 4세의 파리 입성. 내전의 종식. 마르그리트는 회고록 작성을 시작함.
1598	낭트칙령 반포. 에스파냐와 협정 맺어 대내외적 평화의 시기 시작됨.
1599	마르그리트와 앙리 4세의 결혼무효 확정.

1600	앙리 4세는 마리 드 메디시스(Marie de Medici)와 결혼, 아들 루이 출산.
1605	마르그리트, 파리 생활 시작. 앙리 4세와 마리 드 메디시스, 왕세자 루이와 모두 좋은 관계를 지속. 상당한 규모의 연금을 받으며 다시 문화 후원 시작.
1610	앙리 4세의 암살.
1614	『현명하고 섬세한 글』(*Discours docte et subtil*) 저술.
1615	파리의 거처에서 사망.

3. 발루아의 진주에서 정욕의 화신으로: 동시대인이 본 마르그리트 드 발루아

왕실의 위대함에 어울리는
아름다움, 지식, 영광, 우아함을 갖춘 존재
이것이야말로 마르그리트의 근원과도 같다.
하늘과 땅이 그 향기에 쌓이며
내 삶 속에도 신성한 꽃이 피어나
그 꽃잎은 항상 또 떨어지고 흩날리어
당신의 이마 아래 새롭게 쌓인다.
당신과 같은 꽃 같은 처녀에게는
꿀벌도 차마 접근하지 못하며
낫으로도 벨 수 없고
발톱을 세운 세상의 익살꾼들도 범접할 수 없을 것이다.[8]

샤를 9세의 전속 시인이었던 롱사르(Pierre Ronsard, 1524–1585)는 1572

8 Pierre Ronsard, *Premier Livre de Amour, CVI* (1572), in *Oeuvres complètes de P. de Ronsard*, I, ed. Prosper Blanchemain (Paris: Librerie Jannet, 1857), 60–61.

년 아직 미혼이던 마르그리트 드 발루아를 기리며 위와 같은 시를 썼다. 롱사르의 칭송은 현대인의 눈에는 과해 보일 수 있겠지만, 실제로는 르네상스 시기 왕실의 공주를 묘사하는 일반적인 수준이라 할 수 있다. 출생 순간부터 일종의 상징이 되었던 왕실의 자제들은 궁정의 문인과 음악가들에 의해 뛰어난 덕성과 아름다움을 갖추었음은 물론, 국가의 영광과 미래를 담보한 존재로 묘사되었다. 앙리 2세의 막내딸로 태어난 마르그리트 드 발루아도 예외는 아니었고, 본격적으로 궁정에 출입하기 시작한 1570년대부터 수많은 시인들에게 찬양의 대상이 되었다.

롱사르 같은 궁중 시인들의 작품은 왕실의 후손을 찬양함으로써 프랑스 왕국의 미래를 확고하고 위대한 것으로 만들고자 하는 정치적 목적 아래 제작되었다. 실제로 롱사르의 작품들은 왕실 무도회에서 왕자와 공주들이 직접 출현한 연극으로 공연되는 등 왕실 이데올로기 전파의 핵심적 도구로 활용되었다.[9] 롱사르에 의해 '발루아 왕가의 세 번째 진주'[10]로 명명된 마르그리트 드 발루아는 파리는 물론 네락의 궁

9 Virginia Scott and Sara Sturm-Maddox, *Performance, Poetry and Politics on the Queen's Day: Catherine de Médicis and Pierre de Ronsard at Fontainebleau* (Aldershot: Ashgate, 2007), 91-132.

10 마르그리트 드 발루아에 대한 찬양의 방식 중 하나는 '마르그리트(프랑스 고어로 진주를 의미함)'라는 이름을 지녔던 기존의 왕실 여성들과 그녀를 한꺼번에 언급하는 것이었는데, 프랑수아 1세의 누이 마르그리트 드 나바르(Marguerite de Navarre, 1492-1549)가 첫 번째 진주, 앙리 2세의 누이 마르그리트 드 프랑스(Margaret of France, Duchess of Berry, 1523-1572)가 두 번째 진주, 그리고 마르그리트 드 발루아가 세 번째 진주라 불렸다. 마르그리트 드 나바르와 마르그리트 드 프랑스는 모두 프랑스 인접 지역(나바르와 사부아) 군주와 결혼하여 프랑스 왕국의 든든한 배경이 되어 주었으며, 문예후원을 통해 해당 지역 문화를 크게 발전시키는 등 왕실의 일원에게 요청되는 역할을 훌륭히 해낸 존재들이었다. 따라서 '세 번째 마르그리트'라는 별칭에는 마르그리트 드 발루아 역시 그들의 모범을 따라 왕실의 중흥을 위한 임무를 해낼 존재라는 기대가 담겨 있었다.

정[11]이나 위송에서도 지역의 문인들에게 칭송받았으며, 평생 동안 르네상스 시기 문예부흥을 주도한 핵심 후원자 중 하나로 활동하였다.[12]

왕실 이데올로기의 중심으로 일방적 찬사의 대상이었던 마르그리트 드 발루아의 이미지가 추락한 계기는 다름 아닌 생 바르텔르미 대학살이었다. 위그노 세력은 학살의 주동자로 샤를 9세(Charles IX, 1550-1574)와 카트린 드 메디시스를 지목했고, 결혼이라는 미끼를 통해 앙리 드 나바르와 위그노 세력을 파리로 유인했다고 주장했다. 이를 증명하기 위해 위그노 선전가들은 결혼 상대였던 마르그리트가 신부로서 자격을 갖추지 못한 문란한 여성임을 강조하기 시작했다. 그런데 일부 위그노 선동가들은 여기서 한발 더 나아가, 마르그리트의 성적 문란함을 곧 발루아 왕조 전체의 도덕적 타락의 증거로 확대, 발전시키고자 했다. 이를 위해서는 단순한 성적 방종을 넘어선 좀 더 강력한 혐의가 필요했다.

> – 샤를 9세는 교황이 이 결혼을 승인하지 않으면 자기가 직접 위그노 목사에게 [마르그리트를] 데리고 가서 결혼시켜 버릴 거라고 말하기도 했어. 그렇지만, 오 하나님 맙소사, 그는 자신의 마르고(Margot)가 더 이상 힘들게 기다리도록 내버려 둘 수는 없었을 거야.
>
> – 하긴 마르그리트가 그렇게 오래 기다릴 수 있는 여자가 아니지.

---

11 네락의 궁정활동에 대한 연구로 Véronique Ferrer, Catherine Magnien et Marie–Hélène Servet eds. *Albineana 24, La Cour de Nérac au temps de Henri de Navarre et de Marguerite de Valois* (Niort: l'Association des Amis d'Agrippa d'Aubignè, 2012).

12 마르그리트 드 발루아의 말년 궁정생활과 문예후원에 대해서는 Margreit Hoogvliet, "〈Ballet de la Reyne〉 and the Politics of vertu: Media and political communication," in *Selling and Rejecting Politics in Early Modern Europe,* eds. Martin Gosman and Joop W. Koopmans (Peeters Publishers, 2007), 71–92.

그녀의 처녀성을 가져간 것은 다름 아닌 그녀의 오빠 앙주 공인걸.
– 난 처음 듣는 이야기군. 하지만 이미 모후가 생트(Saintes)에 가 있을 무렵부터[13] 마르그리트가 남자들과 자기 시작했다는 건 알고 있어.
– 이건 확실한 이야기야. 사실 잘생긴 왕자들이 하는 일이라곤 친족이랑 자면서 동정을 빼앗는 것뿐이거든.[14]

모나르코마크(Monarchomaque)[15] 계열에서 제작된 것이라 추정되는 『프랑스인의 자명종』의 저자가 활용한 혐의는 다름 아닌 근친상간이었다. 팜플렛의 저자는 마르그리트의 오빠인 앙주 공 앙리가 여동생 마르그리트와 근친상간을 저질렀다고 주장하며, 발루아 왕조 전체에 근친상간과 혼외정사가 일상적으로 퍼져 있다고 선전했다. 그런데 『프랑스인의 자명종』의 저자는 한발 더 나아가 이런 성적 방종이 프랑스에 도입된 근원으로 다른 사람을 지목했다.

평화: 나는 샤를의 여동생이야. 다른 말로 하면 / 바로 샤를이 프랑스에게 준 평화라고나 할까 / 내가 사생아이긴 하지만 / 오늘날

13 1564–1566년 동안 진행된 왕실의 전국 순회를 의미한다. 이때 마르그리트의 나이는 11세였다.

14 Nicolas Barnaud, *Le réveille-matin des François, et de leurs voisins: Dialogue second du réveille matin des François, et de leurs voisins, composé par Eusèbe Philadelphe, cosmopolite [i.e. Nicolas Barnaud], en forme de dialogues* (Edinberg, 1574), 44.

15 모나르코마크란 직역하자면 '국왕시해파'라는 의미로, 위그노 정치사상가 중 프랑스 왕권이 지나치게 강화되는 것에 반대하며 삼부회 등을 활용해 법적으로 왕권을 견제할 필요성을 제기한 학자들을 지칭한다. 프랑수아 오트망의 『프랑코갈리아』(*Francogallia*), 본문에 인용된 『프랑스인의 자명종』, 그리고 뒤플레시스 모르네의 저술이라 추정되는 『반폭군론』(*Vindiciae contra tyrannos*) 등이 그 대표적 저작이다.

가장 영광스러운 그도 마찬가지니까.

폴란드인: 네 오라버니는 대단한 사람이지 / 근데 너의 아버지가 누군지 물어봐도 되겠어?

평화: 내 아버지는 바로 악마와 같은 기즈(Guise) / 신부의 복장을 했지만 끔찍한 괴물이지 / 모든 악의 총체이며 휴식 없는 고통이며 욕심까지 많지 / 고귀한 창녀와 그는 서로 흥분했고 / [나는] 이탈리아의 병든 피로부터 태어나 / 복수의 여신 퓨리의 젖으로 키워졌지.[16]

결국 『프랑스인의 자명종』에서 지목한 모든 악덕의 근원은 카트린 드 메디시스였다. 실제로 본 팜플렛은 이탈리아인이나 에스파냐인에 비해 프랑스인이 지닌 우수성을 강조하며, 외국의 그릇된 영향력 아래 프랑스가 분열되고 있음을 비판하는 내용으로 이루어져 있다. 실제로 이탈리아를 도덕적, 성적 타락의 산실로 보면서 프랑스인의 높은 도덕성을 그와 대비시키는 방식은 16세기 프랑스에서 유행하던 이탈리아노포비아(Italianophobia)의 전형적 논리 중 하나였다.[17] 결과적으로 마르그리트 드 발루아는 위그노 선동가들에 의해 어머니로부터 물려받은 '나

16 "Dialogism sur l'Effigie de la paix," Nicolas Barnaud, 같은 책, n.p.

17 르네상스 시대 카트린 드 메디시스의 고향 피렌체는 동성애로 대표되는 성적 문란의 상징적 장소였다. 이에 대한 연구로 Michael J. Rocke, *Forbidden Friendships: Homosexuality and Male Culture in Renaissance Florence* (Oxford et New York: Oxford University Press, 1996). ; 프랑스 문학 속에서 이탈리아를 성적 타락의 상징이라 여긴 사례에 대한 연구로 Gary Ferguson, "Péchés capitaux et ≪Vices italiens≫: l'avarice et ses complices dans *L'Heptaméron* de Marguerite de Navarre," *Seizième Siècle* 4(1) (2008), 73-87.

쁜 피'를 지닌 여인이자, 발루아 가문 전체의 도덕적, 성적 타락을 표상하는 존재가 되었다.

그림 18 생 바르텔르미 학살의 현장에서 시체를 세고 있는 카트린 드 메디시스의 모습. 16세기에 그려진 이 선전물에서 이미 카트린 드 메디시스는 학살의 주범으로 지목되었다.
출처: https://en.wikipedia.org/wiki/Margaret_of_Valois#/media/File:Dubois-massacre-d%C3%A9tail.jpg

생 바르텔르미 학살 이후 한동안 잠잠했던 마르그리트 드 발루아에 대한 공격이 다시 재개된 것은 앙리 4세와 공식적으로 이혼한 1599년 이후부터였다. 이 시기는 마르그리트가 발루아 가문과 부르봉 가문을 연결해 주는 존재로 추앙받으며 다시금 공식 정치 무대에 복귀한 시기와 일치한다. 이처럼 마르그리트 드 발루아에 대한 온갖 추문은 그녀가 지녔던 정치적 상징성이 강해질 때마다 반복적으로 재생산되고 있음을 알 수 있다.

1599년 이후 마르그리트가 악명을 얻게 된 배경은 앙리 4세와의 결혼 무효 이후 마르그리트가 부르봉 왕조의 조력자로 변신했기 때문이다. 발루아 왕조가 마무리되고 부르봉 왕조가 창건되면서, 아직도 프랑스에는 위그노 수장 앙리 드 나바르에서 부르봉 왕조의 창시자가 된 앙리 4세를 거부하는 사람들이 상당수 존재했다. 앙리 4세의 반대파들 중 일부는 발루아 왕조의 마지막 생존자인 마르그리트를 동정하면서 앙리 4세의 진정한 부인은 여전히 마르그리트이며, 따라서 현 왕비 마리 드 메디시스와의 사이에서 태어난 왕세자 루이(장래의 루이 13세, 1601–1643)는 사생아라 공격하기도 했다. 그러나 마르그리트 드 발루아가 적극적으로 앙리 4세와 왕세자 루이를 지지하면서 이런 주장은 힘을 잃게 된다. 결과적으로 앙리 4세의 반대파들은 자신들의 편이라 여겼던 마르그리트를 적극적으로 비난하며 그녀의 성적 문란함을 빌미로 앙리 4세를 공격하려는 전략을 구상하게 된다.

그림 19 루벤스의 마리 드 메디시스 연작에 등장하는 마르그리트(화살표로 표시). 일반적 예상과 달리 마르그리트는 앙리 4세의 두 번째 부인 마리 드 메디시스와 긴밀한 관계를 유지했고 이를 통해 안정적인 말년을 보낼 수 있었다.

출처: https://en.wikipedia.org/wiki/Marie_de%27_Medici_cycle

『사튀로스 풍의 이혼』이라 명명된 작자 미상의 팜플렛은 이런 경향을 대표하는 저술이다.[18] 이 팜플렛은 30여 페이지에 불과한 짧은 분량이지만, 앙리 4세가 직접 화자로 등장해 자신이 왜 이혼했는지를 설명한다는 논쟁적인 구성 때문에 큰 주목을 받았다.

> 나는 28년간 지속된 내 결혼이 파국에 이른 원인에 대해 많은 외국인들은 물론 프랑스인들도 몹시 궁금해 한다는 걸 잘 알고 있다. 공식적인 사유는 우리가 혼배성사에서 인정할 수 없는 가까운 친족이었다는 것이다. 하지만 어떤 이들은 내가 색을 밝혔기 때문이라고 하고, 또 다른 이들은 내가 무신론자여서 이혼했다고들 한다. 그러나 그들은 모두 잘못 알고 있는 것이다. 나는 그들의 무지를 일깨워 줄 필요가 있다고 판단했다. (중략) 로마에 전해지는 전설에 따르면, 아벤티노 언덕에 붉은 피가 비처럼 내린 적이 있는데, 이는 이후 칸나 전투의 패배를 예고하는 흉조였다고 한다. 나의 결혼식을 기해 프랑스에 몰아쳤던 핏빛 폭풍우는 결국 나의 명예가 땅에 떨어질 것이라는 암시였을까? (중략) 샤를 왕께서는 "나는 마르고를 나바르의 왕에게만 부인으로 준 것은 아니다. 사실 왕국의 모든 이단들에게 준 것이다"라고 말씀하신 적이 있다. 이 얼마나 진실한 예언인가! 얼마나 성스러운 영감의 발로인가! (중략) 사실 모든 위그노가 아니라 모든 프랑스인이라고 해야 맞는 말일지도 모른다. 왜냐하면 이 타락한 여인의 음탕함에는 한계가 없었기 때문이다. 욕정을 채우기 위해 그녀는 나이도, 신분도, 매력도 개의

18 『사튀로스 풍의 이혼』은 16세기 내내 은밀하게 유통되다가 *Recueil de diverses pièces servant à l'histoire de Henri III* (Cologne: Chez Pierre du Marteau, 1660)을 통해 처음 정식 출판되었다. 이후 본 팜플렛은 수없이 재출간되었는데, 본문에 인용한 판본은 *Divorce Satyrique, ou les amours de la Reine marguerite* (Brussel: chez gay et doucé, 1878)을 참조했다.

> 치 않았다. 그녀는 이미 열한 살 때부터 현재에 이르기까지, 자신이 정복하고 만족할 수만 있다면 그 누구라도 상관하지 않았다.[19]

인용문을 통해 명백히 드러나는 것처럼, 『사튀로스 풍의 이혼』의 내용은 온갖 도발적인 일화들로 가득 차 있다. 팜플렛의 화자로 설정된 앙리 4세는 마르그리트 드 발루아와 연애행각을 벌인 수많은 애인들의 실명을 공개하고, 그들과의 사이에서 벌어진 온갖 성적 기행들을 조목조목 나열했다.[20] 또한 이 팜플렛에서는 오빠인 앙리 3세나 동생인 알랑송 공작과도 평생에 걸쳐 관계가 지속되었다고 지적하며 오래전부터 떠돌던 근친상간 혐의 역시 다시금 환기시켰다.[21] 『사튀로스 풍의 이혼』 전반에 흐르는 이러한 외설적인 분위기 때문에, 이 짧은 팜플렛은 불후의 명성을 누리게 되었다. 1660년 정식으로 출판된 『사튀로스 풍의 이혼』은 큰 주목을 받았고 다수의 역사가들에 의해 인용되었으며, 결국 20세기 초반에 이르기까지 신뢰할 수 있는 사료로 취급되었다. 결과적으로 『사튀로스 풍의 이혼』은 이후 끊임없이 반복될 마르그리트 드

19 *Divorce Satyrique,* 11−13.

20 그중에서도 참수당한 애인 라 몰(La Molle)의 머리를 빼내어 묻어주는 에피소드는 19세기 스탕달과 뒤마의 소설 중심 소재가 될 정도로 유명세를 얻었다. 해당 내용은 다음과 같다: “라 몰의 죽음에 대해서는 모두 유감스럽게 생각할 것인데, 그가 몽모랑시 총사령관과 관련된 음모에 휘말려 죽음을 당했기 때문이다. 참수된 그의 머리는 동료인 코코나의 머리와 함께 생 장 그레브에 효수되었지만, 곧 사라졌다. 왜냐하면 그날 밤 나의 전 부인이 마담 드 느무르와 함께 그들 애인의 머리를 빼내어 마차에 싣고 몽마르트 언덕 근처의 생 마르탱 예배당으로 가서 직접 그들의 손으로 묻어주었기 때문이다. 라 몰의 정부는 그의 죽음 앞에 눈물을 쏟았고, 그를 히아신스라 부르며 끊임없이 한숨을 쉬었다. (중략) 하지만 라 몰을 잃은 그녀의 슬픔은 네락에서 만난 새 애인 뷔시(Bussy d’Amboise)로 인해 지워질 수 있었다.” 같은 책, 15−16.

21 같은 책, 14.

발루아에 대한 모든 흑색 전설의 모태라 할 수 있다.

그렇지만 마르그리트 드 발루아의 전기 작가인 비에노(Élaine Viennot)는 『사튀로스 풍의 이혼』은 마르그리트 드 발루아보다는 앙리 4세를 겨냥한 저작이라 해석한다.[22] 마르그리트가 성적 탐닉에 빠진 동안 왜 앙리 4세는 이를 통제하지 못했는가? 마르그리트가 '프랑스의 모든 남자들'과 사랑을 나누게 된 이유는 결국 앙리 4세가 그녀를 만족시키지 못했기 때문이 아닌가? 결국 팜플렛의 저자는 팜플렛의 화자로 등장해 끊임없이 자신의 불행을 저주하는 앙리 4세의 성적 무능함과 통제력 상실을 공격하고 있다는 것이다.

성적 무능함을 정치력의 부재와 병치시키는 수사는 아들을 생산해 후계를 잇는 것이 왕권 안정에 필수적이었던 왕정 질서 속에서 국왕의 반대파들이 손쉽게 사용할 수 있던 공격수단이었다. 따라서 왕으로 즉위한 이들은 자신의 성적 명성을 관리할 필요가 있었다. 그러나 왕의 성적 명성은 정숙함과 신실함에만 국한되었던 왕비의 그것과는 달랐다. 프랑스 르네상스 시대 성 문화를 고찰한 크로포드(Katherine Crawford)는 왕의 성적 명성에 영향을 미치는 기준으로 정력과 생식력을 꼽았다.[23] 즉 프랑스의 왕이라면 많은 애인을 거느리고 그들을 모두 만족시키며 잘 통제하는 모습을 보여줘야 하며, 그들에게서 많은 아이를 얻고 특히 그중의 일부는 반드시 적통임을 확인받아야 한다는 것이다. 따라서 국왕이 자신의 부인, 또는 애인과 어떤 관계를 맺는가, 그리

22 Éliane Viennot, *Marguerite de Valois,* 243–247.

23 Katherine Crawford, *The Sexual Culture of the French Renaissance* (Cambridge: Cambridge Univ. Press, 2010), 196–197.

고 그들이 얼마나 많은 아이를 출산하는가 하는 점은 곧 국왕이 정치적 질서의 중심에서 모두를 통제할 능력이 있음을 증명하는 행위라 해석되었다. 결국『사튀로스 풍의 이혼』에서 반복적으로 강조되는 마르그리트 드 발루아의 방종함은 앙리 4세가 성적으로도 무능할 뿐 아니라, 프랑스라는 국가는커녕 부인 한 명도 온전히 통제할 능력이 없는 존재임을 설파하기 위한 증거로 활용되었던 것이다.

결과적으로, 16세기 내내 마르그리트 드 발루아, 좀 더 정확히 말하면 그녀의 육체는 프랑스 종교 전쟁과 왕조 교체의 혼란 속에서 발루아 왕조, 이후 부르봉 왕조의 정당성을 공격하기 위한 수단으로 자리 잡았고, 한때 궁정 시인들의 상찬의 대상이었던 마르그리트는 결국 모두가 적극적으로 비난하고 폄하할 수 있는 존재로 전락하고 말았다. 발루아의 진주는 어느새 '사악하고 정신 나간'[24] 정욕의 화신이 되었던 것이다.

4. 흑색 전설의 성장과 계승: 17-19세기 마르그리트 드 발루아에 대한 인식 변화

지금까지 고찰한 바와 같이 16세기 마르그리트 드 발루아에 대한 추문은 결국 그녀를 통해 발루아 왕조나 부르봉 왕조의 정통성을 공격하고 폄하하기 위한 목적 아래 생성되고 소통되었다. 이렇듯 마르그리트 드 발루아가 세인의 관심을 끈 이유는 그녀를 둘러싼 성적 추문이

24 *Divorce Satyrique*, 14.

상당한 파괴력을 지녔기 때문이다. 이는 섹슈얼리티를 활용한 공격과 선전이 민간뿐 아니라 엘리트들 사이에서도 강력한 영향력을 지니고 있었음을 뜻하며, 또한 차후에도 같은 방식의 공격이 반복될 수 있다는 가능성을 암시하고 있다. 실제로 마르그리트 드 발루아와 직접 연결된 사람들이 남아있던 17세기는 물론, 18세기와 19세기에 걸쳐 마르그리트 드 발루아에 대한 '흑색 전설'은 끊임없이 확대·재생산되었다. 그 과정을 간단히 정리해 보도록 하겠다.

1) 17세기: 리슐리외와 그 적들

뒤 귀아스트 공(Du Guast)이 살해당한 정황에 대해 살펴보면 다음과 같다. 뒤 귀아스트 공은 타고난 역량에 비해 야망이 큰 사람이었다. 아주 열성적이었기에 국왕의 총애를 받게 되었다. 이런 까닭에 적들이 많아졌다. 그는 감히 고위 귀족들과 자신을 동일시했고, 가끔은 그중 몇몇을 자기보다 아래로 취급하기도 했다. 그는 궁정의 귀부인들을 공경하지 않았고, 공공연히 국왕의 면전에서 그들의 명성에 누를 끼치곤 했다. 그는 심지어 어떤 공주를 향해서도 중상모략을 폈다. 이보다 더 여성에게 앙심을 품게 할 만한 행동은 없을 것이다. 공주는 매우 화가 났고, 뒤 귀아스트 공이 모욕한 사람들의 불만에 동요하여 비토의 남작인 기욤 뒤 프라(Guillaume du Prat, baron de Viteaux)와 접촉했다. 그는 2년 전에 밀로의 영주 앙트완 달레그르(Antoine d'Alégre, Sieur de Millaud)를 죽였던 사람이다. (중략) 그는 2년간 파리의 아우구스티누스 수도원에 숨어 지냈다. 공주는 밤에 이곳을 찾아가 그의 손을 적의 피로 적시는 데 익숙한 그 남자를 만났다. (중략) 공주는 쉽게 그를 공략하여 그녀의 복수를 완수하도록 이끌었다. 공주는, 이는 곧 기욤 뒤 프라 자신의 개인적 복수와도 일맥상통한다고 설득했다. 알레그르가 죽었을 때, 궁정 대부분의 사람들이 뒤 프라를 옹호했지만, 뒤 귀아스트만 이에 반대해 왔다고 말했던 것이다.[25]

1608년 첫 출간된 드 투(Jacque Auguste De Thou, 1553–1617)의 『역사』(*Historiarum sui temporis Histoire universelle*)는 과거와는 조금 다른 방식으로 마르그리트 드 발루아에게 접근한다. 16세기 동안 성적 방종함의 상징으로만 부각되었던 마르그리트는 이제 자신의 정적이었던 뒤 귀아스트의 죽음을 사주하기 위해 암살자를 만나 자신의 대의명분을 치밀하게 설득하는 궁정 음모의 달인으로 묘사되고 있다. 드 투의 서술 속에서 마르그리트는 막후의 실력자처럼 보이지만, 이를 긍정적인 방식의 정치행위라 평가하기는 힘들다. 사실상 드 투는 마르그리트를 자신의 명예를 회복하기 위해 공공연히 살인까지 계획할 수 있는 비도덕적이고 자기중심적인 인물로 설정했다. 법학을 전공한 뒤 고등법원 법관으로 정치적 경력을 지속했던 관료 출신인 드 투가 보기에, 마르그리트를 비롯한 귀족들의 정치논리는 지나치게 개인적이고 충동적이며, 개인의 사욕에 따라 당파를 만들기 때문에 쉽게 국론을 분열시킬 수 있는 위험한 것이었다.

앙리 4세 시대 관료 출신 역사가인 드 투가 마르그리트를 평가한 방식은 이후 국왕권의 확대와 체계적 관료제 도입을 위해 노력했던 리슐리외(Armand Jean du Plessis, Cardinal Richelieu, 1585–1642) 시대 정치

25 Jacque Auguste De Thou, *Histoire universelle de Jacques-Auguste de Thou: depuis 1543. jusqu'en 1607*, Traduite sur l'édition latine de Londres, VII (London, 1734), 300–301.

가들에게 계승되었다. 강력한 섭정 마리 드 메디시스가 권력을 잡고 있던 17세기 초반만 하더라도 마르그리트 드 발루아는 '위대한 여성들'의 목록에 항상 이름을 올렸으며, 덕성과 능력은 성별에 의해 좌우되지 않는다는 담론이 공공연히 통용되기도 했다.[26] 그러나 이런 경향은 1630년 마리 드 메디시스의 섭정이 무너지면서 완전히 종식되었다. 리슐리외로 대변되는 국왕권의 추종자들은 마리 드 메디시스와 연대했던 귀족세력의 정치행위가 비정상적이며 즉흥적인 방식으로 이루어지고 있음을 비난했고, 이를 입증하기 위해 특히 귀족이나 왕족 여성들의 행동을 문제 삼았다. 이런 움직임은 17세기에 진행되었던 절대군주론 이데올로기 확립 과정과 직결된다고 할 수 있다.

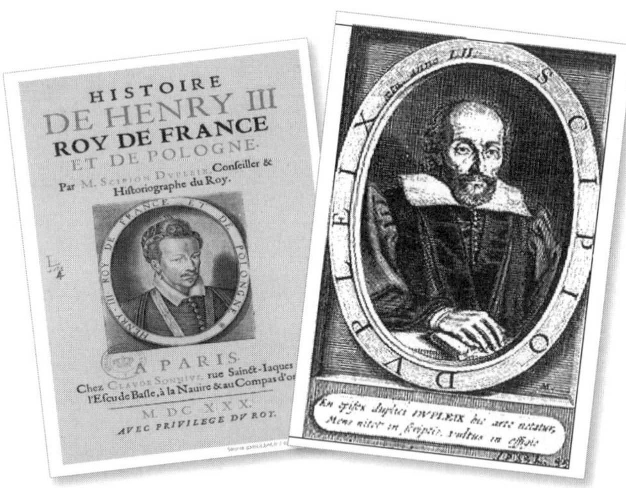

그림 20 뒤플렉스의 초상과 그가 쓴 〈앙리 3세 시대의 역사〉 표지

왼쪽 출처: http://gallica.bnf.fr/ark:/12148/bpt6k1257265/f2.image

오른쪽 출처: https://fr.wikipedia.org/wiki/Scipion_Dupleix

26 Éliane Viennot, *Marguerite de Valois,* 257−259.

따라서 리슐리외 시대 활동했던 유명 역사가들은 한결같이 마르그리트 드 발루아를 비롯한 여성들의 정치개입을 부정적으로 묘사했다. 대표적인 사례로 루이 13세의 공식 역사가로 앙리 3세와 4세에 대한 역사서를 저술했던 뒤플렉스(Scipion Dupleix, 1569-1661)를 들 수 있다. 마르그리트 드 발루아의 측근으로 정치경력을 시작했던 그는, 기존의 역사가들보다 마르그리트 드 발루아의 정치적 활동에 대해 훨씬 더 구체적으로 묘사하면서, 그 위험성을 경고하는 서술을 남겼다.

> 앙리 3세께서는 항상 모후 카트린에게 존경을 표했다. 알랑송 공작이 사망한 이후 모후께서는 기즈 가문의 세력을 막느라 최선을 다했다. 앙리 3세께서는 또한 형님인 샤를 왕을 잘 모셨고 복종과 겸양의 태도를 보여주었다. 앙리 3세께서는 또한 자애로운 마음으로 누이들을 대했으나, 결국 나바르의 왕비인 마르그리트를 증오하게 되었다. 마르그리트는 남편과 원만하게 지내지 못했는데, 그 이유는 그녀가 항상 알랑송 공작의 음모에 적극적으로 동참했기 때문이다. 이 모든 것이 드러났음에도 불구하고 앙리 3세께서는 그들에게 합당한 벌을 내리시기보다 관대한 태도를 취하셨다. 하지만 앙리 3세께서는 마르그리트가 부인인 루이즈 왕비께 근친상간을 암시하는 연애 이야기를 전달한 것을 모르고 계셨다. 이 훌륭하신 왕께서 관대한 영혼에 무엇보다 상처를 입을 수 있는 말을 듣는다면 심한 상처를 입고 다루기 힘든 두 동생들을 보지 않을 것이라 생각한 루이즈 왕비께서는 매우 정숙하고 자비심이 강한 분이라 자신의 올케가 건넨 이 악평에 대해 입을 다물고 아주 조심스럽게 처신하셨다. (중략) 그럼에도 불구하고 결국 이런 악의적 계략이 미칠 나쁜 결과를 걱정하신 왕비께서는 마르그리트의

> 뻔뻔한 작태에 대해 왕께 알리셨고, 너무나 큰 모욕을 당하신 왕께서는 마르그리트와 알랑송 공작에게 크게 실망하셨으며 그 대신 루이즈 왕비를 더욱 아끼셨다.[27]

앙리 3세 시대를 기록한 공식 역사서를 편찬하면서, 뒤플렉스는 앙리 3세의 왕권이 안정되지 못했던 결정적 원인 중 하나로 동생인 알랑송 공작과 그를 도와 끊임없이 음모를 꾸몄던 마르그리트 드 발루아를 꼽았다. 심지어 뒤플렉스는 윗 인용문에서 보듯이 마르그리트가 앙리 3세의 왕비 루이즈 드 로렌(Louise de Lorraine, 1553–1601)을 동요시키기 위해 자신과 앙리 3세간의 근친상간에 대한 소문을 먼저 퍼뜨렸다고 주장했다. 이때 주목할 부분은 뒤플렉스가 마르그리트 드 발루아와 루이즈 드 로렌을 비교하는 방식이다. 뒤플렉스는 루이즈 왕비가 왕을 걱정하며 말을 아끼는 조신한 태도를 크게 상찬하는데, 이는 알랑송 공작을 통해 끊임없이 정치에 끼어들고 그 결과 남편과도 불화의 씨를 만든 마르그리트의 '뻔뻔하고' '대책 없는' 태도와 크게 대조된다. 즉 뒤플렉스는 고위 왕족 여성의 본분이란 루이즈 드 로렌처럼 침묵하며 남편을 내조하는 것이라 규정하고자 했으며, 마르그리트 드 발루아를 이런 관점 아래 단죄하고 있다.

이렇듯 17세기 리슐리외의 체제 아래에서 마르그리트는 사사로운 방식으로 정치에 개입하는 여성이자, 절대군주를 정점으로 하는 국가 시스템을 위협하는 존재로 설정되었다. 한때 한 왕조의 정통성을 폄하하기 위한 도구였던 마르그리트는 이제 귀족이라는 한 계층의 존재방

---

27 Scipion Dupleix, *Histoire de Henry III, Roy de France et de Pologne* (Paris: Claude Sonnius, 1636), 202–203.

식 전체를 부정하는 수단으로 활용되기 시작했던 것이다.

2) 18세기: 이성의 이름으로

물론 17세기에 마르그리트 드 발루아에 대한 긍정적 기억이 완전히 사라진 것은 아니었다. 공적 정치의 현장에서 점차 힘을 잃게 된 귀족들은 17세기 후반과 18세기에 걸쳐 다수의 회고록을 펴내며 자신들의 기억을 재구성하고자 시도했고, 1661년부터 이런 회고록 출간은 일종의 유행으로 자리잡기도 했다.[28] 하지만 귀족들의 회고록 속에 재현된 16세기는 18세기 프랑스의 현실 속에서 향수를 자극하는 소일거리 이상이 될 수 없었다. 귀족들의 서사 속에서 마르그리트는 상당히 호의적으로 등장했지만, 사실 마르그리트는 이 시기에 출간되어 귀족들 사이에서 큰 인기를 끈 소설들의 주인공으로 더 많이 회자되었다. 이러한 역사소설들 속에서 마르그리트는 기즈 공 앙리와 맺은 첫 연정을 잊지 못해 끊임없이 밀회를 거듭하는 모습으로 그려진다.[29] 이처럼 마르그리트 드 발루아의 정치적 위상이 귀족들의 사담이나 문학적 상상의 영역에서 소비되기 시작했다는 것은 여성들이 공적으로 정치에 참여하던 시대가 막을 내렸음을 의미한다. 이제 프랑스 여성들은 정치적 영향

28 이런 경향 아래, 1628년 출간되었지만 금서로 묶였던 마르그리트 드 발루아의 회고록은 18세기에 다시금 공식적으로 재출간되었으며, 마르그리트의 최측근이자 그녀를 높게 평가했던 브랑톰의 회고록 역시 상당한 인기를 끌었다. 마르그리트 드 발루아의 회고록 판본과 출판과정에 대해서는 Éliane Viennot, *Marguerite de Valois,* 451–452.

29 대표적인 소설로 *Le Duc de Guise surnommé le Balafre* (1694)을 들 수 있다. Éliane Viennot, 같은 책, 288–289.

그림 21 볼테르의 『국민들의 습속과 정신론』 표지와 현재 파리 퐁네프 다리에 위치한 앙리 4세의 동상. 실제로 앙리 4세는 현재 프랑스인들에게 꽤 인기가 좋은 편이다.

위 출처: https://www.the-saleroom.com/de-de/auction-catalogues/casa-daste-babuino/catalogue-id-srbab10015/lot-e8f131d9-a451-43cc-b18d-a43500750f82

아래 출처: https://fr.wikipedia.org/wiki/Statue_%C3%A9questre_d%27Henri_IV

력을 발휘하기 위해 좀 더 은밀하고 교묘한 방식을 만들어내야 했으며, 그 과정에서 마르그리트 드 발루아에 대한 모든 기억들은 점차 역사의 뒤안길로 사라지는 것처럼 보였다.

하지만 완전히 다른 목표 아래 마르그리트 드 발루아의 악명을 다시 들춰낸 집단이 있었는데, 그들은 바로 계몽주의자들이었다. 계몽주의자들은 각종 편견과 미망에서 벗어나 이성을 바로 세운다면 인간 사회가 꾸준히 진보할 것이라는 관점 아래 과거의 역사를 재구성하고자 했다. 계몽사상가들이 보기에 종교 때문에 내전을 벌인 16세기는 '야만'의 시대에 불과했고, 이 시대를 종식시킨 앙리 4세야말로 역사 발전의 산 증거라 상찬되었다. 이러한 과정에서 마르그리트 드 발루아는 자연스럽게 '야만'을 대표하는 인물 중 하나로 규정되었다.

> 앙리 4세는(이제 그를 이렇게 부르는 것이 옳다. 왜냐하면 그 이름이야말로 너무나 유명하고 고귀한 것이며, 그를 지칭하는 보편적 호칭이 될 것이기 때문이다) 이제 프랑스의 왕, 자기 자신의 부인 마르그리트, 그리고 리그와 동시에 싸워야 하는 처지에 빠졌다. 마르그리트는 스스로 남편에게 반기를 들었는데, 이야말로 파문을 당하면 모든 사회적 인연을 끊었으며 군주조차 끔찍한 사람이라 취급되던 야만적 시대를 연상시키는 행동이라 하겠다. 하지만 이 군주는 앞으로 대단한 사람으로 알려지게 될 것이며, 분연히 로마의 교황에게 맞설 인물이었다.[30]

1756년 처음 출간된 볼테르의 『국민들의 습속과 정신론』은 계몽사

30 Voltaire, *Essai sur les mœurs et l'esprit des nations,* IV (Paris: Chez Werdet et Lequien Fils, 1829), 108–109.

상가들로부터 시작될 '앙리 4세의 신화'의 서막을 연 작품이라 평가된다.[31] 볼테르가 보기에 앙리 4세는 "국가의 안위를 행동 기준으로 삼아 기꺼이 종교를 버릴 수 있는"[32] 합리적인 존재였던 반면, 마르그리트는 "환각과 공포가 인간의 정신을 지배했던"[33] 시대에 속한 인물이었다. 볼테르가 비난한 것은 마르그리트뿐만이 아니었다. 카트린 드 메디시스는 "정당하게 지배하기보다는 교섭에 열중하였고, 중간에서 기득권을 얻기 위해 모든 것을 분열시키자는 원칙 아래 프랑스에 고통과 불행을 가져온 인물"[34]이었으며, 마리 드 메디시스는 "너무나 오랫동안 인간의 눈을 멀게 하고 땅을 휘청거리게 만들었던 편견 때문에 벌어진 왕의 암살"[35]에 가담했을지도 모르는 세력 중 하나로 묘사된다. 이처럼 볼테르는 정치력을 발휘했던 모든 여성들을 음모에 가담하고 당파싸움에 치중하는 감정적인 존재로 격하시켰고, 결과적으로 여성들을 공적 영역에서 배제해야 한다는 전통적 주장에 동조하게 되었다.

여성의 정치 참여를 부정하며 그 증거로 왕비들의 부적절한 정치개입을 거론했던 볼테르의 시각은 1789년 프랑스 혁명의 주도자들에게 충실히 계승되었다. 루이 16세의 왕비 마리 앙투아네트(Marie Antoinette, 1755-1793)가 혁명의 주적으로 규정된 상황에서, 일부 혁명가들은 다음과 같은 방식으로 16세기 귀족 여성들의 정치 참여를 성적

---

31 볼테르의 저서에 대한 국내 연구로 장세용, 「보편사적 문화사의 전망: 볼테르의 『국민들의 습속과 정신론』, 『서양사론』 115 (2012), 263-287.

32 Voltaire, *Essai sur les mœurs et l'esprit des nations,* IV, 132.

33 같은 책, 75.

34 같은 책, 62.

35 같은 책, 154.

방종과 동일시하였다.

> 오늘날 우리는 이 시대 궁정의 방탕함에 대해 거의 상상하기조차 쉽지 않다. 여성들이 자신에게 호의를 베풀어 달라고 뻔뻔스럽게 구걸하는 일이 일상적으로 허용되었던 당시의 모습을 어떻게 믿을 수 있겠는가. (중략) 궁정의 방탕함은 공개적으로 음란함을 드러내는 방식으로 표출되었고, 야만적 열정 아래 외설적 언어가 아무렇지도 않게 남용되었다. (중략) 남성과 여성은 최소한의 염치도 없이 공공연히 관계했고, 정숙함과 수치심 따위는 언급되지도 않았다.[36]

1791년 첫 출간된 프뤼돔(Louis-Marie Prudhomme, 1752-1830)의 『프랑스 왕비들이 저지른 범죄』는 혁명기 앙시앵레짐 시대에 대한 반감이 집약된 저작으로, 샤를 8세의 누이로 섭정을 지낸 안 드 보죄(Anne de Beaujeu, 1461-1551)에서부터 마리 앙투아네트에 이르기까지 발루아 왕조와 부르봉 왕조의 모든 왕비들의 악덕을 묘사하는 내용으로 구성되어 있다. 이 저작에서 마르그리트 드 발루아는 "어머니로부터 범죄에 이끌리는 성향을 이어받은" 여성으로, 형제들과 근친상간에 빠지고, 경쟁자들을 독살하며, 귀족에서 하인에 이르기까지 성관계를 맺은 끝에 두 번이나 사생아를 낳은 악녀로 묘사된다.[37]

이렇듯 16-17세기 동안 형성되어 온 마르그리트 드 발루아의 악명은 18세기 계몽주의와 혁명을 거치며 한 단계 더 공고해졌다. 16세기

---

36 Louis-Marie Prudhomme, *Les crimes des reines de France, depuis le commencement de la monarchie jusqu'à Marie-Antoinette* (Paris: Lemoine, 1850), 211-212.

37 같은 책, 210-222.

마르그리트가 왕조 정통성을 부정하기 위해, 17세기에는 귀족의 행동 양식을 규제하기 위해 소환되었다면, 18세기 마르그리트는 합리와 진보의 이름 아래 공적 세계에서 여성을 배제하기 위한 도구가 되었다고 하겠다.

3) 19세기: 낭만적 괴물의 탄생

16세기에서 18세기에 이르는 기간 동안 마르그리트 드 발루아를 공격하는 집단들은 다양했지만, 그들은 모두 한결같이 마르그리트에 대한 대중적 이미지를 육체적으로는 문란하고 정신적으로는 음모에 집착하는 비합리적인 악녀라 규정하는 데 이바지했다. 이러한 경향은 이후에도 지속되어, 사료의 발굴과 검증을 통해 좀 더 객관적으로 역사에 접근해야 한다고 주장했던 19세기 실증주의자들마저도 마르그리트 드 발루아라는 이름에 덧씌워진 추문의 진위 여부에 대해 그다지 의심하지 않았다. 19세기 역사학계의 일반적 경향처럼 프랑스에서도 다양한 사료가 발굴, 출판되었지만, 마르그리트에 대한 상당수의 자료는 여전히 『사튀로스 풍의 이혼』에서 영감을 받은 그로테스크한 내용들로 구성되어 있었다.

> 그녀는 넓고 큰 베르튀가댕[고래뼈로 만든 크고 튼튼한 테로 드레스를 펼치는 데 씀]을 입었는데, 여기엔 사방에 작은 주머니가 달려 있었다. 마르그리트는 그 주머니마다 하나씩 애인의 심장이 담긴 상자를 보관했다. 그녀는 애인들이 죽으면 그들의 심장을 방부처리해 보관하는 데 공을 들였다. 마르그리트는 밤이 되면 이 베

르튀가댕을 침대 머리 뒤 자물쇠가 걸린 고리에 걸어 놓았다고 한다.[38]

1843년 새로 발견, 출간되어 선풍적인 인기를 끈 탈망 데 레오(Gédéon Tallement des Réaux, 1619-1692)의 『일화집』은 인용문을 통해 알 수 있듯이 마르그리트 드 발루아에 대한 온갖 사사로운 이야기들로 가득 차 있다. 당시 대중들은 이러한 마르그리트에 대한 전설을 통해 귀족들의 은밀한 사생활을 엿본다는 쾌감을 느꼈으며, 기괴하고 이해할 수 없는, 그렇지만 뭔가 열정적이고 낭만적으로 보이는 귀족들의 일상에 호기심을 넘어선 동경을 갖기도 한 것으로 보인다.

> 라 몰은 나바르의 왕비 마르그리트의 열렬한 사랑을 받는 애인이었습니다. 드 라 몰 양의 이름이 마틸드 드 라 몰이라는 사실에 주의하십시오. (중략) 그런데 칠팔 년 전 마틸드 양이 열두 살밖에 안 됐을 때 직접 내게 고백한 것이지만, 마틸드 양을 감동시킨 것은 머리, 잘린 머리였어요.[39]

> "그를 보고싶어요" 그녀가 말했다. (중략) 그녀는 털썩 무릎을 꿇었다. 보니파스 드 라 몰과 마르그리트 드 발루아의 기억이 아마 그녀에게 초인적인 용기를 불어넣어 주었을 것이다. (중략) 마틸드는 자기 앞의 작은 대리석 탁자 위에 줄리앙의 머리를 올려놓고

38 Gédéon Tallement des Réaux, *Les Historiettes de Tallement des Réaux* (Paris: Chez J. Techener Libraire, 1854), 147.

39 Stendhal, *Le Rouge et le Noir*, 이동렬 옮김, 『적과 흑』, 2권 (서울: 민음사, 2004), 69-70.

그 이마에 키스하고 있었다.[40]

> 검은 옷을 입은 두 젊은이가 죽음과 섬뜩한 조화를 이루며 나란히 누워 있었다. 그들의 머리는 숙여진 채 몸통에 거의 붙어 있었는데 그들의 목 중앙 둘레에 그어진 붉은 선이 그 둘을 분리하고 있는 것 같았다. (중략) 마르그리트는 자신의 연인 곁에 무릎을 꿇었다. 그리고 보석이 빛나는 두 손으로 자신이 그토록 사랑했던 남자의 머리를 살며시 들어올렸다. (중략) 마르그리트는 라 몰의 머리를 진주가 수놓여 있고 질좋은 향유가 뿌려진 아름다운 주머니에 넣었다. 거기에는 왕실이 시체 보존을 위해 사용하던 방부 처리가 되어있었으므로 그의 머리는 아름다움을 그대로 유지하게 될 것이었다.[41]

19세기에 발간되어 현재에 이르기까지 고전의 위상을 지니게 된 두 소설 속에 등장하는 마르그리트 드 발루아의 모습은 『일화집』의 그것과 매우 유사하다. 스탕달(Stendhal, 1783–1842)의 『적과 흑』(1830)에서 줄리앙 소렐의 사랑을 받는 귀족여성 마틸드는 마르그리트 드 발루아와 그의 시대가 지녔던 영웅적 풍모를 동경하는데, 이를 스스로 실현하기 위해 마틸드가 선택한 방법은 사형당한 애인의 머리에 키스하는 것이었다. 또한 마르그리트 드 발루아의 이미지를 현대에 이르기까지 널리 확산시킨 알렉산드르 뒤마(Alexandre Dumas, 1802–1870)의 『마고 왕비』(1845)의 마지막 장면 역시 라 몰의 죽음과 그의 머리를 빼돌린 마르

40 같은 책, 418–419.

41 Alexandre Dumas. *La Reine Margot*, 박미경 옮김, 『마고 왕비』, 2권 (서울: 홍원, 1994), 360–361.

그리트를 자세히 묘사하고 있다. 마르그리트 드 발루아의 성적 타락이 얼마나 비정상적인 것인지 보여주기 위해 『사튀로스 풍의 이혼』에서 처음 등장한 이 에피소드는 어느새 그녀를 상징하는 가장 강력한 이미지 중 하나가 되었다.

그림 22 뒤마의 소설 『마르고 왕비』는 여러 차례 영화로도 제작되어 현대인들에게 마르그리트 드 발루아의 이미지를 소설 속의 모습으로 정착시키게 만들었다.
왼쪽은 잔느 모로 주연의 1954년 영화 포스터.
오른쪽은 이자벨 아자니 주연의 1994년 영화 포스터.

왼쪽 출처: http://cinenode.com/film/15787/la-reine-margot/affiches
오른쪽 출처: http://www.abc.es/play/pelicula/la-reina-margot-6759/

19세기 들어 마르그리트 드 발루아는 역사소설의 히로인으로 재탄생하면서 일방적인 비난의 대상에서 벗어난 것처럼 보인다. 확실히 스탕달의 소설에서 마르그리트를 동경하는 마틸드는 진지하게 사랑에 투신한 인물이며, 알렉산드르 뒤마의 소설에서 형상화된 '마르고'는 기존의 음란한 이미지 대신 사랑을 위해 몸과 마음을 바치는 격렬하고 낭만적인 인물로 그려진다. 하지만 '사형당한 애인의 머리를 묻어주는 마르고'는 더 이상 어떤 권력이나 당파, 또는 집단의 속성을 대변하며 논쟁의 중심에 선 '마르그리트 드 발루아'가 아니다. '마르고'와 그녀가 속한 시대는 이제 우리가 이해할 필요도, 공감할 여지도 없는 과거가 되었고, 그 속에서 마르그리트는 모든 역사적 의미에서 분리된 낭만적이고 아름다운 괴물이 되었다.

5. '타자'의 이름

16세기 종교 내전과 왕조 교체의 혼란기를 살았던 마르그리트 드 발루아의 삶은 당시 왕실의 여성에게 요청되었던 전형적인 모범에서 크게 어긋나 있었다. 마르그리트는 한 남성의 아내로서 가정을 지키는 모습을 보여주지 못했고, 왕조를 계승할 후계자를 낳지 못했다. 결국 마르그리트 드 발루아는 자신에게 주어진 역할을 그대로 수행했다기보다 혼란의 시대 속에서 스스로 자신을 지탱할 방법을 적극적으로 모색했던 인물이라 할 수 있다.

아마도 이러한 비전 형성이 마르그리트 드 발루아에 대한 온갖 흑색 전설이 형성되고 확산된 근본적 원인일 것이다. 역사 속에서 자신의 열정을 자신만의 방식으로 표현하고자 시도한 여성들은 결코 호의적인 평가를 받지 못했다. 결과적으로 마르그리트 드 발루아는 어떤 시대에서도 인정받지 못한 '타자'가 되었다. 16세기에는 발루아와 부르봉 왕조라는 특정 왕조를, 17세기에는 귀족이라는 특정 계층을, 18세기에는 여성이라는 특정 성별을, 그리고 19세기에는 16세기라는 특정한 시대까지 그녀의 이름 아래 비정상적인 그 무엇으로 규정되었다. 결국 마르그리트 드 발루아에 씌워진 소문의 역사를 통해, 우리는 역설적으로 프랑스 역사 속에서 정상과 비정상을 가르는 구별짓기의 과정이 어떻게 진행되어 왔는지, 그리고 자신들의 이데올로기를 '정상'의 기준으로 삼고자 시도했던 집단의 역동을 파악할 수 있다.

마지막으로, 시대를 이끄는 새로운 이데올로기를 만들어 내려던 세력들 모두 공통적으로 여성의 성적 욕망을 타자화의 수단으로 삼았다는 점에 주목하고자 한다. 귀족세력의 도발을 경계하기 위해 마르그리트 드 발루아를 소환했던 17세기 관료들이나, 편견에서 해방된 이성의 승리를 염원하며 앙리 4세를 자신들의 영웅으로 부각시켰던 18세기 계몽주의자들, 그리고 마리 앙투아네트로 상징되는 구체제의 척결을 위해 새로운 정치주체로 시민을 내세웠지만 여성 시민의 존재는 부정했던 19세기 공화주의자들 모두 한결같이 마르그리트 드 발루아의 성적인 문란함과 비이성적이고 즉흥적인 판단력을 공격했고, 그를 통해 자신들의 이데올로기를 정당화하고 민중을 설득할 수 있는 기반을 마련했다. 그만큼 여성의 성적 욕망은 가부장제와 젠더 이데올로기의 유지를 위해 강력히 통제되어야 할 대상으로 여겨졌으며, 결코 공론화해서는 안 되는 가장 강력한 금기 중 하나로 취급되었던 것이다. 이러한 점에서 볼 때, 성적 욕망의 발현 방식과 이를 둘러싼 역동은 중요한 역사적 탐구의 소재가 될 수 있으리라 여겨진다. 아마도 이런 방식을 적용할 때, 그녀에게 덧씌워진 전설을 통해서만 인식되어오던 마르그리트 드 발루아는 그 온전한 역사적 실체를 드러낼 수 있을 것이다.

6장
마르그리트 드 발루아,
가면과 실체 사이

6장

마르그리트 드 발루아, 가면과 실체 사이

1. 가면 무도회

마르그리트 드 발루아의 이미지는 16세기에서 19세기에 걸쳐 수많은 정치적 목표와 의도에 따라 다양한 방식으로 규정되어 왔다. 16세기 그녀의 동시대인에게 마르그리트 드 발루아는 발루아 왕가의 진주이기도 했고, 음란한 마음을 가누지 못해 남성들을 미망에 빠트리는 세이렌이기도 했다. 17세기 절대왕정 이론의 지지자들은 마르그리트를 궁정의 암투를 상징하는 존재로 규정했고, 당연히 청산해야 할 적폐 중 하나로 몰아붙였다. 이런 경향은 18세기 계몽주의자들이나 프랑스 혁명의 지지자들에게도 어느 정도 계승되었으며, 마르그리트가 보여준 성적 방만함과 불안정함은 여성이 정치에서 배제되어야 하는 이유로 거론되기도 했다. 19세기 낭만주의의 물결 속에서 마르그리트는 열정의 대명사가 되었고 그 덕분에 약간의 명예회복이 이루어지기도 했지만, 이는 어디까지나 과거의 향수를 되살려 내는 정도에 불과했다. 이처럼 마르그리트 드 발루아의 이름과 그녀를 통해 연상되는 각종 이미지들은 동시대 남성들의 시각과 기준에 맞게 끊임없이 왜곡, 변형, 전파되었다.

그러나 마르그리트 드 발루아를 둘러싼 이 길고도 가혹한 이미지의 전쟁터 속에서, 거의 완전히 배제된 부분이 하나 있다. 그것은 바로 마르그리트 드 발루아 자신의 목소리이다. 16세기에서 19세기에 이르는 동안 수없이 많은 사람들이 마르그리트에 대해 말하며 나름의 방식대로 규정했지만, 그들은 모두 마르그리트 본인의 목소리, 즉 그녀가 직접 남긴 글에 그다지 주목하지 않았다. 그러나 마르그리트 드 발루아는 16세기 여성 중에서는 이질적일 만큼 상당히 적극적으로 자기 자신을 드러내고 표현한 편이다. 실제로 그녀가 남긴 기록은 회고록, 편지, 논설 등 다양한 방면에 걸쳐 상당한 분량에 달한다. 따라서 지금부터 필자는 마르그리트 드 발루아의 글 속으로 들어가 자신이 스스로 규정한 마르그리트는 어떤 존재였는지 파악해 보고자 한다.

그러나 마르그리트 드 발루아의 글 속으로 들어간다고 해서 곧 그녀가 실제로 어떤 여성이었는지 알아낼 수 있는 것은 아니다. 마르그리트의 글 속에는 수많은 남성 평자들에 의해 첩첩이 쌓인 오해와 편견은 존재하지 않는다. 그 대신, 그의 글을 읽는 독자는 본인 스스로 만들어 낸 견고하고 단단한 가면을 쓰고 있는 또 다른 마르그리트와 마주치게 된다. 세상의 편견으로 얼룩진 마르그리트 드 발루아와는 다르지만, 그의 글 속에서 만나게 되는 마르그리트 역시 복잡하고 미묘하며, 결코 쉽게 자신의 속내를 드러내지 않는 의뭉스러운 존재이다. 따라서 마르그리트 드 발루아의 저작을 분석하려면, 그가 만들어 낸 여러 개의 가면들의 형태를 파악하고, 그녀가 어떤 가면을 어떤 상황에서 꺼내 썼는지를 면밀히 파악하는 작업을 진행해야 한다.

그렇다면 마르그리트가 만들어 낸 가면들은 무엇이었을까? 우선 그녀는 왕족이라는 특수한 지위에 어울리는 가면을 활용했다. 실제로 마르그리트는 세상 사람들이 왕족, 그것도 왕족 여성에게 기대하는 모습이나 바라는 처신이 무엇인지 정확히 알고 있었으며, 자신의 평판이 이와 일치하지 않는다는 점도 인식하고 있었다. 따라서 마르그리트는 자신의 글 속에서 바람직한 왕족 여성의 이상을 세워 놓고, 자신의 행동이 이에 어긋나는 것이 아니었음을 부단히 강변하며 정당화했다. 마르그리트의 회고록 속에서 그녀는 바람직한 왕족 여성답게 남자를 모르는 순결한 처녀이자 위기의 상황에서도 남편 곁을 지키는 충직한 아내이며, 현명하고 사려 깊으며 이타적인 발루아 왕실의 일원으로 자신을 포장했다.

그러나 마르그리트가 더 자주 활용했던 가면은 순진하고 무기력한 피해자라는 가면이다. 아무리 자신의 행동을 정당화한다고 해도 여러 차원에서 마르그리트 드 발루아는 바람직한 여성 왕족의 표준을 적용하기에 부족한 점이 많았다. 마르그리트의 결혼생활은 완전히 실패했으며, 무엇보다도 왕실의 혈통을 이을 후계자를 낳지 못했음은 주지의 사실이었기 때문이다. 이런 상황을 정당화하기 위해 마르그리트는 자신의 삶에 개입하고 이를 뒤틀어놓은 다양한 사람들을 지목하고, 그들 때문에 자신이 일방적인 피해자가 되었다는 언술을 서슴지 않았다. 회고록에서 묘사되는 궁정은 마르그리트의 선의를 악의적으로 이용하려는 수많은 남녀 군상들로 가득 찬 적대적이고 위험한 공간이었다. 이처럼 마르그리트 드 발루아는 기존의 자유분방한 이미지와 어울리지 않을 정도로 능숙하게 정숙한 현모양처이자 음모의 피해자라는 전통 시대 여성들이 주로 활용하던 가면을 적극적으로 활용하며 자신의 위상을 변호하려 했다.

하지만 마르그리트 드 발루아는 이러한 전통적 가면에만 만족하지 않았는데, 어쩌면 여기서부터 마르그리트의 기록이 갖는 매력이 시작된다. 아마도 마르그리트의 자기 평가와 기준은 이와 같은 수동적인 위상에 만족하기에는 훨씬 더 높았던 것인지도 모르겠다. 그렇다면 마르그리트 드 발루아가 규정한 진짜 자신의 본모습은 과연 무엇일까? 회고록에서 마르그리트 드 발루아가 추구하는 자신의 가장 중요한 정체성은 프랑스의 공주라는 것, 즉 전통과 역사를 자랑하는 명문가이자 대국의 지배자인 발루아 가문의 일족이라는 점이다. 그리고 마르그리트가 생각하기에 프랑스의 지배자 발루아 가문의 공주로 활동하는 것은 단순히 누군가의 아내이자 어머니로 남는 것 이상을 의미했다.

발루아 가문의 품격에 어울리는 격조 높은 공주가 되기 위해 마르그리트 드 발루아가 추구했던 궁극적 가면은 바로 세련된 교섭자라는 역할이었다. 앞서 설명한 두 개의 가면이 비교적 전통적이고 평범한 것임에 비해, 국제정세를 현명하게 파악하고 보다 큰 안목에서 프랑스의 이익을 위해 노력하는 대외교섭자의 이미지는 이보다 훨씬 더 적극적이고 역동적이다. 마르그리트 드 발루아의 회고록에서 그녀가 가장 능동적인 존재로 부각되는 장면은 바로 그녀가 세련된 대외교섭자의 가면을 활용하는 순간이라 할 수 있다. 이처럼 회고록에서 마르그리트는 현모양처, 피해자, 그리고 교섭자의 가면을 상황에 맞게 적절히 쓰고 나오면서 자신의 삶을 다각도로 해석하고 정당화하며, 변명하고 조절했다.

본 글에서 필자는 역사와 기억 사이에서 감정적이고 충동적인 음모의 화신이자, 심지어 색정광으로 묘사되고 있는 마르그리트 드 발루아의 이미지를 한 쪽으로 밀어놓고, 내전과 개혁, 그리고 학살의 시대를 살았던 16세기 프랑스의 한 공주가 스스로를 어떻게 해석하고 규정했는지 추적해 보겠다. 본격적으로 시작하기 전에 한 가지 염두에 두어야 할 점은, 마르그리트의 저술을 읽고 분석하는 작업이 마르그리트의 명예를 복권해 주기 위한 또 하나의 변명에 그쳐서는 안 된다는 것이다. 마르그리트 드 발루아를 감싸고 있는 잔인할 정도로 강력한 역사적 오명을 벗겨내는 작업은 필요하지만, 그렇다고 오명을 벗은 진짜 마르그리트가 티 없이 맑고 순수한 여성일 것이라 간주해서는 안 된다. 이는 오히려 마르그리트 드 발루아라는 여성을 다시금 어떤 이상 속에 박제해 넣는 오류를 반복할 뿐이다. 필자가 하려는 작업은 마그르리트의 글 속에 담긴 또 다른 그녀의 모습을 불러내어, 세간의 입에 오르내리는 왕비 마르고의 이미지와 이를 비교해 볼 기회를 제공하는 것뿐이다.

2. 마르그리트 드 발루아 『회고록』의 내용 및 쟁점들

1) 회고록의 출간 동기, 구성 및 출간

도입부에서 언급한 것처럼, 마르그리트 드 발루아는 16세기 여성 치고는 이례적으로 다양한 기록을 남긴 편이다. 왕족이라는 그녀의 특수한 신분을 고려한다고 하더라도 그녀가 남긴 저술은 회고록, 서신, 논설 등으로 양과 종류에 있어 매우 다양하다.[1] 본 논문에서는 이 저작

---

1 마르그리트 드 발루아가 남긴 저작들 목록은 다음과 같다. 기타 더 구체적 목록과 그 출판과정에 대해서는 다음을 참조할 것. Éliane Viennot, *Marguerite de Valois: Histoire d'une femme, histoire d'un mythe* (Paris: Payot et Rivages, 1993), 451-454.
1) 회고록 : 필자가 사용한 판본은 다음과 같다. Marguerite de Valois, *Mémoires et lettres de Marguerite de Valois,* ed. M. F. Guessard (Paris: Jules Renouard et Cie, 1842). (이하 *Mémoires de Marguerite de Valois*) 더불어 2015년 Forgotten Books에서 재출간한 영역본도 불어판과 비교, 대조해 사용했다. Marguerite de Valois, *Memoirs of Marguerite de Valois, Queen of Navarre, Written by Herself* (Forgotten Books, 2015) (이하 *Memoirs*). 20세기 가장 최근에 나온 편집본은 마르그리트의 전기 작가인 비에노(Elian Viennot)에 의해 출간되었다. Marguerite de Valois, *Mémoires et discours,* ed. Elian Viennot (Saint-Étienne: Publications de l'Université de Saint-Étienne, 2005).
2) 서신 : 1842년판 회고록에 1576년 작성된 편지부터 1609년 작성된 편지가 수록되어 있다. 편지글 역시 비에노에 의해 최근 다시 출간되었다. Marguerite de Valois, *Correspondance 1569-1614,* ed. Elian Viennot (Paris: Honoré Champion, 1998).
3) 논설 : 마르그리트 드 발루아는 당시 유행하던 "여성논쟁(querelle des femmes)"의 영향을 받아 여성의 자질을 다룬 『현명하고 섬세한 글』(*Discours docte et subtil,* 1614) 등을 집필했다. 여성논쟁은 근현대 페미니즘의 시조 격이 되는 논쟁이지만, 마르그리트 드 발루아가 여성 권익에 대해 그다지 관심이 있었던 것 같지는 않으며, 단지 당대의 유행을 따른 것으로 보인다. 또한 일부에서는 『부적절한 규

들 중 비교적 사료적 가치가 높고 논란이 적은 회고록만을 분석의 대상으로 삼고자 한다.

마르그리트 드 발루아의 회고록은 그녀의 출생부터 1582년까지의 상황을 기술한 것으로, 1628년 처음 공식적으로 출판되었다. 마르그리트 드 발루아가 처음 회고록을 집필하기 시작한 시기는 1594년으로, 자신을 예찬한 브랑톰(Brantôme, Pierre de Bourdeille, abbé de)의 헌사(eloge)[2]에 대한 답변 형식으로 구성된 글이다. 이 회고록의 저술 동기와 구성, 출판을 둘러싼 각종 논의가 존재하는데, 이를 정리해 보면 다음과 같다.

우선 회고록 저술의 동기에 관한 것이다. 마르그리트 드 발루아는 왜 1594년이라는 시점에 회고록을 쓰겠다고 마음을 먹었던 것일까? 1594년이면 마르그리트 드 발루아가 위송 성에 유폐되어 있었던 시기로, 자신의 정치적 파트너인 동생 알랑송 공이 사망한 이후 모든 정치적 연대의 끈을 놓친 상태였다. 더구나 1593년 개종 후 프랑스의 왕으로 등극한 마르그리트의 남편 앙리 4세는 그녀와의 결혼을 무효화하려고 마음먹고 있었다. 당시 앙리 4세의 정부로 그와의 사이에서 아들을

방(閨房)』(*Le Ruelle Mal Assortie*)이라는 작품이 마르그리트의 저작이라 주장하지만 최근에는 부정되는 추세이다. 이에 대해서는 다음을 참조할 것. Marguerite de Valois, *La Ruelle mal assortie...* ed. Jean-Hippolyte Mariéjol (Paris: La Sirène, 1922).
4) 시 : 마르그리트가 작성했다고 추정될 만한 몇몇 시편이 남아있지만, 그 진위를 정확하게 판별하기 힘들다. 이에 관해서는 다음을 참조할 것. Léon Feugère ed. *Les Femmes poètes au XVI siècles* (Paris: Didier, 1860), 90–95.

2 Pierre de Bourdeille Brantôme, "Discours sur Marguerite," *Oeuvres Complètes de Brantôme*, ed. L. Lalanne, VIII (Paris: Vve Jules Renouard, 1865), 22–88. ; 해당 저작에 대한 현대판 편집본은 Brantôme, *Recueil des Dame, poésie et Tombeaux*, ed. Étienne Vaucheret (Paris: Gallimard/La Pléiade, 1991).

출산한 가브리엘 데스트레(Gabrielle d'Estrées)는 공공연히 자신이 새로운 왕비가 될 것이라 주장하는 중이었고, 결혼무효와 관련된 협상을 위해 앙리 4세의 측근인 뒤플레시스 모르네가 마르그리트와 접촉하기 시작한 상황이었다.[3]

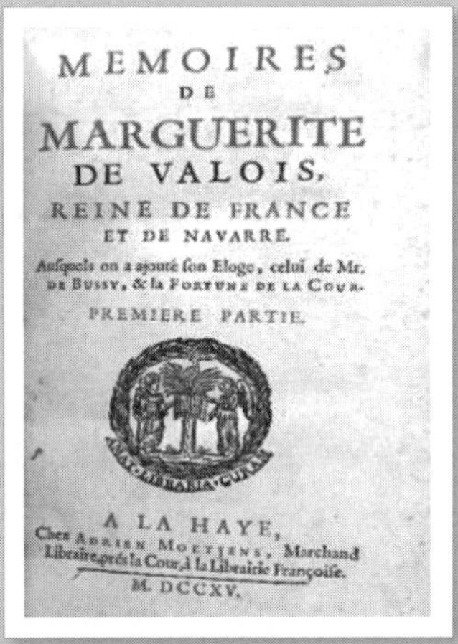

그림 23 마르그리트 드 발루아 회고록 1715년판 표지

출처: https://www.edition-originale.com/fr/livres-anciens-1455-1820/histoire/marguerite-de-valois-memoires-de-marguerite-de-valois-1715-32784

이런 상황에서 브랑톰이라는 인물이 마르그리트 드 발루아에 대한 헌사를 발표했는데, 이는 단순히 공주의 미모와 지성에 대한 찬양에 그치지 않고, 그녀가 지금보다 더 큰 정치적 역할을 맡을 자격이 있음을 암시하는 글이었다. 브랑톰은 앙리 3세의 측근이었으나 정치적 암투에 밀려 실각한 후, 큰 사고를 당해 은거한 뒤 저작활동에 매진하던 인

3 5장의 〈표 7〉 마르그리트 드 발루아의 생애 참조.

물이었다. 브랑톰의 거처는 위송 성과 멀지 않은 곳에 위치해 있었고, 1590년경부터 마르그리트와 서신을 왕래하며 친분을 쌓고 있던 참이었다. 브랑톰은 마르그리트 드 발루아에 대해 좋은 기억을 지니고 있었고, 실각당한 자신의 처지와 위송 성에 유폐된 그녀의 추락을 동일시했던 것으로 보인다. 따라서 브랑톰은 동시대 뛰어난 여성들에 대한 전기를 작성하면서 마르그리트 드 발루아에 대해 특히 긍정적이고 호의적인 평가를 내렸다. 브랑톰은 마르그리트의 미모와 지성을 예찬했을 뿐 아니라, 살리카 법에 따라 마르그리트가 왕위계승권을 지니지 못하는 현실이 불공평하다고 토로하면서[4] 마르그리트는 충분히 프랑스를 다스릴 자격이 있다고 주장했다.[5]

마르그리트의 회고록 집필은 이러한 브랑톰의 주장에서 촉발된 것으로 보인다. 하지만 마르그리트의 회고록은 브랑톰의 주장에 동조하기보다 이를 단순한 농담으로 치부하고 있다. 오히려 마르그리트가 회고록 집필을 시작한 원인은 브랑톰보다 훨씬 더 현실적인 것이었다. 당시 마르그리트의 당면한 관심사는 앙리 4세와의 결혼무효협상이었기 때문에, 마르그리트는 이 과정에서 유리한 고지를 선점하기 위해 자신의 과거를 윤색할 필요성을 느꼈던 것이다. 따라서 마르그리트는 다른 사람들의 설왕설래가 아니라 자기 자신의 손으로 스스로의 과거를 정리하는 것이 앞으로의 처신에 있어 더 적절하고 유리할 것이라 판단했던 것으로 보인다.

4 Brantôme, "Discours sur Marguerite," 47.

5 같은 책, 83.

여러 문헌들을 통해 우리는 트로이나 아테네 등 여러 고대 도시의 위대함을 흥미진진하게 접할 수 있습니다. 이 도시들은 모두 한때 번성했으나 지금은 완전히 파괴되어 그 흔적이 어디에 있는지 찾기도 힘들 지경입니다. 당신의 글 역시 (나의) 아름다움에 대해 서술하며 즐거움을 느낄 수 있겠지만, 이는 더 이상 존재하지 않는답니다. 오직 당신의 글을 통해서만 발견될 수 있을 따름이지요. (중략) 이렇듯 자연(Natura)이 나에게 한 일에 대해 이야기하는 것은 한편으로 분명한 증거가 있습니다. 과거의 나를 직접 보았던 당신의 눈을 통해 증명하면 됩니다. 하지만 운명(Fortuna)이 나에게 한 일에 대해서는 당신 역시 수많은 사람들에게 전해들은 말에 의존할 수밖에 없었습니다. 이런 설왕설래들은 말할 필요도 없이 무지의 소산이거나, 악의를 품고 있기에 결코 신뢰할 수 없습니다. 바로 그렇기 때문에 아마도 당신은 오직 진리에만 관심이 있는 손에 의해 탄생한 이 회고록에 무척 만족하리라 확신합니다.[6]

위 인용문에서 마르그리트는 자신이 '오직 진실에만 관심이 있다'고 말했지만, 이는 당연히 사실이 아니다. 어쩌면 당연하게도 마르그리트 드 발루아의 회고록은 처음부터 끝까지 철저한 방식으로 자신의 과거를 정당화하기 위한 지극히 정치적인 목적 아래 집필되었기 때문이다.

회고록을 둘러싼 두 번째 논점은 회고록의 저술 범위에 대한 것이다. 마르그리트의 회고록은 그녀의 출생과 유년시절에서 시작했지만, 1582년이라는 다소 애매한 시점에서 급작스럽게 마무리된다. 1582년이라는 시점은 마르그리트가 네락의 궁정에 합류하여 본격적으로 왕비

6 *Mémoires de Marguerite de Valois*, 2–3. ; *Memoirs*, 28–29.

로서 활동하다가 앙리 드 나바르와 사이가 틀어져 파리로 복귀한 시기에 해당한다. 회고록 말미에서 마르그리트는 앙리 드 나바르의 관계가 흐트러진 원인은 결국 앙리 드 나바르의 바람기와 불성실함 때문이라고 지적했지만, 그 이후 파리로의 복귀에 대해서는 전혀 언급하지 않고 있다. 나아가 마르그리트의 회고록 마지막 부분에서는 이렇듯 급작스럽게 집필을 마무리하게 된 이유에 대해 전혀 서술하지 않았으며, 심지어 어떤 종류의 맺음말 역시 첨부되어 있지 않다. 이는 회고록 도입부에서 보여준 매우 조심스럽고 세련된 방식과 큰 대조를 이룬다.

따라서 마르그리트의 회고록이 1582년을 기점으로 급작스럽게 마무리된 이유를 둘러싸고 여러 해석이 난무했다.[7] 일부 학자들은 마르그리트가 고의로 1582년 이후에 대한 기록을 남기지 않았다고 주장한다. 1582년 이후 마르그리트의 위상이 급격하게 추락했고, 특히 1583년 샹발롱과의 사이에서 사생아를 낳았다는 소문까지 있는 마당에, 마르그리트 스스로 1582년 이후의 과거를 봉인했다는 것이다. 나아가 1582년 이후의 사건을 기록한다면 회고록에서는 어쩔 수 없이 현재의 왕 앙리 4세와의 관계와 그에 대한 평가가 집중적으로 등장하게 된다. 이는 마르그리트가 회고록을 쓰고자 한 목적에 오히려 반하는 결과를 가져올 수 있는 위험한 행동이다. 따라서 마르그리트가 1582년 이후의 상황을 굳이 집필하지 않았다는 해석 역시 어느 정도 일리가 있다. 그러나 일부 학자들은 1582년 이후의 기록이 사라졌거나, 또는 검열의 결과 훼손되었다고 보기도 한다. 실제로 1582년까지의 기록을 담은 회고록의

7 Éliane Viennot, *Marguerite de Valois,* 191–192.

원본 역시 매우 나쁜 상태로 발견되었음은 분실설을 주장하는 강력한 근거가 되었다. 마지막으로, 1582년 이후의 기록이 검열에 의해 폐기 처분되었을 것이라는 주장도 존재한다. 왕실의 내부자가 출간하는 책은 분명히 유명세를 탈 것이기 때문에, 마르그리트의 회고록 출판은 쉽게 승인되지 않았던 것 같다. 실제로 회고록의 출판은 마르그리트 사후인 1628년에야 이루어졌다.

마르그리트 회고록의 첫 출판시기와 검열에 대한 논란 역시 언급할 필요가 있다. 이 회고록은 마르그리트 드 발루아가 사망한 1615년에서 13년이나 경과한 1628년에 처음 출간되었다. 회고록을 처음 편집한 인물은 그라니에(Auger de Mauléon de Granier)라는 인물인데, 그는 어떤 경로로 해당 필사본을 입수하게 되었으며 왜 출간을 계획했는지에 대한 어떠한 설명도 덧붙이지 않았다.[8] 나아가 마르그리트의 회고록은 출간 직후 바로 검열의 대상이 되었다. 회고록 출간 1년 뒤인 1629년, 마르그리트의 회고록에 출간정치 처분이 내려졌던 것이다. 그러나 회고록의 편집자 그라니에가 리슐리외가 조직한 아카데미 프랑세스의 멤버로 받아들여진 것을 보면, 이 출간 정지 처분의 배후에 있는 사람은 리슐리외가 아니라 회고록에서 언급되었던 몇몇 명망가의 후손들인 것으로 보인다.[9]

출간 정지에도 불구하고 마르그리트 드 발루아의 회고록은 엄청난 관심을 끌었고, 프랑스 내에서도 비밀리에 계속 재출간되었으며, 1630년대 영국에서, 1640년대에는 이탈리아서 번역본이 간행되기도 했다.

8 같은 책, 261.

9 같은 책, 262.

이후 마르그리트의 회고록은 1675년 프랑스에서도 정식으로 다시 출간되었으며, 18세기 귀족들의 회고록 출간 유행을 타고 여러 차례 다시 간행되었다. 이후 19세기에 이르러 마르그리트의 회고록은 수차례 전집의 일부로 간행되는 등 나름 유명세를 확보하기에 이른다.[10]

지금까지 회고록의 집필 동기, 구성, 그리고 출간에 얽힌 다양한 논의와 해석들을 정리해 보았다. 이처럼 마르그리트의 회고록은 저술과 출판에 이르기까지 정치적 의도 아래 작성된 글이며, 그런 만큼 당연히 정치적 이권과 권력의 동향에 따라 수용되거나 거부될 수밖에 없는 운명을 지니고 있었다.

2) 마르그리트 드 발루아 회고록의 내용

전술한 것처럼, 마르그리트 드 발루아의 회고록은 그녀의 유년시절에서 시작하여 1582년 나바르르의 궁정 생활까지 그녀 삶의 전반부 30년을 다루고 있다. 6장 마지막에 연도별로 회고록의 핵심 수록 내용을 정리해 놓았지만, 이를 간단히 풀어 쓰면 다음과 같다.

마르그리트는 자신의 유년시절을 매우 아름답고 즐거운 시기로 기억했지만, 곧 궁정에서 벌어지는 온갖 암투에 깊숙이 개입하게 된다. 마르그리트에 따르면 어린 시절 자신은 그저 예쁜 옷을 입고 춤을 좋아

10 19세기 프랑스에서는 사료 분석과 출판이 유행처럼 번졌는데, 이때 많은 수의 회고록이 판본 대조와 설명 주를 덧붙여 출간되었다. 마르그리트 회고록 역시 1824년에 본격적인 주석이 달린 해설판이 발간되었다. 이후 1987년과 2005년 편집본이 다시 출간되기는 했지만, 1824년판은 마르그리트 드 발루아 회고록의 가장 고전적인 기준으로 남아있다. 본 논문에서는 이 사료에 근거해 회고록을 분석하였다.

그림 24 카트린 드 메디시스와 그의 네 명의 자녀를 그린 독특한 초상화(1564년경 제작 추정). 왼쪽부터 막내아들 프랑수아, 카트린 드 메디치, 당시 프랑스의 국왕이었던 샤를 9세, 마르그리트 드 발루아, 그리고 앙리(후일의 앙리 3세). 이 다섯 명은 마르그리트 드 발루아 회고록의 핵심적인 등장인물이기도 하다.

출처: https://upload.wikimedia.org/wikipedia/commons/a/af/Caterina_e_i_figli.jpg

하는 공주에 불과했지만, 1569년 자신의 정치적 위상에 대해 자각하게 되었다고 한다. 마르그리트에게 궁정이란 치열한 이권쟁탈과 음모가 횡행하는 곳이라는 사실을 알려준 사람은 다름 아닌 앙주 공 앙리(후일 앙리 3세)였다. 앙주 공 앙리는 자신이 군대를 이끌기 위해 궁정에서 멀리 떨어져 있을 때 어머니인 카트린 드 메디시스의 곁을 지키며 자신의 편이 되어 달라고 마르그리트에게 부탁했다고 한다. 이에 대해 마르그리트는 "이런 종류의 제안은 나에게 완전히 새로운 것"이었다고 강조하며 "과거에 내가 자각하지 못했던 나의 능력과 역량에 대해 다시 생각해 보게 되었다"고 회상하고 있다.[11]

1572년 마르그리트 드 발루아는 위그노 교도였던 앙리 드 나바르와 결혼했고, 이 결혼은 프랑스 종교전쟁의 역사에서 가장 잔혹한 생 바르텔르미 대학살의 전조가 되었다. 마르그리트는 이 결정적 시기에 루브르 내부에서 어떤 일이 벌어졌는지에 대해 매우 생생하게 묘사했는데, 이는 마르그리트의 회고록에서 가장 많은 주목을 받은 부분이다. 마르그리트에 의하면, 생 바르텔르미 축일 전날 위그노 지도자들을 공격하라는 명령을 내린 이유는 "위그노의 사악한 의도를 내버려 두면 더 큰 위기가 올 것"이라는 카트린 드 메디시스의 판단 때문이었다. 또한 이런 모후의 판단에 샤를 9세는 매우 주저했지만 레츠 공(Albert de Gondi, Comte de Retz, 1522–1602)의 설득을 들은 뒤 마지못해 응했다고 한다. 반면 앙주 공 앙리와 기즈 공 앙리는 위그노에 대한 공격 제안에 적극적으로 찬동했다고 기록되어 있다. 또한 마르그리트는 학살이 시작

11 *Mémoires de Marguerite de Valois,* 16. ; *Memoirs,* 42–43.

될 때까지 위그노 지도자들을 공격하라는 왕실의 결정에 대해 전혀 몰랐으며, 상황을 알게 된 이후 마르그리트는 자신의 남편 앙리 드 나바르와 그 측근들의 목숨을 살리기 위해 백방으로 노력했다고 기술했다.

대학살의 충격이 어느 정도 마무리된 1573년, 마르그리트는 자신의 동생 알랑송 공작 프랑수아와 가까워졌고, 이후 마르그리트–알랑송 공작–앙리 드 나바르 사이의 정치적 연대가 결성되었다. 이 세 사람 사이의 연대를 훼손하려는 각종 음모가 계속되었지만, 마르그리트는 자신의 회고록에서 꿋꿋하게 자신의 동생과 남편에 대한 신뢰를 지켰으며, 항상 연대의 중심에는 자신이 있었음을 은근히 강조하기도 했다.

1576년에서 1577년 사이 마르그리트는 플랑드르 여행을 떠나는데, 이 여행은 회고록에서 눈에 띌 정도로 매우 세부적이고 꼼꼼하게 묘사된 부분이다. 1576–7년 다시금 왕실과 앙리 드 나바르 사이의 전쟁이 가시화되자, 나바르의 왕비 신분을 지니고 있던 마르그리트는 궁정에 머무는 것이 적절치 않다고 판단, 여행을 떠날 계획을 세우게 된다. 그러나 마르그리트는 플랑드르로 떠난 온천 휴양여행의 진정한 목적은 플랑드르를 다시 프랑스로 편입하려는 정치적 외교공작이었으며, 특히 알랑송 공작의 입지를 키우기 위한 기초 작업이었다고 주장했다. 따라서 마르그리트는 플랑드르 온천 여행에 대해 기술하면서, 자신이 얼마나 외교적 임무에 충실했는지, 그리고 나름의 성과로 이어졌는지 거듭해서 강조했다.

1578년, 왕실과 위그노 진영 사이의 휴전이 성립된 이후, 마르그리트 드 발루아는 자신의 남편 앙리 드 나바르와의 재결합을 추진했고, 결국 이에 성공했다. 1579년부터 1582년까지, 마르그리트는 자신이 네락의 궁정에서 겪은 경험을 소개했다. 당시의 상황에 대해 마르그리트는 그다지 호의적이지 않은 편이다. 우선 종교적으로 자신의 가톨릭 신앙을 고수하기에 많은 어려움이 있었으며, 1580년 재개된 7차 종교전쟁으로 인해 고통 받은 기억 역시 너무나 벅찬 것이었다고 증언했다. 그러나 무엇보다도 당시 마르그리트를 괴롭게 한 것은 앙리 드 나바르와의 관계였던 것으로 보인다. 앙리 드 나바르는 끊임없이 마르그리트의 시종들과 연애행각을 벌였고, 그중 한 명이 임신하면서 마르그리트는 정실부인으로서 감당하기 힘든 대우를 받기도 했다. 그럼에도 불구하고 마르그리트는 자신이 남편의 연애행각에 일희일비하지 않았고, 왕비로서의 품격과 지위에 어울리게 행동했다고 주장했다. 그리고 1582년의 경험을 마지막으로, 마르그리트의 회고록은 다소 갑작스럽게 마무리된다.

마르그리트의 회고록을 되짚어보면, 그녀는 앙리 드 나바르의 아내이자 왕비라기보다 발루아 가문의 공주라는 정체성을 훨씬 더 중요하게 생각했던 듯 하다. 자신을 왕비보다 공주로 인식하는 마르그리트의 자아관은 마르그리트의 인생에 있어 그다지 바람직한 결과를 가져오지는 않았지만, 그는 어떤 경우에도 이 정체성을 확고히 붙들고자 최선을 다했다.

그렇다면 발루아 가문의 공주로서, 마르그리트는 주위 사람들과 어떤 관계를 맺고 있었는가? 우선 마르그리트가 가족을 어떻게 생각했는지부터 살펴보겠다. 마르그리트는 당시 권력의 중심으로 모든 실권을 지니고 있던 어머니 카트린 드 메디시스를 존경하고 두려워했고, 거의 모든 경우 어머니의 명령에 순종적으로 복종하는 태도를 보였다. 실제로 마르그리트는 어머니를 일종의 롤 모델로 삼고, 어머니의 판단과 선택을 중요한 삶의 기준으로 여긴 것으로 보인다. 또한 오빠이자 생바르텔르미 학살 당시 프랑스의 왕이었던 샤를 9세는 회고록 속에서 그리 큰 비중은 없지만, 마르그리트는 그를 언제나 믿을 수 있는 상대로 생각했고, 전면적인 애정과 지지를 아끼지 않았다.

그러나 또 다른 동기간인 앙리 3세와 알랑송 공작에 대한 마르그리트의 평가는 극단적인 대조를 이룬다. 우선 알랑송 공작에 대해서 마르그리트는 전폭적인 신뢰와 지지를 보냈다. 그들이 처음부터 가까웠던 것은 아니지만, 왕실의 권력중심에서 밀려나면서 두 사람은 서로 연대하기 시작했던 것으로 보인다. 마그르리트는 회고록에서 자신이 알랑송 공작을 위해 각종 외교적 공작을 거듭했으며, 그를 지원하기 위해 온갖 어려움을 감수했음을 반복적으로 강조했다. 반면 앙리 3세는 지금 자신의 불행을 만들어낸 실질적인 원인으로 지목된다. 특히 마르그리트는 앙리 3세의 성격이 소심하고 변덕스러우며, 음모에 쉽게 흔들리는 유약한 성향을 지녔다고 지적했다. 전통 사회에서 왕에 대한 비판은 늘 조심스러운 것이었기에, 마르그리트 역시 앙리 3세를 직접적으로 공격하기보다 그의 주변에 포진한 측근들이 앙리 3세를 잘못된 길로 이끌었다고 주장했다. 이런 관점에서 특히 마르그리트의 미움을 산 인물로 뒤 귀아스트(Du Guast)를 들 수 있다.[12] 마르그리트가 보기에,

12 루이 드 베랑제(Louis de Berenger, seigneur du Guast)는 앙리 3세의 최측근 중 하나로 도피네 출신의 귀족이었다. 뒤 귀아스트는 마르그리트의 회고록에서 가장 저열하고 야비한 인물로 묘사되는데, 마르그리트는 뒤 귀아스트야말로 앙리 3세와 마르그리트 사이를 이간질시키고 알랑송 공작이나 앙리 드 나바르 등 마르그리트 진영의 인물들을 음해하는 데 가장 큰 역할을 담당했다고 지적했다. 마르

앙리 3세의 즉위 이전부터 그의 최측근이었던 그는 궁정에서 마르그리트에 대한 각종 소문을 퍼트려 평판을 떨어뜨리고, 마르그리트 주위의 인간관계를 왜곡하고 무너뜨리는 데 있어 결정적 역할을 한 인물이었다.

그런데 마르그리트는 자신의 가족인 어머니와 오빠, 동생에 대해 자세하고 직설적으로 평가한 데 비해, 자신의 사생활에 대해서는 철저하게 함구하는 전략을 선택했다. 회고록에서는 그의 애인이라 소문이 파다했던 라 몰(Joseph Boniface de La Môle, 1526–1574)이나 뷔시 당부아즈(Louis de Bussy d'Amboise, 1549–1579) 등 그녀 주위의 남성들의 이름이 종종 언급되지만, 그들에 대한 묘사나 평가는 매우 제한적이다. 또한 세간의 소문 속에 자신과 깊은 관계라 회자되었던 앙리 드 기즈에 대해서는 매우 말을 아끼며, 앙리 3세나 알랑송 공작과 로맨틱한 관계를 가졌다는 근친상간 혐의에 대해서는 변명은커녕 이와 비슷한 뉘앙스를 지닌 문장조차 발견되지 않는다. 이는 전통시대 회고록이 철저하게 자기변명을 위한 작업임을 고려해 보았을 때 매우 당연한 결과라 하겠다.[13]

그렇다면 앙리 드 나바르, 즉 앙리 4세와의 관계에 대해서 마르그리트는 어떻게 서술하고 있을까? 마르그리트가 본 회고록을 집필했을 때 상황을 고려해 보면, 앙리 4세는 점차 권력의 중심에 진입하고 있었

그리트와 뒤 귀아스트 사이의 적대감은 궁정에서 공공연하게 알려졌던 것으로 보인다. 심지어 앙리 4세 시대 역사가 드 투는 마르그리트 드 발루아가 뒤 귀아스트를 암살했다고 주장하기도 했다. 본서 5장 참조.

13 16세기 1인칭 서술 저작의 자기정당화 전략에 대해서는 James Helgeson, *Lying Mirror: The First Person Stance and Sixteenth Century Writing* (Genève: Droz, 2012).

고, 마르그리트와의 결혼무효 협상이 막 시작된 상황이었다. 이런 상황에서 마르그리트가 앙리 4세를 직설적으로 비난하는 것은 쉽지 않았을 것이다. 그럼에도 불구하고, 마르그리트는 앙리 4세와의 관계를 다분히 비판적으로 묘사했다. 실제로 그와의 관계가 거의 끝나가는 현실을 고려했을 때, 마르그리트에게 중요한 것은 관계가 파탄이 난 결정적 원인이 앙리 드 나바르에게 있음을 분명히 해 둘 필요가 있었을 것이다. 따라서 마르그리트는 앙리 드 나바르의 바람기를 자세히 서술하고, 이런 상황에서도 자신은 의연하게 처신했음을 부각시켰다.

지금까지 마르그리트의 회고록 내용과 그 속에서 드러난 인간관계의 양상을 간단히 정리해 보았다. 결국 마르그리트의 회고록은 철저히 자신의 과거를 자신의 손으로 직접 정당화하기 위한 작업이었다. 이를 위해 마르그리트는 자신에게 불행이 벌어진 원인이 스스로에게 있는 것이 아니라 어디까지나 다른 사람들 때문이며, 본인은 항상 발루아 가문의 공주로서 적절하게 처신했다고 기술하고 있다. 이런 점을 고려해 볼 때, 마르그리트 드 발루아의 회고록에 대한 독해는 그 내용을 액면 그대로 받아들이기보다 마르그리트가 자기 자신을 어떻게 정당화하고 이상화했는지, 즉 어떤 가면을 왜 썼는지에 대한 분석에서 시작되어야 할 것이다. 그렇다면 본격적으로 회고록에서 마르그리트가 사용한 어떤 가면들은 무엇이며 이를 어떻게 활용했는지 분석해 보도록 하겠다.

3. '성적 명성'의 관리

회고록을 통해 만나는 마르그리트 드 발루아의 모습은 영화나 소설을 통해 자연스럽게 연상할 수 있는 왕비 마르고의 그것과는 매우 다르다. 실제로 회고록을 읽는 독자들은 알렉산드르 뒤마나 이자벨 아자니에 의해 구현된 왕비 마르고의 농염하고 감각적인 외양을 잊고, 500년 전 프랑스에서 살았던 한 공주가 매우 세련된 방식으로 자기 자신을 재구성하는 과정에 동참하도록 초대받는다. 스스로에 의해 재현된 마르그리트의 모습은 세간에 떠도는 이미지와 전혀 다르기 때문에, 몇몇 부분에서는 어색하고 답답하게 느껴질 지경이다. 그러나 사적 기억을 공적 영역으로 끄집어내어 스스로를 변호하기 위한 목적으로 집필되는 회고록이라는 장르의 속성상 이는 매우 당연한 결과라 할 것이다. 이런 견지에서, 마르그리트 드 발루아의 회고록이란 그녀가 쓴 각본에 의해 진행되는 일종의 무대라 할 수 있다. 여기서 인상적인 것은, 이 무대의 주인공 마르그리트는 하나의 역할에만 만족하지 않고 마치 일인다역을 맡은 배우처럼 여러 가면을 바꾸어 쓰며 다양한 역할을 소화한다는 점이다.

그녀가 맡은 여러 '배역들' 중 가장 중심이 되는 두 축은 '견실한 아내'와 '뛰어난 교섭자'라는 역할이었다. 일반적으로 전자는 주로 마르그리트의 사적 영역에 속한 것이고 후자는 공적 영역에 해당한다고 생각하기 쉽지만, 마르그리트 드 발루아 같은 16세기 프랑스의 공주에게 이 두 차원은 분리된 별개의 영역이 아니었다. 결혼을 통해 정치적 연대를 만들어 내고, 아이를 낳아 이를 강화하는 것이 당시 왕족 여성들에게 주어진 임무였기에, 사적 영역에서 어떤 평판을 얻는가 하는 점은 공적 역할을 공고히 할 수 있는 핵심적 기반으로 작용하게 된다.

따라서 마르그리트 드 발루아는 자신의 회고록 속에서 무엇보다도 먼저 자신의 '성적 명성(sexual reputation)'을 관리하고자 시도했다. 21세기 현대에서도 마찬가지겠지만, 전통사회에서 어떤 여성에게 '성적으로 방만하다'는 꼬리표가 붙는 것은 무엇보다 치명적인 약점이 아닐 수 없었다. 일단 이런 구설수에 오르게 되면 해당 여성은 이용당하기 쉬운 존재로 전락하는 등 극심한 평가절하를 겪게 되며, 나아가 그 여성이 낳은 아이까지도 입소문에 오르내리게 마련이다. 더욱이 왕자의 출생이 바로 권력의 승계를 의미하는 왕실 소속의 여성이라면 이는 심각한 차원으로 비화될 수 있는 문제였다.[14]

따라서 마르그리트 드 발루아는 회고록 속에서 자신의 '애인'이었다고 지목된 여러 남성들과의 관계에 대해 나름의 방식으로 해명을 시도했다. 가장 먼저 언급된 사람은 마르그리트와 유년시절부터 평생 동안 로맨틱한 관계를 유지했다는 소문의 주인공 기즈 공 앙리였다. 마르

14 왕족 남성의 경우 성적 명성은 여성과 정반대로 작동하는 경향이 있다. 왕족 남성이 혼외관계를 맺거나 사생아를 낳는 것은 오히려 성적 명성을 상승하게 만드는 근거가 되었다. 넘치는 정력은 후사를 만들어 낼 수 있는 건강하고 호방한 능력이라 여겨졌고, 전통시대 남성에게 가장 치명적인 오점인 동성애자라는 의심을 완전히 상쇄시켜 주는 바람직한 것이었다. 실제로 앙리 4세의 경우, 그의 바람기와 여성편력은 새로 개창한 부르봉 왕조를 과거의 발루아 왕조와 비교해 더 나은 것으로 여기게 만드는 효과를 낳았다. 발루아 왕조의 마지막 왕들인 프랑수아 2세와 샤를 9세, 그리고 앙리 3세가 후계를 잇지 못하고 단명했으며 동성애자라는 혐의를 받았던 것과 비교해서, 앙리 4세의 '호방함'은 매력적인 것으로 포장되었던 것이다. 좀 더 자세한 논의는 다음을 참고할 것. Michael Wolfe, *The Conversion of Henri IV: Politics, Power and Religious Belief in Early Modern France* (Cambridge: Harvard Univ. Press, 1993), 50–53.

그리트의 회고록 가장 초반부에 등장하는 '유년시절의 첫 기억'이라는 에피소드를 살펴보자.

> 내가 네 살인가 다섯 살쯤 되었을 때의 일이라 기억한다. 그때 나는 아버지[앙리 2세를 뜻함]의 무릎 위에 앉아 다정한 대화를 나누고 있었다. 당시 같은 방 한 쪽에는 두 명의 소년이 함께 놀고 있었는데, 이들은 다름 아닌 기즈 가문의 주앙빌 공(Duc de Joinville, 기즈 공 앙리를 뜻함)과 로쉬 쉬르 욘(Roche sur Yon) 가문의 보프뤼우 후작(Marquis de Beaupreau)이었다. 보프뤼우 후작은 14세의 어린 나이로 세상을 떠났는데, 사람들은 이런 출중한 인재가 일찍 세상을 저버린 것을 아직까지도 아쉬워한다. 이런저런 말들을 나누다가, 아버지 왕은 나에게 저 두 소년들 중에 누가 더 마음에 드냐는 장난스러운 질문을 하셨다. 나는 "후작이 더 좋아요"라고 대답했다. 왕께서는 "후작이 더 좋은 이유는 뭐니? 후작이 그렇게 잘 생긴 것 같지는 않은데"라고 말씀하셨다. 옅은 금발인 주앙빌 공의 외모가 더 출중했으며 후작은 흑갈색의 머리카락을 가지고 있었기 때문이다. 나는 다음과 같이 대답했다. "왜냐하면 후작의 행동거지가 더 훌륭하기 때문입니다. 주앙빌 공작은 너무 장난기가 심하고 맨날 대장노릇만 하려고 들어요."[15]

마르그리트가 자신의 첫 기억이라 지목한 이 일화는 이중적 의미를 지니고 있다. 회고록 도입부에 등장하여 상당히 존재감을 주는 해당 일화를 통해 마르그리트는 본래 자신이 어린 시절부터 기즈 공을 그다지 높게 평가하지 않았다고 주장했는데, 이는 곧 자신과 기즈 공이 한

15 *Mémoires de Marguerite de Valois,* 5.; *Memoirs,* 31.

번도 각별한 사이가 아니었음을 암시하기 위한 장치로 보인다. 또한 마르그리트는 여기서 한발 더 나아가 자신이 남자의 외모가 아니라 품성에 관심을 두는 성숙하고 사려 깊은 여성이라고 스스로를 포장했다. 이는 여성들이란 외면적이고 감각적인 것에 끌려 판단을 그르치기 쉽다는 당시의 일반적 편견을 인식한 결과라 보인다.

두 번째로 언급할 만한 인물은 생 바르텔르미 학살을 전후한 시기 마르그리트의 애인이라 여겨졌던 라 몰이다.[16] 예상과는 달리, 회고록에서 라 몰이 거론되는 것은 단 한 번뿐이며, 그것도 위그노들의 음모에 휘말려 사형 당했다는 간단한 언급에 그치고 있다.[17] 아마도 마르그리트는 그다지 고위 귀족도 아니었던 라 몰에 대해서는 별다른 언급을 하지 않는 것이 차라리 더 나은 전략이라 생각했던 듯하다.

반면 회고록 속에서 마르그리트가 가장 긍정적이고 호의적으로 묘사했지만 그만큼 적극적으로 연인 사이임을 부정한 인물은 알랑송 공의 측근이었던 뷔시 당부아즈였다. 마르그리트는 자신이 뷔시와 각별한 사이이긴 했지만 로맨틱한 관계는 아니며, 어디까지나 주군과 수하의 관계였다고 강조했다.

> 뒤 귀아스트는 자신의 음모를 성공적으로 이끌기 위해 다음과 같은 공작을 폈다. 그는 나와 뷔시가 내 동생인 알랑송 공작의 집에

16 알렉산드르 뒤마의 소설과 이를 기반으로 만들어진 영화 〈La Reine Margot〉에서 라 몰은 마르그리트의 애인으로 등장하는데, 라 몰이 죽은 뒤 마르그리트가 그의 잘린 머리를 따로 빼내 보관했다는 흑색 전설을 그대로 차용했다. 이는 이후 마르그리트 드 발루아를 대표하는 상징적 이미지로 자리 잡게 된다. 본서 5장 참조.

17 *Mémoires de Marguerite de Valois,* 39.; *Memoirs,* 70.

서 개인적으로 자주 만나는 사이라는 거짓 정보를 당시 나의 남편의 애인이던 쇼브 부인에게 흘렸다. (중략) 뒤 귀아스트는 왕[당시의 왕은 마르그리트의 오빠 앙리 3세였음]께서 이런 종류의 이야기에 잘 넘어간다는 것, 그리고 나와 알랑송 공작에 대해 의심과 반감이 있다는 사실을 적절히 이용했다. 나와 알랑송 공작 사이의 우정이 깊어질수록 뒤 귀아스트에게는 좋지 못한 결과가 생기기 때문이었다. (중략) 그러나 모후[카트린 드 메디시스를 뜻함]께서는 이러한 속내를 단번에 파악하시고, 왕에게 이런 이야기는 원래 신빙성이 없다고 설득하셨다. 나아가 이런 소문을 듣고 마음이 동하는 것을 보니 주변에 좋은 사람이 별로 없는 것 같다고 충고하시기도 했다. 마르그리트가 이런 소문에 연루되는 것은 불행한 시대 탓이라며 다음과 같이 말씀하셨다. "내가 젊었을 때 (왕가의 여성들이) 선왕과 세자, 그리고 왕자들을 보필하는 청년들과 대화를 나누고 자유롭게 교류하는 것은 당연한 일이었다. 왕의 신하인 청년들이 너희들의 고모인 마르그리트 부인이나 내 침실에 모여 회합을 가져도 누구 하나 이상하게 보는 사람이 없었다. 내 딸 마르그리트가 자기 남편의 시종들이 배석한 자리에서 뷔시와 만난다고 해도 그건 전혀 문제가 되지 않는다. 둘만 따로 은밀하게 만나는 것도 아니지 않은가? 뷔시는 좋은 자질을 지닌 사람이고, 너의 동생인 알랑송의 최측근이기도 하다. 그런 사이에서 무슨 쓸데없는 중상모략이 등장하는지 이해를 못하겠다."[18]

마르그리트에 따르면, 뷔시와 자신이 연인관계라는 소문이 난 이유는 뒤 귀아스트가 주도한 음모 때문이었다. 카트린 드 메디시스도 인정하다시피, 주군의 부인이나 여동생이 자기 가문에 속한 수하들을 만

18 *Mémoires de Marguerite de Valois,* 55–56. ; *Memoirs,* 87–88.

나 사담을 나누고 관계를 돈독히 하는 것은 궁정의 당연한 관례였다. 결국 마르그리트는 자신을 불행으로 몰아넣은 각종 소문을 내전으로 얼룩진 '불행한 시대'의 산물로 치부했다. 전통 사회 궁정에서 사적인 관계는 곧 공적인 유대를 만들어내는 근거였음을 고려해볼 때, 마르그리트의 이러한 주장에는 어느 정도 신빙성이 있다. 또한 귀족 여성이 성적 명성을 잘 관리하기 위해 필요한 것은 실제로 그 여성이 순결을 지켰는가의 문제라기보다 공적으로 어떤 소문도 돌지 않게 주변을 단속할 역량이 있었는가의 문제였다. 결과적으로 상대방의 약점을 끌어내어 이를 명분으로 고도의 프로파간다를 만들어 내고 이를 내전에 이용하던 당시의 프랑스 궁정의 여건이 마르그리트에게 매우 불리하게 작용했음은 분명하다.

이렇듯 회고록 곳곳에서 소위 자신의 '애인'이라 여겨졌던 사람들과의 관계를 변명한 마르그리트는 한발 더 나아가 전통 사회의 가장 바람직한 이상적 여성의 틀 속에 자신을 끼워 맞추려고 시도했다. 이를 위해 마르그리트는 자신이 결혼 전에는 '순결한 처녀'였으며, 결혼 후에는 남편만을 위해 최선을 다했던 '충실한 아내'였다고 설정하는 작업에 돌입했다.

> 일이 벌어진 지 5-6일이 지난 후, 이 계획을 실행에 옮긴 사람들은 나의 남편과 콩데 공이 살아있는 한 계획이 완성되지 못하리라 확신하였다. 그들이 없애버리려는 사람들은 단지 위그노 집단뿐만 아니라 방계 왕족(prince of the blood) 전체였기 때문이다. 내가 계속 나바르 공의 부인으로 남아있는 한 어떤 시도도 불가능하다는 것을 인식한 이들은 모후를 종용해 나와 나바르 공의 이혼을

> 추진했다. 그 후 일요일에 나는 어머니를 예배당에서 기다리고 있었는데, 모후께서 내게 오시더니 남편이 보통 남자들과 다른 점은 없냐고 물으셨다. "만일 그렇다면, 나는 네 결혼을 쉽게 무효로 되돌릴 수 있단다."라고 말씀하셨다. 나는 어머니께 그 질문에 대답할 능력이 없다고 말씀드렸다. 단지 이런 식으로는 말할 수 있다고 했다. 과거 로마시대에 한 남자가 자기 부인에게 자기가 입냄새가 심한데 이를 왜 지적해 주지 않았냐고 불평하자, 그 부인은 다른 남자 곁에 가본 적이 없어서 그 냄새가 이상한 것인지 몰랐다고 대답했다고 했다는데, 나 역시 마찬가지라고 말이다. 또한 나는 "모후께서 질문하시니 대답하겠지만, 나는 그저 지금처럼 지내는 것에 충분히 만족합니다."라고 대답했다. 내가 이렇게 대답한 것은 나와 남편을 갈라놓으려는 계획은 이후 벌어질 또 다른 사악한 음모를 위한 준비라고 의심했기 때문이다.[19]

위 인용문은 생 바르텔르미 학살 사건 직후를 회상하는 부분으로, 여기서 말하는 '계획'이란 위그노에 대한 학살을 뜻한다. 마르그리트는 앙리 드 나바르를 숙청하기 위해 결혼을 무효화하려는 시도가 있었으며, 모후인 카트린 드 메디시스 역시 이에 어느 정도 동조했다고 기술하고 있다. 당시 로마가톨릭교회는 배우자 간 상호 동의에 의한 이혼을 인정하지 않았고, 결혼을 일종의 성사로 취급했기 때문에 이를 무효화하려면 일정한 명분이 필요했다. 이러한 명분 중 하나가 바로 배우자의 육체적 결함이었기 때문에, 카트린 드 메디시스는 '앙리 드 나바르가 일반적 남자와는 다른 신체적 결함이 있느냐'고 물었던 것이다. 이에

19 *Mémoires de Marguerite de Valois,* 35–36.; *Memoirs,* 66.

대해 마르그리트는 과거 로마 시대의 일화를 예로 들어 '자신이 남자를 접해 본 적이 없기 때문에 비교할 대상이 없다'고 대답했다. 이는 곧 자신이 결혼 전에는 처녀였으며, 앙리 드 나바르가 자신의 첫 번째 남자였다는 의미일 것이다.

또한 위 인용문 속에서 마르그리트는 자신이야말로 생 바르텔르미 학살의 와중에서 앙리 드 나바르의 목숨을 구했을 정도로 충실하며, 궁정의 음모를 꿰뚫어 보는 통찰력을 지닌 현명한 아내임을 과시하고 있다. 실제로 생 바르텔르미 학살이 벌어지는 혼란스런 와중에서 마르그리트는 앙리 드 나바르의 곁을 지켰고, 그의 시종 여러 명의 목숨을 구해 주기도 했다고 기록되어 있다.[20] 또한 마르그리트 드 발루아는 1574년 말콩탕 집단이 주도한 음모가 발각된 후 앙리 드 나바르가 이에 가담하지 않았음을 보장하는 청원서를 작성하기도 했다.[21] 결혼 초기 파리 궁정에 억류되어 볼모로 잡혀 있던 앙리 드 나바르에게 마르그리트가 귀중한 정치적 자원이었음은 주지의 사실이며, 이는 마르그리트가 스스로 아내로서 제 역할을 다했다고 확신하게 만드는 중요한 근거로 작용했다. 이런 견지에서, 마르그리트는 자신의 부부관계가 어그러진 근본적 원인이 남편인 앙리 드 나바르에게 있다고 확신했고, 회고록에서도 이러한 판단을 결코 숨기지 않았다.

또한 마르그리트가 회고록을 집필하던 시기, 앙리 드 나바르와 마

---

20 *Mémoires de Marguerite de Valois,* 32–36.; *Memoirs,* 61–66.

21 Marguerite de Valois, "Mémoire justificatif oiur Henri de Bourbon, Roi de Navarre," *Mémoires et lettres de Marguerite de Valois,* ed. M. F. Guessard (Paris: Jules Renouard et Cie, 1842), 185–194.

르그리트의 결혼무효에 대한 협상이 진행되고 있었고, 마르그리트는 이 협상을 통해 안전하고 안락한 노후를 보장받기를 원했다. 회고록에는 마르그리트의 이런 심경이 어느 정도 반영되어 있을 것이라 추정된다. 따라서 회고록 속에서 마르그리트는 생 바르텔르미 학살에서 생명의 위협까지 느꼈음에도 불구하고 남편에게 충실했으며, 이후 계속되는 궁정 내 음모에 휘둘리지 않고 정도를 지킨 성실한 아내로 묘사되는 반면, 앙리 드 나바르는 끊임없이 마르그리트의 시녀들과 연애행각을 벌였고, 이로 인해 음모가 만들어지는 빌미를 제공한 당사자로 설정된다.

'성실한 아내를 배려해 주지 않는 무정한 남편'에 대한 원망은 네락의 궁정에 거주하던 기간을 다룬 회고록의 후반부에서 더욱 강력하게 부각되었다. 파리 궁정에서 지냈던 시절과 달리, 나바르가 다스리는 가스코뉴 지방의 네락에 거주하는 동안 마르그리트는 전적으로 앙리 드 나바르에게 의존할 수밖에 없는 상황이었다. 그러나 마르그리트가 보기에 앙리 드 나바르는 파리에서 신의를 지켰던 자신과는 달리 아내를 정당한 방식으로 대하지 않았으며, 이는 결국 부부관계 파탄의 근본적 원인이 되었다고 비판했다.

여기서 특기할 만한 것은 마르그리트에게 있어 남편의 정절이란 그다지 중요한 요건이 아니었다는 점이다. 이를 보여주는 가장 대표적인 사례로 앙리 드 나바르의 정부 포쉬즈(Fosseuse)와 관련된 일화를 들 수 있다. 당시 앙리 드 나바르는 포쉬즈라 불리던 여성과 육체적으로 깊은 관계로 발전했는데, 마르그리트는 남편의 여성편력 자체에 그다지 큰 불만을 느끼지 않았다. 오히려 마르그리트는 "포쉬즈는 당시 매우 젊고 사랑스러운 여성"[22]이었다고 말하며, "그녀는 나에게 의지하는 처지라 항상 나에게 존경과 예의를 표했다."[23]고 적고 있다. 또한 "당시 나바르 공은 포쉬즈를 매우 아꼈는데, 그녀가 나에게 사악한 마음을 품는 일이 없었으므로 나와 남편은 좋은 관계로 지낼 수 있었다. 특히 남편은 자신이 어떤 다른 여성들과 관계를 맺는다 해도 내가 그다지 반대하지 않는다는 점을 높이 샀다."고 적기도 했다. 이러한 진술은 마르그리트가 자신을 남편의 외도를 질투하지 않고 묵묵히 감내하는 참을성 많은 아내로 설정하기 위한 작업으로 보인다.

하지만 미묘한 균형을 유지하는 듯싶었던 세 사람의 관계는 끝내 파탄으로 치닫게 되는데, 그 가장 결정적인 이유는 포쉬즈가 앙리 드 나바르의 아이를 가졌기 때문이었다. 회고록에 의하면, 임신 이후 포쉬즈는 마르그리트에게 깍듯하게 대하던 과거의 처신을 뒤집고 마르그리트를 폄하하기 시작했으며, 아들을 낳는 경우 자기가 나바르의 왕비가 될 것이라 공공연히 말하고 다녔다.[24] 그러나 회고록 속의 마르그리트는 무례한 포쉬즈의 출산과정까지 돌봐주는 관대함을 잃지 않았다.

> [포쉬즈가 난산으로 위험하다는] 의사의 전언을 듣고, 남편은 큰 곤경에 빠졌다. 도대체 무엇을 어찌해야 할지 몰랐기 때문이다. 한편으로 남편은 포쉬즈와의 관계가 공공연히 세간에 알려질까 두려워했으며, 다른 한편으로는 적절한 도움이 없다면 자신이 매

22 *Mémoires de Marguerite de Valois,* 163.; *Memoirs,* 210.

23 *Mémoires de Marguerite de Valois,* 164.; *Memoirs,* 211.

24 *Mémoires de Marguerite de Valois,* 176.; *Memoirs,* 225.

우 사랑하는 여성을 잃을 수도 있다는 공포에 사로잡혔다. 진퇴양난에 빠진 남편은 나에게 도움을 요청하기로 마음먹고, 모든 사실을 고백한 뒤 나의 도움과 조언을 구했다. 내가 어떤 일을 겪더라도 기꺼이 그를 도와줄 것임을 믿어 의심치 않았기 때문이다. (중략) "당신에게 용서를 구하오. 이 문제에 대해 내가 한 말들에 대해 잊어주기를 바라오. 제발 지금 바로 포쉬즈에게 가 줄 수 있겠소? 그녀는 지금 상태가 매우 좋지 않소. 지금 같은 상황에서는 당신이 기꺼이 과거를 잊고 후회 없이 행동해 줄 거라 확신하오. 내가 얼마나 포쉬즈를 아끼는지 당신도 잘 알거라 생각하오. 따라서 나는 당신이 내 부탁을 들어줬으면 하고 바라오." 나는 기분이 상했다는 이유로 남편의 부탁을 거절하기에는 여전히 남편에 대한 존경이 훨씬 더 크다고 대답했다. 따라서 나는 바로 포쉬즈에게 가서 그녀가 내 딸인 것처럼 돌보겠다고 말했다. (중략) 신의 도우심 속에 포쉬즈는 딸을 낳았지만, 이미 죽은 상태였다. (중략) 하지만 주의를 기울였음에도 불구하고, 포쉬즈에 대한 소문은 궁전 전체에 퍼졌다. (중략) 포쉬즈는 [추문을 피하기 위해] 내 방문이 필요하다고 남편에게 부탁했다. 남편은 내 침실로 찾아와 내가 침대에 있는 것을 확인했다. 나는 [남편의 요청 때문에] 아침부터 분주하게 움직인 터라 매우 지쳐 있었고 휴식이 필요했다. 남편은 나에게 몸을 일으켜 다시 포쉬즈를 방문해 달라고 부탁했다. 나는 남편에게 이미 당신의 부탁을 들어주었고 지금 그녀에게는 도움이 필요하지 않다고 말했다. 굳이 지금 내가 그녀를 찾아간다면 오히려 더 말거리에 오를 뿐이라고 조언했다. 남편은 내 말을 듣고 매우 실망했으며, 내가 생각한 것보다 더 심하게 짜증을 냈다. 아침부터 그의 부탁에 따라 모든 일을 처리한 나에게 이런 방식으로 대하는 것은 매우 부당한 처사였다. 포쉬즈 역시 나와 남편 사

그림 25 알랑송 공 프랑수아의 초상화. 장 드쿠르(Jean Decourt), 1576년 제작.
출처: https://fr.wikipedia.org/wiki/Marguerite_de_France_(1553-1615)

이를 갈라놓기 위해 자신이 가진 모든 힘을 동원했다.[25]

이처럼 마르그리트는 자신을 세상에 다시없는 '양처(良妻)'로 포장했다. 자신은 남편의 바람기를 묵묵히 참아주며 그의 터무니없는 부탁에도 순종하고, 어떤 순간에서나 신의를 지킨 충직하고 성실한 아내였지만, 정부(情婦)와 간신들의 모함 때문에, 그리고 이를 잘 통제하지 못한 앙리 드 나바르의 처신 때문에 부부관계가 어그러졌다는 것이다.

마르그리트의 이러한 진술은 어디까지 사실일까? 아마도 이 질문

25 *Mémoires de Marguerite de Valois,* 178-180.; *Memoirs,* 228-230.

은 불필요한 것이리라. 전술했다시피 회고록은 가면을 돌려쓰며 자기를 정당화하기 위한 무대이고, 전통시대 대부분의 기혼여성들은 '착하고 충직한 아내'라는 가면을 활용하는 법 정도는 잘 알고 있었기 때문이다. 오히려 더 인상적인 지점은 음탕하고 격정적인 소위 '팜므 파탈'의 대명사인 마르그리트 역시 시대가 규정해 준 현모양처라는 전통적인 기준에서 결코 자유롭지 못했다는 것이다. 높은 신분으로 세간의 평판에 예민할 수밖에 없었던 마르그리트의 환경을 고려할 때, 이는 매우 당연한 결과일지도 모른다. 마르그리트는 거리낌 없이 외간 남자와 염문을 뿌리며 당당히 이를 인정하는 자유로운 영혼은 결코 아니었다. 오히려 그는 대다수의 동시대 여성들과 마찬가지로, 조신하고 음전한 규수로 자신을 포장하며 자신의 성적 명성을 관리하고자 했다. 이처럼 순결한 처녀, 순종적인 딸, 그리고 충실한 아내라는 다소 수동적이고 방어적인 가면들은 전통 시대 여성들이 자신을 보호하기 위해 사용했던 필수적 도구였다. 실제로 여성이 진정한 위험에 빠지는 순간은, 자신이 실제로 착한 처녀나 순한 아내로 사느냐 아니냐가 아니라, 아무것도 모르는 처녀나 만족스러운 아내로 스스로를 포장하지 않겠다고 마음먹는 바로 그때이기 때문이다.

4. 새로운 연대의 창출

지금까지 마르그리트가 동시대 여성에게 요청된 일반적 기준에 맞추기 위해 어떤 방식으로 '처녀'와 '아내'의 가면을 활용했는지 살펴보았다. 마르그리트 역시 한 명의 여성으로서 자신에게 주어진 의무란 남편에게 복종하는 충실한 아내가 되는 것임을 잘 인지하고 있었다. 하지만 마르그리트가 평범한 지위의 여성이 아니라 프랑스 왕실의 공주였다는 점은 새로운 문제를 불러일으키는 출발점이었다. 공주의 결혼은 단순히 배우자간, 그리고 가문간의 결합 정도만을 의미하지 않는다. 이는 왕실이 어떤 정치세력과 연대할 것인지를 보여주는 지표이며, 이를 통해 한 국가의 외교적 입장이 창출되고 조율된다. 이런 견지에서 앙리 드 나바르와 마르그리트 드 발루아의 결혼은 그 직후 생 바르텔르미 학살이 벌어진 순간부터 이미 어그러질 운명이었는지도 모른다. 이처럼 마르그리트에게 앙리 드 나바르와의 결혼은 자신의 삶을 불안하고 위태롭게 만드는 근거로 작용했다.

이런 상황 속에서 마르그리트는 앙리 드 나바르의 아내라는 불안한 지위에 만족하지 않고 자신의 입지를 구축하기 위해 스스로 새로운 연대를 만들어 냈다. 아마도 이 지점이야말로 마르그리트 드 발루아를 동시대 다른 왕족 여성과 차별화할 수 있는 특징이라 할 수 있다.

새로운 연대의 창출을 위해 마르그리트가 '자기 편'으로 점찍은 인물은 다름 아닌 자신의 동생 알랑송 공작이었다. 마르그리트는 실제로 앙리 드 나바르보다 알랑송 공작을 훨씬 더 신뢰했던 것으로 보인다. 마르그리트에게 앙리 드 나바르는 "샤를 전하와 모후의 의견"에 따라 자신에게 '주어진' 남편이었다면,[26] 알랑송 공작은 마르그리트에게 "먼저 접근하여 존경과 애정을 보여준" 인물이었으며, "깊은 우정과 공조

26 *Mémoires de Marguerite de Valois*, 83.; *Memoirs*, 121.

를 약속한" 사이였기 때문이다.[27] 마르그리트는 회고록에서 자신과 알랑송 공작 사이의 연대가 남편과의 그것보다 한층 더 공고하다는 점을 다음과 같이 공공연하게 밝히고 있다.

> 나는 알랑송 공작이 나에게 보여준 깊은 신뢰와 관대함에 보답할 의무를 느낀다. 그도 인지하고 있겠지만, 내가 나의 남편 곁으로 돌아간다면 나는 알랑송 공작이 나에게 부탁한 모든 것에 기꺼이 응답할 것이며, 남편이 알랑송 공작과 좋은 관계를 유지하게 만드는 데 전력을 다할 것이다.[28]

그렇다면 마르그리트에게 알랑송 공작이 이렇게까지 절실한 이유는 무엇이었을까? 아마도 알랑송 공작을 통해 마르그리트는 드디어 자신에게 어울리는 진정한 배역을 찾았다고 생각했던 것은 아닐까? 마르그리트는 공주라는 신분과 이에 어울리는 높은 교육수준을 지닌 세련된 여성이었고, 자신의 역량을 발휘하거나 영향력을 행사하기를 즐기는 권력지향적인 야망을 지니고 있었다. 실제로 궁정의 복잡한 인간관계 속에서 영향력을 행사하는 작업은 마르그리트에게 단순히 왕실에서 생존하기 위한 전략 이상의 의미를 지니고 있었다. 사실 이야말로 마르그리트가 진심으로 즐기고 좋아했던 역할이었기 때문이다.

> 그와의 대화를 통해 나는 과거에 내가 자각하지 못했던 나의 능력과 역량에 대해 다시 생각해 보게 되었다. 사실 나는 내가 그런 힘을 지니고 있다는 것을 전혀 실감하지 못하고 있었다. 나는 선천

27 *Mémoires de Marguerite de Valois*, 38.; *Memoirs*, 69.

28 *Mémoires de Marguerite de Valois*, 156.; *Memoirs*, 204.

적으로 상당한 용기를 지니고 있었던 것이다. (중략) 그 이후 나는 완전히 다른 사람으로 다시 태어났음을 직감했다. 그의 제안은 나를 기쁘게 했고, 스스로에 대한 자신감이 솟아났다. 그리고 나는 내가 생각한 것보다 더 큰 영향력을 발휘할 수 있음을 알게 되었다. (중략) 이런 감정은 내가 예전에 생각할 수 있었던 그 어떤 관념보다 더 강하게 내 마음속에 각인되었다.[29]

위 인용문은 제 1차 종교전쟁이 발발했던 1569년 왕실이 처한 복잡한 정치적 상황에 대해 기술한 회고록 도입부의 일부이다. 당시 16세에 불과했던 마르그리트는 오빠인 앙주 공 앙리로부터 궁정에서 자신의 입장을 대변해 줄 수 있겠냐는 제안을 받았는데, 이를 계기로 마르그리트는 자신이 "오락이나 춤, 사냥 같은 사소한 세계"에서 벗어나 정치라는 새롭고 역동적인 세계로 들어가게 되었다. 결과적으로 앙주 공 앙리와 마르그리트 사이의 연대는 실패로 끝나고 말았지만, 아마도 이 때부터 마르그리트는 자신이 권력의 향배에 영향을 미칠 수 있는 존재임을 자각한 것 같다.

하지만 마르그리트가 선택한 이 새로운 배역은 매우 가변적이고 위태로운 것이었다. 궁정을 배경으로 벌어지는 정치란 계속 변화하는 생물이며, 고정적이고 영원불변한 관계를 허용하지 않는다. 아래 인용문에서 보이듯이, 마르그리트 역시 이를 정확히 파악하고 있었다.

이 세상의 모든 것은 양면성을 지니고 있다. 지금 끔찍하고 위험해 보이는 것들도 언젠가는 즐겁고 평온한 것으로 변할 수 있다.

29 *Mémoires de Marguerite de Valois,* 16.; *Memoirs,* 43.

이렇게 모든 것이 변화하기 때문에 이에 대한 기준도 계속 바뀐다. (중략) 따라서 친구들에게 너무 큰 신뢰를 갖는 것도 현명하지 않다. 언젠가 그들이 적이 되어 나타날 수도 있기 때문이다. 이와 마찬가지로 우리의 적에게도 언젠가 그들과 친구가 될 수 있다는 생각을 가지고 대할 필요가 있다.[30]

나아가 마르그리트는 궁정 정치의 양면성과 가혹함에 대해 여러 차례 몸으로 경험하기도 했다. 대표적인 경우로 알랑송 공작과 앙리 드 나바르가 파리에서 탈출하는 것을 도와준 후 파리 궁정에서 완전히 소외당했던 1575년의 상황을 들 수 있다. 당시의 심경에 대해 마르그리트는 다음과 같이 기술했다.

나는 좁은 방에 갇혀 혼자 지냈다. 나를 방문하러 와주는 사람 하나 없었다. 나와 가장 가깝다는 친구들도 감히 나를 보러올 엄두조차 내지 못했다. 이런 행동을 한다면 자신에게 불이익으로 돌아갈 것이라 여겼기 때문이다. 이런 일은 궁정에서 비일비재하다. 역경의 순간이 오면 홀로 맞서야 한다. 반면 상황이 좋아질 땐 주변에 사람들이 넘쳐 난다.[31]

궁정의 교묘한 음모에 휩쓸려 자주 실패하고 좌절했을지라도, 마르그리트는 자신의 회고록에서 정치라는 세계에 개입하고자 하는 강한 욕망을 반복적으로 피력하고 있다. 또한 마르그리트는 자신이 정치적 역할을 잘 수행해낼 수 있는 능력을 지니고 있다고 생각했다. 결국

30 *Mémoires de Marguerite de Valois,* 67–68.; *Memoirs,* 102–103.

31 *Mémoires de Marguerite de Valois,* 72.; *Memoirs,* 107.

'유능한 교섭자'라는 배역이란 마르그리트가 가장 사랑했으며 가장 자신에게 어울린다고 생각한 역할이었다. 따라서 마르그리트는 자신에게 기회가 주어졌을 때마다 뛰어난 화술과 유연한 인간관계를 활용해 자신에게 주어진 임무를 잘 완수했음을 과시했다.

이런 측면이 가장 잘 드러나는 대목으로 1577년 마르그리트의 플랑드르 여행을 꼽을 수 있다. 1577년 왕실과 위그노 사이에 내전이 다시 발발하자, 마르그리트는 내전의 당사자인 앙리 드 나바르의 아내로서 자신이 궁정에 계속 남아 있을 수 없다는 판단 아래 플랑드르 여행을 계획했다. 표면적으로 이 여행은 마르그리트의 건강을 돌보기 위한 온천 요양이었지만, 그녀의 실제 목적은 플랑드르 내부에서 알랑송 공작의 위상을 키우는 것이었다. 플랑드르는 한때 프랑스에 속했었지만, 16세기에는 신성로마제국에 편입되었다. 신성로마제국의 합스부르크 가문은 프랑스의 발루아 가문에게 영원한 라이벌이었기 때문에, 플랑드르는 여전히 프랑스와 신성로마제국 사이 분쟁의 가능성이 남아 있는 땅이기도 했다. 당시 플랑드르를 포함한 네덜란드 일대에서 에스파냐에 대한 반란[32] 이 진행 중이었고, 프랑스 왕실과 위그노 진영은 물론 알랑

32 네덜란드에서는 1568년부터 에스파냐에 대항하는 반란이 시작되었다. 에스파냐의 펠리페 2세는 상공업이 발달하여 매우 부유한 지역이었던 네덜란드의 독특한 문화를 잘 이해하지 못하면서도 가혹한 세금을 부과했고, 나아가 네덜란드에 확산되고 있던 프로테스탄티즘을 박해하면서 갈등이 증폭되었다. 나아가 네덜란드 질서의 확립을 위해 펠리페 2세가 파견한 알바 공작(Duke of Alba, Fernando Álvarez de Toledo, 1507–1581)의 강압적 통치는 상황을 더욱 악화시켰다. 네덜란드의 고위 귀족층은 오라네 공 윌리엄(William I of Orange, 1533–1584)을 중심으로 뭉쳐 대항했고, 1568년부터 '80년 전쟁'이라 불리는 군사공방이 시작되었다. 1579년 가톨릭신앙이 강했던 네덜란드 남부지방이 에스파냐 편으로 돌아서는 등 분열이 일어나기도 했지만, 북부지방을 중심으로 점차 독립을 주장하며

송 공작 역시 이에 큰 관심을 보이고 있었다.[33] 따라서 알랑송 공작은 마르그리트에게 플랑드르의 동향을 파악해달라는 부탁을 했던 것이다.

> 나에게 있어 알랑송 공작을 배려하는 것은 언제나 가장 중요한 사안이었다. 나는 그의 당부를 늘 숙지하고 있었는데, 지금 이 시점이야말로 내 임무를 솔직히 털어놓고 플랑드르에 대한 알랑송 공작의 입장을 전할 기회라고 생각했다. 캉브레는 막강한 요새 도시로, 플랑드르 전체의 운명을 좌우하는 장소였기 때문이다. 따라서 나는 신이 나에게 허락해주신 모든 재능을 동원하여 [캉브레의 시장인] 뎅시 공을 프랑스 편으로 끌어들이고자 노력했고, 그를 알랑송 공작의 편이 되도록 유도했다.[34]

위 인용문은 플랑드르의 요새 도시 캉브레(Cambrai)를 방문한 뒤 마르그리트가 남긴 소감의 일부이다. 마르그리트는 도시를 둘러보고 강력한 요새의 존재에 큰 감명을 받은 후, 알랑송 공작이 플랑드르를 장악하려면 반드시 이 도시를 확보해야 한다고 생각했다. 따라서 그는 캉브레

군주정을 폐지하고 공화국을 건설하자는 방향으로 상황이 발전되었다. 윌리엄의 암살 이후 북부 연맹의 지도자가 된 모리스(Maurice of Nassau, Prince of Orange, 1567−1625)는 성공적인 전쟁수행으로 1609년 북부지방의 실질적 독립을 이루어냈고, 1648년 베스트팔렌 조약에서 북부의 7개 주(Holland, Zeeland, Utrecht, Guelders, Overijssel, Friesland, and Groningen)의 독립이 국제적으로 공인되었다.

33 네덜란드 반란의 주역은 칼뱅파 세력이었으므로, 프랑스 위그노들은 윌리엄을 지지하며 군대와 물자를 지원하기도 했다. 나아가 윌리엄은 발루아 왕조와 합스부르크 가문 사이 경쟁의식을 이용해 프랑스 왕실의 지원을 받고자 노력했는데, 프랑스 왕실은 에스파냐와의 관계를 고려하여 쉽게 이에 응하지 못하고 있는 상황이었다. 따라서 당시 네덜란드에서 가장 부유한 지역 중 하나였던 플랑드르의 동향을 파악하는 것은 프랑스 왕실과 위그노 진영 모두에게 의미 있는 작업이라 볼 수 있다.

34 *Mémoires de Marguerite de Valois,* 91.; *Memoirs,* 131.

시장에게 접근, 알랑송 공작을 소개하고 추천하는 작업을 벌였다.

마르그리트의 플랑드르 '외교' 여행의 백미는 바로 발렌시엔(Valenciennes)의 방문이라 할 수 있다. 프랑스에 호감을 가진 라랭 백작(Comte de Lalain)이 다스리는 이 도시에서, 마르그리트는 라랭 백작의 부인과 친해진 후 그녀의 속내를 떠보는데, 예상대로 백작부인은 열렬한 친불파였다.

"당신을 만난 영광을 얻은 나는 프랑스에 대해 큰 호감이 생겼습니다. (중략) 플랑드르에서 최고의 가문 사람들은 에스파냐 정부에 대한 강력한 반감을 가지고 있으며 무엇보다도 그들의 폭정 속으로 던져질까봐 두려워합니다. 그러나 현재 플랑드르는 종교 간 갈등으로 약화되었고, 이에 따른 손해가 막심합니다. 우리가 하나로 뭉칠 수만 있다면, 우리는 에스파냐의 압제에서 벗어날 수 있을 것입니다. 그러나 분열이 우리를 약하게 만들고 있습니다. 신께서 당신의 형제이신 프랑스 왕에게 힘을 주셔서 다시 플랑드르를 정복할 결단을 내려주시기를! 우리는 모두 그를 환영할 것입니다." 백작부인의 솔직한 선언은 갑작스러운 것이었지만, 플랑드르 사람들은 프랑스를 자신들이 겪는 고통으로부터 해방시켜 줄 존재로 여기고 있음을 잘 확인할 수 있었다. 나는 알랑송 공작의 부탁을 실현할 가장 호의적인 상대를 만났다고 직감했다. 나는 그녀에게 위그노의 압박이 상존하는 상황에서 프랑스의 왕이 외국과 전쟁을 벌이기는 힘들 것이라 말했고, 이렇게 덧붙였다. "내 동생인 알랑송 공작은 [플랑드르에 개입할] 충분한 수단과 능력을 가지고 있답니다. 그는 현재 프랑스의 국왕이나 그 조상들과 마찬가지로 용감하고 신중하며 선의로 가득 찬 사람입니다. 그는 전사로 키워졌고, 당대 최고의 장군 중 하나라는 평판을 받고 있습니다.

(중략) 너무 야심만만하고 큰 권력을 가진 사람의 도움을 받는 것은 오히려 위험합니다. 당신에게는 이웃이 되어주지만, 프랑스 같은 큰 나라에 전념하면서 적절한 도움과 지원을 제공할 사람이 필요할 것입니다."[35]

마르그리트와 라랭 백작부인의 대화를 통해, 마르그리트는 자신이 솔직담백한 성격의 플랑드르 여성을 온화하고 세련되게 잘 이끌어 결과적으로 알랑송 공작의 진가를드러내고 그를 플랑드르 유력자에게 추천하는 데 성공했음을 보여주고자 했다. 이 일화처럼, 마르그리트는 자신의 플랑드르 여행을 통해 알랑송 공작이 플랑드르로 진출할 상당히 중요한 포석을 만들었다고 자평했으며, 이런 관점에서 회고록을 기술했다.

그러나 실상은 이와 많이 달랐다. 과연 당시 알랑송 공이 프랑스 국왕의 도움 없이 플랑드르에 단독으로 개입할 능력이 있었는지부터 의문시 될 뿐 아니라, 플랑드르 문제는 정치적, 종교적, 당파적 현안이 뒤엉킨 매우 복잡한 퍼즐의 일부였기 때문이다. 실제로 마르그리트가 방문한 1577년까지 프랑스 왕실의 네덜란드 반란에 대한 대응은 에스파냐와의 외교 관계를 고려해 매우 미온적이었고, 이런 상황은 1580년까지 지속되었다. 1581년 네덜란드가 에스파냐의 지배를 거부하며 알랑송 공 프랑수아에게 새로운 군주가 되어줄 것을 요청하면서 한때 상황이 급변하기도 했지만, 알랑송 공의 네덜란드 군주직 수행은 처참한 실패로 끝나게 된다.[36] 이런 상황을 고려해볼 때, 마르그리트가 자신에

35 *Mémoires de Marguerite de Valois,* 97–99.; *Memoirs,* 136–138.

36 네덜란드 반란 초반 지도자였던 오라녜 공 윌리엄은 에스파냐의 군주권을 부정하지 않았으나, 전쟁이 점차 심화되면서 에스파냐 왕실을 대체할 새로운 지배

게 가장 어울리는 옷이라고 생각했던 '뛰어난 교섭자'라는 역할이 실제로 일으킬 수 있는 반향은 그리 크지 않았던 것으로 보인다.

마르그리트와 알랑송 공작의 연대는 1584년 공작의 갑작스러운 죽음으로 종결되었다. 이는 마르그리트에게는 무엇으로도 보상받을 수 없는 충격이었다. 그러나 공작의 급사가 아니더라도, 남동생과의 관계를 통해 새로운 정치적 기반을 확보하려던 마르그리트의 시도는 실패하기 쉬운 것이었다. 복잡하게 얽히고 꼬인 왕실의 정치적 역동 속에서 왕족 여성이 유일하게 신뢰할 수 있는 남성은 남편이나 남동생이 아니라 오직 자신의 아들뿐이기 때문이다. 남편인 앙리 2세와의 관계 속에서 숱한 굴욕을 겪었음에도 카트린 드 메디시스가 왕실정치의 중심이 될 수 있었던 것은 결국 그가 4명의 아들을 낳았기 때문이 아니었던가. 아들을 하나씩 왕으로 만들면서, 보잘 것 없는 상인의 딸이라 놀림 받았던 카트린 메디시스는 궁정 최고의 어른이 되어 자신의 영향력을 확고히 정립할 수 있었다. 마르그리트 드 발루아의 가장 치명적인 한계는 그녀가 자식을 갖지 못했다는 것, 따라서 미래 권력을 통제할 수단을 확보하지 못했다는 점이었다. 이는 여성 스스로 정치의 독자적 중심이 될 수 없었던 프랑스 왕실 전통이 그녀에게 부여한 가혹한 제약이라 할 수 있다.

자를 물색하기에 이른다. 이때 거론되었던 인물이 영국의 엘리자베스 1세와 프랑스의 알랑송 공 프랑수아였다. 엘리자베스 1세가 군주직을 거부한 반면, 프랑수아는 이를 받아들여 1582년 군대를 이끌고 네덜란드로 건너갔다. 네덜란드가 에스파냐의 정당한 군주권 행사를 거부하고 새로운 왕을 추대한 행위(Act of Abjuration, 1581년 7월 26일)는 유럽 전통의 왕실 질서에 대한 도전으로 여겨져 큰 반향을 불러일으켰다. 그러나 프랑수아는 자신을 지지하지 않은 앤트워프를 무력으로 공격하다가 큰 반발을 샀고 전투에서도 패해 더 이상 네덜란드의 군주직을 수행할 수 없는 지경에 빠지게 된다. 결국 1583년 프랑수아는 네덜란드를 떠났고, 이후 네덜란드 진영은 공화정을 채택하게 되었다.

5. 특별한 만큼 평범한

지금까지 회고록이라는 매개를 통해 마르그리트 드 발루아가 자신을 어떤 존재로 규정했고 어떻게 기억되기를 기대했는지 살펴보았다. 회고록은 속성상 정직한 글이 아니며, 의도적으로, 때로는 무의식적으로 계속 윤색되고 조절될 수밖에 없는 글이다. 따라서 회고록 속의 마르그리트는 그녀에 대한 역사적 기억과도, 그리고 그녀의 실제 모습과도 다른 제 3의 존재로 등장한다. 가면과 실제 사이를 헤매 도는 과정에서, 마르그리트 드 발루아의 진짜 본 모습이 무엇인지 파악하는 것은 여전히 쉽지 않다.

필자가 보기에, 마르그리트 드 발루아는 흑색 전설 속의 팜므 파탈도, 회고록 속의 얌전한 요조숙녀나 현모양처도 아니었다. 오히려 마르그리트는 강렬한 권력 의지를 지닌 역동적이고 도전적이며 자부심이 가득한 여성에 가깝다. 마르그리트는 날카롭게 주변 정세를 판단할 정도로 똑똑했고, 자신의 정체성을 상황에 따라 바꾸고 조절할 정도로 능란했으며, 품위 있는 방식으로 글을 쓸 수 있을 정도로 세련된 자질을 지니고 있었다. 마르그리트의 뛰어난 능력은 곧 자신의 혈통과 신분에 대한 자부심으로 이어졌고, 이런 위상과 능력을 기반으로 마르그리트는 마치 카트린 드 메디시스처럼 독자적인 정치적 권위를 행사하기를 바랬던 듯하다. 이는 결국 처절한 실패로 끝났지만, 그 과정에서 마르그리트는 전통사회에서 보기 드물게 다원적인 정체성을 형성할 수 있었다. 즉 마르그리트는 누군가의 아내였지만 아내가 아니었고, 권력의 중심도 주변도 아니었다. 마르그리트는 명백한 하나의 이미지로 고정되지 못한 채, 언제나 경계와 빈틈 사이에서 활동했다. 결국 이러한 모호성 때문에 마르그리트는 때로 엄청난 공격의 대상이 되었고, 때로 낭만적 환타지의 주인공으로 부상하기도 했다.

마르그리트 드 발루아를 특별하게 만들어 주는 것은 바로 이런 모호성이다. 종교개혁 시대는 물론 그 이후에도 오랫동안, 여성은 가정 속 현모양처라는 단 하나의 규정에 자신을 맞추도록 요청받아 왔다. 마르그리트라고 이를 완전히 무시할 수는 없었지만, 최소한 그녀는 현모양처 외에 다른 역할을 실현해 보고자 나름의 방식으로 최선을 다했다. 가정이 자신의 이상을 구현하는 장(場)으로 기능하지 못할 때, 전통시대 여성들은 자신의 욕망을 다루기 위한 또 다른 방법을 찾아 때로 타협하거나 때로 저항하는 험난한 질곡의 길을 가야 했다. 결국 당위와 욕망 사이의 파열음으로부터 마르그리트 드 발루아의 비극과 전설이 시작되었다고도 말할 수 있겠다.

그림 26 마르그리트 드 발루아의 서명

출처: https://fr.wikipedia.org/wiki/Marguerite_de_France_(1553-1615)#/media/File:Signature_of_Marguerite_of_France_(wife_of_Henri_IV_of_France).JPG

하지만 그 결과 우리는 역동적이고 도전적인 한 명의 여성, 순간순간 다양한 가면을 쓰고 자신의 정체성을 끊임없이 조절하며 재규정할 줄 알았던 여성을 역사적 간극을 가로질러 만나는 경험을 할 수 있었다. 마그르리트 이전에도 이후에도, 아마도 지금까지도 많은 여성들은 사회가 원하는 가면과 자신이 원하는 모습 사이에서 적절한 타협점을 찾아내기 위해 노력하고 있지 않을까? 이렇게 본다면, 마르그리트는 세상의 어떤 여성과도 다른 특별한 여성이었지만, 생각보다 세상의 모든 여성과 비슷한 평범한 여성이었는지도 모르겠다.

표 8 마르그리트 드 발루아의 회고록 구성

년도	내용	주요 등장인물[37]
1559–1569	유년시절에 대한 회상. 자신의 첫 기억으로 아버지 앙리 2세와의 대화를 거론. 샤를 9세 시대의 궁정 분위기와 종교적 갈등 소개. 1569년, 앙주 공작(후일의 앙리 3세)을 통해 처음 궁정 내부의 정치적 암투에 대해 자각하게 됨.	카트린 드 메디시스(△) 앙주 공 앙리(△→▽) 뒤 귀아스트(▼▼) 기즈 공 앙리(–)
1570–1571	포르투갈의 왕과 마르그리트 사이 결혼에 대한 논의 시작. 기즈 공과의 관계에 대한 세간의 논란에 대해 단호하게 반박함.	마담 드 로렌(Mme de Lorraine)(△)
1572	나바르 공 앙리와의 결혼 논의 시작. 어머니의 뜻에 복종하겠다고 다짐하지만 종교적 갈등이 있음을 고려해 달라고 부탁함. 잔 달브레의 죽음. 결혼식에 대한 회상(주로 의상과 의례를 언급) 생 바르텔르미 학살 전야의 궁정 분위기 소개. 학살이 결정된 배경과 책임 소재에 대한 마르그리트의 해석. 생 바르텔르미 당일의 경험담 소개.	샤를 9세(△) 카트린 드 메디시스(△) 앙리 드 나바르(△) 앙주 공 앙리(▽)
1573	앙주 공 앙리가 폴란드 왕으로 선출됨. 동생인 알랑송 공 프랑수아와 돈독한 관계로 발전. 마르그리트를 매개로 알랑송 공 프랑수아와 앙리 드 나바르의 정치적 연대 시작.	앙주 공 앙리(▽) 알랑송 공 프랑수아(△) 라 몰(–)

37 마르그리트 드 발루아가 자신의 회고록 속에서 해당 인물을 어떻게 평가하고 있는지를 다음과 같이 표시하겠다.
(전반적으로 호감) △
(전적인 호감) △△
(의견 유보) –
(전반적으로 감정적 앙금 존재) ▽
(적대적 감정) ▼
(극심한 적대적 감정) ▼▼

1574	샤를 9세의 죽음. 앙리 3세의 등극. 알랑송 공 프랑수아와 앙리 드 나바르의 정치적 연대를 훼손하기 위한 뒤 귀아스트의 음모 계속됨. 뷔시 당부아즈와의 만남 시작. 이에 대한 세간의 논란에 대해 카트린 드 메디시스가 마르그리트를 옹호해 줌.	알랑송 공 프랑수아(△) 앙리 드 나바르(△) Mme de Sauves(▼) 카트린 드 메디시스(△) 앙리 3세(▽) 뒤 귀아스트(▼▼) 뷔시 당부아즈(△)
1575	앙리 드 나바르의 와병. 마르그리트의 극진한 간호로 회복됨. 그럼에도 불구하고 쇼브 부인에게 빠진 앙리 드 나바르는 마르그리트에 대해 냉정한 태도를 견지함. 알랑송 공 프랑수아와 앙리 드 나바르는 궁정을 탈출할 계획을 세우고 마르그리트에게 도움을 요청함. 알랑송 공작 탈주에 성공. 마르그리트는 앙리 3세에 의해 구금당함. 앙리 드 나바르 역시 탈주 성공. 앙리 드 나바르와 알랑송 공작이 위그노 측에 합류한 뒤 왕실은 위그노와 호의적인 조약을 체결. 뒤 귀아스트의 사망. 신의 뜻이 이루어졌다고 여김.	앙리 드 나바르(▽) 알랑송 공 프랑수아(△) 카트린 드 메디시스(△) 앙리 3세(▼) 뒤 귀아스트(▼▼)
1576	앙리 3세의 정세판단. 알랑송 공작을 회유한 뒤 위그노와의 전쟁을 선포하겠다고 마음먹음. 마르그리트는 앙리 드 나바르와의 관계를 생각해 위그노와 전쟁이 벌어지는 시기에 궁정에 남아있는 것은 현명하지 않다고 판단함	앙리 3세(▼) 카트린 드 메디시스(△)
1578	앙리 3세는 알랑송 공작 프랑수아에 대한 적대감을 감추지 못함. 음모에 휘둘리는 경향이 있는 앙리 3세에 대한 불신. 마르그리트의 알랑송에 대한 깊은 신뢰 지속됨. 알랑송 공 프랑수아는 마르그리트의 도움 아래 궁정에서 다시 탈출. 마르그리트와 앙리 드 나바르의 결합이 가시화됨. 카트린 드 메디시스와 동행하여 나바르의 영토인 기엔으로 이주.	알랑송 공 프랑수아(△△) 카트린 드 메디시스(△) 앙리 3세(▼)

1579	앙리 드 나바르의 궁정에서 겪은 일들 묘사. 가톨릭이 전면 금지된 Pau에서 종교담당 관료 르핀(Le Pin)과 갈등을 빚음. 파비악(M. de Pabiac)의 음모에 휩쓸려 앙리 드 나바르는 공정함을 잃음. 르부르(Rebours)라는 여성이 앙리 드 나바르의 정부로 등장했으나, 곧 포쉬즈(Fosseuse)로 교체됨.	앙리 드 나바르(△) 르핀 (▼) 파비악(▼) 르부르(▼) 포쉬즈(△)
1580	새로운 종교전쟁의 기운이 감지됨. 마르그리트는 중재를 위해 최선을 다했지만 힘이 미치지 못함. 종교전쟁의 시작. 가톨릭군의 지휘자 비롱 장군(Maréchal Biron)에게 선처를 부탁했지만 마르그리트가 거주하던 네락 역시 공격당함.	앙리 드 나바르(▽) 비롱 장군(△)
1581	플랑드르에 대한 상황이 급변함. 알랑송 공작 프랑수아가 위그노와 왕실 사이 중재를 맡아 협상을 이끌어냄. 이는 다시금 정치적 음모의 소재가 됨.	알랑송 공 프랑수아(△△) 앙리 3세(▼) 앙리 드 나바르(▽)
1582	포쉬즈의 임신. 앙리 드 나바르는 마르그리트에게 도움을 요청함. 마르그리트는 이를 헌신적으로 도왔지만 이용만 당했다고 느낌. 결국 마르그리트와 앙리 드 나바르의 관계는 개선되지 못함.	포쉬즈(▼▼) 앙리 드 나바르(▼)

에필로그

> 경희도 사람이다. 그다음에는 여자다. 그러면 여자라는 것보다 먼저 사람이다. 또 조선 사회의 여자보다 먼저 우주 안 전 인류의 여성이다. 이철원 김부인의 딸보다 먼저 하느님의 딸이다. 여하튼 두말할 것 없이 사람의 형상이다. 그 형상은 잠깐 들씌운 가죽뿐 아니라 내장의 구조도 확실히 금수가 아니라 사람이다. 오냐, 사람이다. 사람으로 보이지 않는 험한 길을 찾지 않으면 누구더러 찾으라 하리! 산정에 올라서서 내려다보는 것도 사람이 할 것이다. 이 팔은 무엇 하자는 팔이고 이 다리는 어디 쓰자는 다리냐? 경희는 두 팔을 번쩍 들었다. 두 다리로 껑충 뛰었다.[1]

1918년 잡지 『여자계』에 발표된 나혜석의 자전적 소설 「경희」의 주인공 이경희는 자신을 '여자라기보다 먼저 사람'이라 규정하며 그 근거로 자신이 '하느님의 딸'이라는 점을 내세운다. 하느님이 만든 인간의 형상을 갖춰 태어난 이상, 그다지 대단한 능력이 없다고 하더라도 '보

1 나혜석, 「경희」, 『나혜석, 글쓰는 여자의 탄생』 (서울: 민음사, 2018), 65.

이지 않는 험한 길'을 찾아 나설 자격이 있다는 것이다. 이처럼 신 앞에서 모든 인간은 평등하며 자유롭다는 2000여 년 전 예수 그리스도의 선언은 500년 전 종교개혁 시기 유럽뿐만 아니라 그로부터 시공간적으로 멀리 떨어진 1918년 조선 땅의 한 여성에게도 인생을 새롭게 바꿀 지표가 되었다. 그러나 나혜석의 인생 여정이 예증하듯이, 그의 선택은 외적으로도 험난하고 벅찰 뿐 아니라, 내적으로도 갈등과 불안에 가득 찬 외로운 모험의 연속이었다.

본서에 등장하는 여성들 역시, 각자 서 있는 위치와 조건은 다르지만 종교개혁이라는 격동의 시대를 관통하면서 조금은 남다른 자신만의 길을 선택했고, 이를 위해 부단한 도전을 감당해야 했다. 종교개혁을 바라보는 그들의 태도가 모두 호의적이었던 것은 아니다. 당티에르와 아르발레스트는 종교개혁의 지침에 적극 동조한 반면, 잔 드 쥐시는 온갖 억압 속에서도 가톨릭교회의 품에 남았다. 또한 이혼이라는 실험에 직면한 주네브의 여성들과 프랑스의 공주 마르그리트 드 발루아처럼 특별한 종교적 신념이 있다기보다 종교개혁이 일으킨 파장 그 자체에 더 큰 영향을 받았던 경우도 있었다. 그러나 신분과 위상, 입장과 태도에 관계없이, 그들은 모두 종교개혁이라는 혁명적 사건을 계기로 자신의 인생을 새롭게 개척했다는 공통점을 지녔다. 그리고 그들이 선택한 길이 그다지 평탄하지도 무던하지도 않았음은 주지의 사실이다.

마리 당티에르가 선택한 길은 말 그대로 투사의 길이었다. 날선 표현과 거침없는 행동을 마다하지 않았던 그는 종교개혁을 관통하는 핵심 지침인 영적 자유와 평등의 문제에 가장 원론적으로 접근했고, 결과적으로 남성뿐만 아니라 여성 역시 진정한 복음과의 만남을 통해 적극적 주체로 거듭날 수 있다고 주장했다. 안타깝게도 그의 강경한 발언과 태도는 가톨릭 진영은 물론, 여전히 가부장적인 보수성을 극복하지 못한 종교개혁 진영에서도 질타의 대상이 되었다. 이처럼 당티에르는 변화와 격동의 시대, 투사로 살아가는 선각자들을 가로막았던 장벽이 얼마나 견고하고 단단한지 잘 보여주는 사례라 할 수 있다.

이에 비해, 잔 드 쥐시가 택한 길은 자신이 속한 공동체를 견고히 지키겠다는 수호자의 길이었다. 이를 전통적 질서에 고착되어 새로움을 배격하는 고루한 방식이라 해석하는 것은 지극히 편향된 평가이리라. 잔 드 쥐시는 자신의 성(城)을 수호하기 위해, 그리고 자신과 동료의 몸과 삶을 침해하는 외적의 침입에 대처하기 위해 갑옷 대신 수녀복을 입고 칼 대신 펜을 든 성기사(聖騎士)라 할 수 있다. 잔 드 쥐시와 동료들의 역경을 기록한 그의 글은 성 클라라 수녀원의 역사가 되었고, 종교개혁 시기 이후로도 계속 수녀원 안에서 반복적으로 읽히며 공동체의 정체성을 수호하는 방패로 기능했다. 잔 드 쥐시의 사례를 통해, 필자는 종교개혁이라는 사건과 그에 대한 찬반론은 여성의 지위 향상에 그다지 영향을 주지 않았다는 점을 보여주고 싶었다. 종교개혁이라는 거대한 파도 앞에 선 여성들이 이를 어떻게 맞서고 피하며 받아 안았는지 성찰하는 작업이야말로 종교개혁이라는 사건을 또 다른 관점에서 이해할 수 있는 새로운 가능성의 시작이라고 믿기 때문이다.

이런 측면에서, 자신이 원했던 길과 자신에게 주어진 길 사이에서 발생한 파열음 때문에 오히려 목소리를 빼앗겨버린 마르그리트 드 발루아는 본서의 주인공 중 가장 안타까운 인물이라 할 수 있다. 프랑스 왕실의 상징으로 살아가야 했던 왕족 여성에게 가장 최선의 선택은 왕실에게 가장 큰 이득을 줄 수 있는 반려자를 만나 그의 후계자를 낳고 이를 통해 권력에 접근하는 것이었다. 이러한 외적 관계가 형성된 후에야 왕실의 여성은 뛰어난 언변과 부드러운 친화력 같은 개인적 능력을 살려 유능한 교섭자로 성장할 수 있었다. 마르그리트 드 발루아의 비극은 발루아 가문의 마지막 공주라는 지위 하나만으로 정치적 위상을 확보하고자 시도했기 때문은 아닐까. 이렇듯 남성과의 관계를 통해서만 권력에 접근할 수 있다는 시대적 한계는 신분의 고하를 막론하고 누구에게나 적용되었다. 결과적으로, 온전한 방식으로 어머니와 아내가 되는 것에 실패한 마르그리트 드 발루아는 지금까지도 야사(野史)를 떠도는 공허한 기표로만 기억되고 있다.

그렇다면 어머니와 아내로서의 삶을 의미하는 가정이라는 공간은 여성에게 구속이자 족쇄로만 작용했을까? 필자는 페미니즘 관련 글쓰기에 가끔씩 등장하는 이런 주장에 동의하지 않는다. 역사적으로 볼 때, 가정은 여성에게 가장 핵심적인 삶의 공간이었고, 어머니와 아내라는 삶의 방식은 여성의 경험 중 가장 중요한 부분을 차지하기 때문이다. 나아가 결혼과 가정생활을 운영하기 위해 여성들은 매우 다양한 선택과 결단에 직면하게 되었다. 이런 과정을 이해하려면, 여성에게 가정이 억압인지 해방인지 이분법적으로 접근하는 자세는 그다지 도움이 되지 않는다. 이제는 여성들이 가정이라는 공간 속에서 어떤 목표를 세웠고, 그 목표를 실현하기 위해 어떤 전략을 세웠는지, 그리고 이를 어떻게 실천했는지 조금 더 구체적으로 고민할 필요가 있다.

이런 관점에서 샤를로트 아르발레스트의 선택과 결단은 필자에게 많은 성찰의 기회를 주었다. 아르발레스트가 종교적 실천을 위해 가정을 활용한 방식을 추적하면서, 필자는 전통시대를 살아간 여성도 가정을 매우 적극적이고 창조적인 실천의 장(場)으로 조직할 수 있었음을 깨닫게 되었다. 아르발레스트는 자신의 인생을 걸고 프로테스탄트 신앙을 선택했고, 자신의 선택을 실천에 옮기기 위해 가정을 일종의 혁명 전위부대로 재구성했던 것이다. 결국 아내 아르발레스트와 남편 뒤플레시스 모르네가 서로를 개혁의 동료로 여기고 합심하여 공조할 수 있었던 핵심적인 매개는 바로 이들의 가정이었다. 아르발레스트의 경우에서 보듯이, 여성의 역사적 경험의 중추가 되는 부부관계와 가정생활이 지닌 의미와 역할, 그리고 가능성과 한계는 매우 다양한 방식으로 변주될 수 있다.

결혼과 가정이 지닌 복합적 의미는 이혼이라는 새로운 실험에 직면했던 주네브의 여성들을 통해서도 확인할 수 있다. 종교개혁을 통해 새롭게 유럽에 재도입된 이혼은 원래 가부장제에 입각한 질서정연한 가정을 재건하기 위한 제도로 시작되었으나, 이를 직접 선택하고 실천했던 여성들에게 이혼이란 사뭇 다른 방식으로 해석되었다. 그들에게 이혼은 사회적 지위 상실을 걱정해야 하는 위기의 순간이거나, 폭력으로 인해 훼손된 삶을 재건할 수 있는 기회가 되기도 했고, 심지어 즉흥적 욕망을 정당화하는 수단으로 여겨지기도 했다. 16세기 주네브의 이혼문제를 연구하면서, 필자는 가정이라는 공간을 사회적 당위가 아니라 여성 스스로의 경험을 통해 이해할 수 있는 다양한 사료의 발굴이 필요하다는 것, 그리고 발굴한 사료를 제대로 분석하려면 사료의 표면적 언술 아래 숨겨진 또 다른 층위를 두텁게 읽는 노력이 필요하다는 것을 절감하게 되었다. 이는 앞으로 필자가 집중해야 할 과제가 될 것이다.

***

다시, 1918년의 나혜석으로 돌아가 보자. 그는 본서의 주인공들, 즉 당티에르나 잔 드 쥐시, 아르발레스트, 마르그리트 드 발루아, 그리고 16세기 주네브의 여성들과 여러 면에서 많이 닮았다. 나혜석에게 '여자라기보다 먼저 인간'임을 각성시킨 하느님의 말씀은 당티에르와 아르발레스트, 잔 드 쥐시가 믿고 의지했던 바로 그 말씀이었을 것이다. 비록 그 말씀을 믿고 선택한 그의 인생행로가 마르그리트 드 발루아의 그것처럼 좌절과 낙심의 연속이었을지라도, 나혜석은 16세기 주네브의 여성들처럼 이혼이라는 상황까지도 글쓰기의 소재로 삼으며 자신을 성찰하는 방편으로 삼았다. 이처럼 '세상에서 가장 오래된 구조'라는 가부장제 아래 살아갔던, 그리고 살고 있는 과거와 현재의 수많은 여성들의 경험은 시대와 지역을 막론하고 서로 미묘하게 닮아 있다.

지금까지 종교개혁 시대 여성에 대해 관심을 보였던 다수의 연구자들은 종교개혁이라는 역사적 조건이 여성의 지위 상승과 하강에 어떤 역할을 담당했는지 이론적으로 분석하는 작업에 매진해왔다. 그리고 이런 연구가 종교개혁 시대 여성사 해석에 있어 든든한 기초가 되었음은 주지의 사실이다. 이제는 여기저기 흩어진 채 은밀한 방식으로 우리에게 말을 걸고 있는 수많은 여성의 목소리 자체에 좀 더 집중할 필요가 있다. 그들이 남긴 목소리를 듣고, 그들이 나름의 역사적 조건 속에서 어떻게 자신의 시대와 소통했는지 구체적으로 재구성할 때, 역사 속 여성들에 대한 우리의 이해는 좀 더 깊고 넓어질 것이라 믿는다.

1918년, 나혜석의 소설 속 주인공 경희는 다음과 같이 기도했다. 자신이 선택한 길이 순탄치 않을 것을 알았고, 끊임없이 두렵고 외로운 감정에 휘둘리면서도, 그 선택에 따른 결과를 담담히 초월자의 손에 맡겼던 경희의 기도에 대해, 신앙과 가정, 때로는 자신의 정체성을 내걸고 종교개혁 시대와 소통했던 이 책의 주인공들은 모두 깊이 공감할 것이다.

> 하느님, 하느님의 딸이 여기 있습니다.
> 아버지! 내 생명은 많은 축복을 가졌습니다.
> 보십쇼! 내 눈과 내 귀는 이렇게 활동하지 않습니까?
> 하느님! 내게 무한한 광영과 힘을 내려 주십쇼.
> 내게 있는 힘을 다하여 일하오리다.
> 상을 주시든지 벌을 내리시든지 마음대로 부리시옵소서.[2]

2 나혜석, 「경희」, 『나혜석, 글쓰는 여자의 탄생』 (서울: 민음사, 2018), 66.

참고 문헌

1차 문헌

작자미상, *Divorce Satyrique, ou les amours de la Reine marguerite,* Brussel: chez gay et doucé, 1878.

작자미상, *Recueil de diverses pièces servant à l'histoire de Henri III,* Cologne: Chez Pierre du Marteau, 1660.

Barnaud, Nicolas, *Le réveille-matin des François, et de leurs voisins: Dialogue second du réveille matin des François, et de leurs voisins, composé par Eusèbe Philadelphe, cosmopolite [i.e. Nicolas Barnaud], en forme de dialogues,* Edinberg, 1574.

Brantôme, Pierre de Bourdeille, "Discours sur Marguerite," *Oeuvres Complètes de Brantôme*, ed. L. Lalanne, VIII, Paris: Vve Jules Renouard, 1865.

________, *Recueil des Dame, poésie et Tombeaux,* ed. Étienne Vaucheret, Paris: Gallimard/La Pléiade, 1991.

De Thou, Jacque Auguste, *Histoire universelle de Jacques-Auguste de Thou: depuis 1543. jusqu'en 1607, Traduite sur l'édition latine de Londres,* VII, London, 1734.

Dentiere, Marie, Dentière, Marie, *La guerre et deslivrance de la ville de Genesve, composée et publiée en 1536 par Marie Dentière de Tournay, ancienne abbesse et femme d'Antoine Froment*, ed. Albert Rilliet, Genève: Imprimerie Charles Schuchardt, 1881.

________, "Epistle to Marguerite de Navarre," in *Epistle to Marguerite de*

Navarre and Preface to a Sermon by John Calvin, ed. and trans. Mary B. McKinley, Chicago: Univ. of Chicago Press, 2004.

Diderot, Denis, *La Religieuse*, 이봉지 역, 『수녀』, 서울: 지만지, 2013.

Dumas. Alexandre, *La Reine Margot*, 박미경 옮김, 『마고 왕비』, 서울: 홍원, 1994.

Duplessis-Mornay, Charlotte, *Les Mémoires de Madame de Mornay*, ed. Nadine Kuperty-Tsur, Paris: Honoré Champion, 2010.

Duplessis-Mornay, Philippe, *Mémoires et correspondance de Duplessis-Mornay, histoire de la réformation et des guerres civiles et religieuse en France, sous les règnes de Chrles IX, de Henri III, de Henri IV et de Louis XIII, depuis l'an 1571 jusqu'en 1623*, eds. Pierre René Auguis and Armand-Désiré La Fontenelle, 12 vols., Paris: Crapelet-Chez treuttel et wurtz, 1824.

________, *De l'Institution, usage et doctrine du sainct sacrement de l'eucharisté en l'église ancienne, emsemble quand, comment, et par quels degrez la Messe est introduicte en sa place. Le tout en quatre Livres, par Philippe de Mornay, seigneur du Plessis Marly,* La Rochelle: Haultin, 1598.

Dupleix, Scipion, *Histoire de Henry III, Roy de France et de Pologne,* Paris: Claude Sonnius, 1636.

Froment, Antone, *Les actes et gestes merveilleux de la cité de Genève nouvellement convertie à l'Evangile faictz du temos de leur Reformation et comment ils i'ont receue redigez par escrit en fourme de Chroniques Annales ou Hystoyes commencant l'an MDXXXII,* ed. Gustave Revilliod, Geneva: Jules-Guillaume Fick, 1854.

Herminjard, A. L., ed, *Correspondances des Réformeurs dans les pays de langue française, Recueillié et publiée avec d'autre lettres relatives à la Réforme et des notes historique et biologiques,* Reprint, Nieuwkoop: B. De Graaf, 1965.

Jussie, Jeanne de, *Le levain du Calvinism: ou commencement de l'heresie de Genève,* Chambery: Du Four, 1611.

________, *The Short Chronicle: A Poor Clare's Account of the Reformation of Geneva*, ed. and trans. Carrie F. Klaus, Chicago: Univ. of Chicago Press, 2006.

Licques, David de, *Histoire de la vie de Messire Philippe de Mornay,* Leyde: Chez

B&A. Elsevier, 1647.

Mornay, Madame de, *Mémoires de Madame de Mornay, édition revue sur les manuscrits, publie avec les variantes et accompagnée de lettres inédites de M. et Mme du Plessis Mornay et de leur enfants*, ed. Henriette de Witt, Paris: Chez Mme Ve Jules Renouard, 1868–1869.

Pizan, Christine de, *Le Livre de la Cite des dames*, 최애리 옮김, 『여성들의 도시』, 서울: 아카넷, 2012.

Prudhomme, Louis–Marie, *Les crimes des reines de France, depuis le commencement de la monarchie jusqu'à Marie-Antoinette,* Paris: Lemoine, 1850.

Ronsard, Pierre, *Premier Livre de Amour*, CVI (1572), in *Oeuvres complètes de P. de Ronsard*, I, ed. Prosper Blanchemain, Paris: Librerie Jannet, 1857.

Stendhal, *Le Rouge et le Noir*, 이동렬 옮김, 『적과 흑』, 서울: 민음사, 2004.

Tallement des Réaux, Gédéon, *Les Historiettes de Tallement des Réaux,* Paris: Chez J. Techener Libraire, 1854.

Valois, Marguerite de, *Mémoires et lettres de Marguerite de Valois, ed. M. F. Guessard,* Paris: Jules Renouard et Cie, 1842.

________, "Mémoire justificatif oiur Henri de Bourbon, Roi de Navarre," in *Mémoires et lettres de Marguerite de Valois*, ed. M. F. Guessard, Paris: Jules Renouard et Cie, 1842.

________, *La Ruelle mal assortie...* ed. Jean–Hippolyte Mariéjol, Paris: La Sirène, 1922.

________, *Correspondance 1569-1614,* Paris: Honoré Champion, 1998.

________, *Mémoires et autres écrits, 1574-1614,* Paris: Honoré Champion, 1999.

________, *Mémoires et discours* ed. Elian Viennot (Saint–Étienne: Publications de l'Université de Saint–Étienne, 2005).

________, *Memoirs of Marguerite de Valois, Queen of Navarre, Written by Herself,* Forgotten Books, 2015.

Voltaire, *Essai sur les mœurs et l'esprit des nations,* IV, Paris: Chez Werdet et Lequien Fils, 1829.

Watt, Isabella M. et al. eds., *Registres du Consistoire de Genève au temps de Calvin I-X(1542-1556),* Genève: Droz, 1996–2016.

________, *Registres du Consistoire de Genève au temps de Calvin*, trans. M. Wallace

McDonald, *Registers of the Consistory of Geneva in the Time of Calvin,* I, Grand Rapids: W. B. Eerdmans Publishing Co., 2000.

연구 문헌

박준철, 「변화와 지속: 종교개혁이 가정과 여성에 미친 영향」, 『서양의 가족과 성』, 한국 서양사학회 편, 서울: 당대, 2003.

박효근, 『프랑스 종교개혁과 위그노 여성: 샤를로트 아르발레스트를 중심으로』, 한성대학교 대학원 사학과 박사학위 논문, 2012.

______, 「위그노의 꿈과 좌절」, 백인호, 이재원 책임편집, 『전쟁과 프랑스 사회의 변동』, 서울: 홍문각, 2017.

이필은, 「마리 당티에르에게 나타난 여성교육사상」, 『기독교교육논총』 36 (2013).

임승휘, 「프랑스 신교도 모나르코마크(Monarchomaques)의 정치이론(1572–1584)」, 『프랑스사 연구』, 15 (2006).

장세용, 「보편사적 문화사의 전망: 볼테르의 『국민들의 습속과 정신론』」, 『서양사론』115 (2012).

정용석, 「휘어진 갈빗대: 중세 기독교사회와 여성에 관한 역사적 고찰」, 『대학과 선교』 25 (2013).

황대현, 「16–17세기 유럽의 '교파화 과정'에 대한 연구사적 고찰: '사회적 규율화'의 첫 단계로서의 교파화 과정 패러다임에 대한 독일 사학계의 논의를 중심으로」, 『역사교육』 100 (2006).

______, 「도시수공업자는 종교개혁을 어떻게 수용했는가? 아우크스부르크의 직조공 우츠 리히스너(Utz Rychssner)의 사례」, 『서양사론』 100 (2009).

Armour, Karin M., "A Portrait of Power: The Importance of Marguerite de Valois in Sixteenth Century French Royal Politics," *Senior Honors Theses* 112 (2004).

Armstrong, Brian G., "The Changing Face of French Protestantism: the Influence of Pierre Du Moulin," in *Calviniana: Idea and Influence of John Calvin,* ed. R. V. Schnucker, Kirksville: Sixteenth Century Journal Publishers,

1988.

Backus, Irena, "Marie Dentière: Un cas de féminisme théologique à l'époque de la Réforme?" *Bulletin de la Société de l'Histoire du Protestantisme Français* 137 (1991).

________, "Les clarisses de la rue Verdain, The Poor claires of the rue Verdainm," in *Le guide des femmes disparues/Forgotten Women of Geneva*, ed. Anne-Marie Käppeli, Geneva: Metropolis, 1993.

Bainton, Roland, *Women of the Reformation: Germany and Italy*, I., Minneapolis: Academic Renewal Press, 1971.

________, *Women of the Reformation: France and England*, II., Minneapolis: Academic Renewal Press, 1973.

Bertière, Simone, *Les Reines de France au temps des Valois: I. Le beau XVIe siècle*, Paris: Éditions de Fallois, 1994.

Boisson, Didier et Hugues Daussy, *Les protestants dans la France moderne*, Paris: Belin, 2006.

Bossard, Maurice and Louis Junod, *Chroniqueurs du XVIe siècle: Bonivard, Pierrefleur, Jeanne de Jussie, Froment*, Lausanne: Bibliotheque romande, 1974.

Bothe, Catherine M., "Ecriture féminine de la Réformation: Le témoignage de Marie Dentière," *Romance Languages Annual* 5 (1993).

Cottret, Bernard, *Calvin, A Biography*, trans. Wallace M. McDonald, Grand Rapids: W. B. Eerdmans Publishing Co., 2000.

Crawford, Katherine, *The Sexual Culture of the French Renaissance*, Cambridge: Cambridge Univ. Press, 2010.

Crouzet, Denis, *La nuit de la Saint-Barthélemy: un rêve perdu de la Renaissance*, Paris: Fayard, 1994.

Daussy, Hugues, *Les huguenots et le roi: le combat politique de Philippe Duplessis-Mornay (1572-1600)*, Genève: Droz, 2002.

________, *Catalogues de la correspondance active et des autres écrits de Philippe Duplessis-Mornay (1549-1600)*, Genève: Droz, 2002.

Davis, Natalie Zemon, "City Women and Religious Change," *Society and Culture in Early Modern France*, Stanford; Stanford Univ. Press, 1975.

Denommé, Isabelle, "La vision théologique de Marie d'Ennetières et le 'Groupe de Neuchâtel'," in *Le Livre évangélique en français avant Calvin,* ed. Jean–François Gilmont and W. Kemp, Turnhout: Brespol, 2004.

Diefendorf, Barbara B., "France," *Reformation and Early Modern Europe: A Guide to Research*, ed. David M. Whitford, Kirksville: Truman State Univ. Press, 2008.

Douglass, Jane Dempsey, "Women and the Continental Reformation," in *Religion and Sexism,* ed. Rosemary Radford Ruether, New York: Simon and Schuster, 1974.

_______, "Marie Dentière's Use of Scripture in Her Theology of History," in *Biblical Hermeneutics in Historical Perspective: Studies in honor of Karlfried Froehlich on his Sixtieth Birthday*, ed. Mark Burrows and Paul Rorem, Grand Rapids: W. B. Eerdmans, 1991.

Ferguson, Gary, "Péchés capitaux et ≪Vices italiens≫: l'avarice et ses complices dans L'Heptaméron de Marguerite de Navarre," *Seizième Siècle* 4(1) (2008).

Ferrer, Véronique, Catherine Magnien et Marie–Hélène Servet eds., *Albineana 24, La Cour de Nérac au temps de Henri de Navarre et de Marguerite de Valois,* Niort: l'Association des Amis d'Agrippa d'Aubignè, 2012.

Feugère, Léon, éd., *Les Femmes poètes au XVI siècles,* Paris: Didier, 1860.

Ganter, Edmond, "Les Clarisses de Genève et d'Anncy," *La Revue Savoisienne* 90 (1949)

Garapon, Jean, "Amateurisme littéraire et vérité sur soi, de Marguerite de Valois au cardinal de Retz," *Revue d'Histoire littéraire de la France* 103(2) (2003).

Garrisson, Janine, *Les Protestants au XVIe siècle,* Paris: Fayard, 1988.

Gilchrist, Roberta, *Gender and Material Culture: The Archaeology of Religious Women*, New York, Routledge, 1994.

_______, *Gender and Archaeology: Contesting the Past,* New York: Routledge, 1999.

Greengrass, Mark, "Informal Networks in Sixteenth–century French Protestantism," in *Society and Culture in the Huguenot World, 1559-1685*, eds. by Raymond Mentzer and Andrew Spicer, Cambridge: Cambridge

Univ. Press, 2002.

Haddad, Elie, "Noble Clienteles in France in the Sixteenth and Seventeenth Centuries: A Historiographical Approach," *French History* 20 (2006).

Head, Thomas, "A Propagandist for the Reform: Marie Dentière," in *Women Writers of the Renaissance and Reformation*, ed. Katharina M. Wilson, Athens: University of Georgia Press, 1987.

________, "The Religion of the Femmelettes: Ideals and Experience among Women in Fifteenth and Sixteenth Century France," in *That Gentle Strength: Historical Perspectives on Women in Christianity*, eds. Lynda Coon et al., Charlottesville: University Press of Virginia, 1991.

Headley, John M., ed., *Confessionalization in Europe, 1555-1700: Essays in Honor and Memory of Bodo Nischan,* Aldershot: Ashgate, 2004.

Helgeson, James, *Lying Mirror: The First Person Stance and Sixteenth Century Writing,* Genève: Droz, 2012.

Holt, Mack Philip, "The Social History of the Reformation: Recent Trends and Future Agendas," *Journal of Social History*, 37(1) (2003).

Hoogvliet, Margreit, "〈Ballet de la Reyne〉 and the Politics of vertu: Media and political communication," in *Selling and Rejecting Politics in Early Modern Europe*, eds., Martin Gosman and Joop W. Koopmans, Peeters Publishers, 2007.

Hull, Suzanne, Chaste, *Silent and Obedient: English Books for Women, 1475-1640,* San Marino: Huntington Library, 1982.

Jouanna, Arlette, Jacqueline Boucher, Dominique Biloghi et Guy Le Thiec, *Histoire et dictionnaire des guerres de Religion,* Paris: Robert Laffont, 1998.

Karant–Nunn, Susan C., "Kinder, Küche, Kirche: Social Ideology in the Sermons of Johannes Mathesius," in *Germania Illustrata: Essays on Early Modern Germany presented to Gerald Strauss*, eds. Andrew Cooper Fix and Susan C. Karant–Nunn, Kirksville: Sixteenth Century Journal Publishers, 1992.

Kemp, William and Diane Desrosiers–Bonin. "Marie d'Ennetières et la petite grammaire hébraïque de sa fille d'après la dédicace de l'Epistre à

Marguerite de Navarre," *Bibliothèque d'Humanisme et Renaissance* 50(1) (1998).

Kingdon, Robert, "Was the Protestant Reformation a Revolution: The Case of Geneva," in *Transition and Revolution: Problems and Issues of European Reformation History*, ed. Robert Kingdon, Minneapolis: Burgess, 1974.

________, "Calvin and the Establishment of Consistory Discipline in Geneva," *Dutch Review of Church History* 70(2) (1990).

________, *Adultery and Divorce in Calvin's Geneva,* Cambridge: Harvard Univ. Press, 1995.

Kingdon, Robert M. (with Thomas A. Lambert), *Reforming Geneva: Discipline, Faith and Anger in Calvin's Geneva,* Geneva: Droz, 2012.

Klaus, Carrie F., "Architecture and Sexual Identity: Jeanne de Jussie's Narrative of the Reformation Geneva," *Feminist Studies* 29(2) (2003).

Kuperty–Tsur, Nadine, *Se dire à la Renaissance. Les Mémoires au XVIe siècle,* Paris: Vrin, 1997.

Lazard, Madeleine,"Deux soeurs ennemies, Marie Dentière et Jeanne de Jussie: nonnes et réformées à Genève," in *Les réformes: Enracinements socio-culturels,* ed. B. Chevalier and C. Sauzat, Paris: La Maisnie, 1985.

Lindberg, Carter, *The European Reformation,* Malden: Blackwell, 2010.

Lowe, K. J. P., *Nuns' Chronicles and Convent Culture in Renaissance and Counter-Reformation Italy,* Cambridge: Cambridge Univ. Press, 2003.

McKinley, Mary B., "The Absent Ellipsis: The Edition and Suppression of Marie Dentière in the Sixteenth and the Nineteenth Century," in *Women Writers of the Ancien Régime: Strategies of Emancipation*, ed. Colette Winn, New York: Garland, 1997.

________, "Marie Dentière: An Outspoken Reformer Enters the French Literary Canon," *The Sixteenth Century Journal*, 37(2) (2006).

Monter, William, "Historiclal Demography and Religious History in Sixteenth–Century Geneva," *Journal of Interdisciplinary History*, 9(3) (1979).

________, "Women in Calvinist Geneva (1550–1800)," *Signs* 6(2) (1980).

________, *Calvin's Geneva*, 신복윤 옮김, 『칼빈의 제네바』 (서울: 합신대학원 출판부, 2015).

Moreau, Gérard, *Histoire du Protestantisme à Tournai jusqu'à la veille de la Révolution des Pay-Bas,* Paris: Les Belles Lettres, 1962.

Muchembled, Robert, *Passions de femmes au temps de la Reine Margot,* 박미림 옮김, 『잔혹한 열정: 여왕 마고 시대의 잔혹 연애사』, 서울: 북프렌즈, 2013.

Naphy, William G., *Calvin and the Consolidation of the Genevan Reformation,* London: Westminster John Knox Press, 1994.

Ozment, Steven, *The Age of Reform, 1250-1550,* New Haven: Yale Univ. Press, 1980.

________, *When Fathers Ruled : Family Life in Reformation Europe,* Cambridge: Harvard Univ. Press, 1983.

Phillips, Roderick, *Untying the knot: a short history of divorce,* 박범수 옮김, 『이혼의 역사』, 서울: 동문선, 2001.

Prou, Dom Jean (OSB.), *Walled about with God: The History and Spirituality of Enclosure for Cloistered Nuns,* trans. and ed. David Hayes (OSB.), Leominster: Gracewing Publishing, 2005.

Randall, Catharine, "Shouting Down Abraham: How Sixteenth Century Huguenot Women Found Their Voice," *Renaissance Quarterly* 50(2) (1997).

Rocke, Michael J., *Forbidden Friendships: Homosexuality and Male Culture in Renaissance Florence,* Oxford et New York: Oxford University Press, 1996.

Roper, Lyndal, *The Holy Household: Women and Morals in Reformation Augsburg,* Oxford: Clarendon Press, 1989.

Roth, Henri, "Jeanne de Jussie et le Levain du Calvinism: Attitudes mentales d'une clarisse du XVIe face à la Réformation," M.A.thesis, Université de Genève, 1983.

________, "Une femme auteur du 16e siècle: Jeanne de Jussie," *Revue de Vieux Genève* 19 (1989).

Schiffman, Zachary S., "Dimensions of Individuality: Recent French Works on the Renaissance," *Renaissance Quarterly*, 49(1) (1996).

________, "French History," in *Encyclopedia of the Renaissance*, vol. 3, ed. Paul F.

Grendler, N.Y.: Charles Scribner's Sons, 1999.

Scott, Virginia and Sara Sturm–Maddox, *Performance, Poetry and Politics on the Queen's Day: Catherine de Médicis and Pierre de Ronsard at Fontainebleau*, Aldershot: Ashgate, 2007.

Simonin, Michel, "Trois Femmes en librarie: Françoise de Louvain, Marie L' Angelier, Françoise Patelé," in *Des Femmes et des livres: France et Espagnes, XIVe-XVIIe siècle*, eds. Dominique de Courcelles and Carmen Val Julián, Paris: École des Chartes, 1999.

Strauss, Gerald, "Luteranism and Literacy: A Reassessment," in *Religion and Society in Early Modern Europe*, ed. Kaspar von Greyerz, London: George Allen and Unwin, 1984.

Viennot, Éliane, *Marguerite de Valois: Histoire d'une femme, histoire d'un mythe*, Paris: Payot et Rivages, 1993.

_______, "Marguerite de Valois et le comte d'Auvergne: stratégies pour la reconquête de pouvoir," in *Royaume de fémynie. Pouvoirs, contraintes, espaces de liberté des femmes, de la Renaissance à la Fronde*, eds. Kathleen Wilson–Chevalier and Éliane Viennot, Paris: Honore Champion, 1999.

_______, *La France, les femmes et le pouvoir: Tome 1, L'invention de la loi salique (Ve-XVIe siècle), Tome 2, Les résistances de la société*, Paris: Perrin, 2006.

Vuy, Jules, *Jeanne de Jussie et les soeurs de Saintes-Claire*, Geneva: Trembly, 1881.

Watt, J., "Settling quarrels and nurturing sepentance: the Consistory in Calvin' Geneva," in *Robert Kingdon and the Coming of the French War of Religion*, ed. Sara K. Barker St. Andrews: Centre for French History and Culture, 2012, http://hdl.handle.net/10023/2159

Wiesner–Hanks, Merry, "Luther and Women: The Death of Two Marys," in *Discipline of Faith: Studies in Religion, Politics and Patriarchy*, eds. James Obelkevich, Raphael Samuel and Lyndal Roper, London: Routledge, 1987.

_______, "Nuns, Wives and Mothers: Women and the Reformation in Germany," in *Women in Reformation and Counter-Reformation Europe: Public and Private Worlds*, ed. Sherrin Marshal, Bloomington: Indiana

Univ. Press, 1989.

________, *Covents Confront the Reformation: Catholic and Protestant Nuns in Germany,* Milwaukee: Marquette Univ. Press, 1996.

________, *Christianity and Sexuality in the Early Modern World: Regulating Desire, Reforming Practice*, London and New York: Routledge, 1999.

________, *Women and Gender in Early Modern Europe*, 2nd ed., Cambridge: Cambridge Univ. Press, 1993, 3rd ed. (Cambridge: Cambridge Univ. Press, 2008.

Winston−Allen, Anne, *Convent Chronicles: Women Writing about Women and Reform in the Late Middle Ages,* University Park: Pennsylvania State University Press, 2004.

Witte, John Jr., *From Sacrament to Contract : Marriage, Religion, and Law in the Western Tradition,* Louisville: Westminster John Knox Press, 1997.

Witte, John Jr. and Robert M. Kingdon, *Sex, Marriage and Family in John Calvin's Geneva: Courtship, Engagement and Marriage,* I, Grand Rapid and Cambridge: William B. Eerdmans Publishing Company, 2005.

Wolfe, Michael, *The Conversion of Henri IV: Politics, Power and Religious Belief in Early Modern France,* Cambridge: Harvard Univ. Press, 1993.

Woodford, Charlotte, *Nuns as Historians in Early Modern Germany,* Oxford: Oxford University Press, 2002.

Wyntjes, Sherrin, "Women in the Reformation Era," *Becoming Visible: Women in European History*, eds. Renate Bridenthal and Claudia Koonz, Boston: Houghton Mifflin Company, 1977.

Zophy, Jonathan W., "We Must Have the Dear Ladies : Martin Luther and Women," in *Piestas et Societas: New Trends in Reformation Social History*, eds. Kyle C. Sessions and Phillip N. Bebb, Kirksville: Sixteenth century Journal Press, 1985.

찾아보기

ㅅ

ㅇ

ㅈ

ㅋ

ㅌ

ㅍ

ㅎ